臺灣歷史與文化 研究輯刊

十五編

第 21 冊

台灣農民小說發展史
（1920～1980 年代）（下）

洪鵬程 著

花木蘭文化事業有限公司

國家圖書館出版品預行編目資料

台灣農民小說發展史（1920～1980年代）（下）／洪鵬程 著 —
初版 — 新北市：花木蘭文化事業有限公司，2019〔民108〕
目 4+208 面；19×26 公分
（臺灣歷史與文化研究輯刊十五編；第 21 冊）
ISBN 978-986-485-623-7（精裝）
1. 臺灣文學史 2. 臺灣小說 3. 文學評論
733.08   108000399

ISBN-978-986-485-623-7

9 789864 856237

臺灣歷史與文化研究輯刊
十五編　第二一冊　　　　　　　ISBN：978-986-485-623-7

台灣農民小說發展史（1920～1980年代）（下）

作　　者　洪鵬程
總 編 輯　杜潔祥
副總編輯　楊嘉樂
編　　輯　許郁翎、王筑　美術編輯　陳逸婷
出　　版　花木蘭文化事業有限公司
發 行 人　高小娟
聯絡地址　235 新北市中和區中安街七二號十三樓
　　　　　電話：02-2923-1455／傳真：02-2923-1452
網　　址　http://www.huamulan.tw 信箱 hml810518@gmail.com
印　　刷　普羅文化出版廣告事業
初　　版　2019 年 3 月
全書字數　400570 字
定　　價　十五編 25 冊（精裝）台幣 60,000 元

台灣農民小說發展史
（1920～1980 年代）（下）

洪鵬程　著

目次

上　冊

第一章　緒　論 ･････････････････････････････ 1
　第一節　書寫動機與目的 ･･････････････････････ 1
　第二節　解讀範圍與本書結構 ････････････････････ 4
　第三節　閱讀策略與文獻探討 ････････････････････ 9
第二章　1920 年代──農民小說的奠基 ･･･････ 13
　第一節　殖民體制下的台灣農村社會與農民 ･･････ 13
　　一、殖民土地政策與農民 ･･･････････････････ 14
　　二、製糖會社與蔗農 ･･･････････････････････ 20
　　三、地主與佃農 ･･･････････････････････････ 25
　　四、農民運動與農民 ･･･････････････････････ 29
　第二節　台灣新文學的開展與辯證 ････････････ 33
　　一、現代性與殖民性重疊下的新文化運動 ･････ 34
　　二、新舊的辯證與寫實主義的走向 ･････････ 42
　　三、社會主義對新文學創作的影響 ･･･････････ 53
　第三節　農民小說的發端與作品的時代意義 ･････ 60
　　一、新文學萌芽時期的作品內涵與創作取向 ･･･ 61
　　二、賴和與台灣農民小說的濫觴 ･･･････････ 67
　　三、楊雲萍作品與其他初期農民小說 ･･･････ 76
第三章　1930 年代至日本投降──農民小說的興
　　　　　盛與頓挫 ･･･････････････････････ 83
　第一節　現代化的衝擊與農村社會的變異 ･･････ 83
　　一、台灣農業的現代化與經濟的附屬地位 ･････ 84
　　二、台灣社會的變異與戰爭時期的經濟動員 ･･･ 93
　第二節　第一次鄉土文學論戰的影響 ････････ 101
　　一、文藝大眾化與寫實主義精神的實踐 ･･･････ 102
　　二、台灣話文的辯證與文字使用的文化認同 ･ 112
　第三節　現代化衝擊下的小說作品呈現 ･････････ 121
　　一、寫實主義的延續──賴和與楊守愚等作家
　　　　　･････････････････････････････････ 122
　　二、戲謔嘲諷的異軍突起──「保正作家」蔡
　　　　　秋桐 ･･･････････････････････････････ 132
　　三、日文作家的階級書寫──楊逵、呂赫若、
　　　　　翁鬧等 ･･･････････････････････････ 143

四、皇民化運動的抵拒掙扎——文學奉公的
　　書寫困境……………………………………… 155

第四章　戰後初期與 1950 年代——農民小說的
　　　　沈潛……………………………………………… 163

第一節　戰後初期的紛亂局勢與農村社會結構的
　　　　重整……………………………………………… 163
一、戰後初期的政經環境與「二二八事件」· 164
二、土地改革與「進口替代」經建計畫的影響
　　……………………………………………………… 172

第二節　去殖民化的國族認同與霸權論述下的文
　　　　學生態………………………………………… 179
一、語言政策的影響與「橋」副刊論述平台的
　　意義……………………………………………… 180
二、肅殺的政治氛圍與文化霸權論述的形成· 192

第三節　語言轉換的困境與無聲的農村社會…… 202
一、戰後初期的後殖民書寫與文學反映論的
　　式微……………………………………………… 203
二、壓抑的農民小說語言與鍾理和作品的歷
　　史價值…………………………………………… 212

下　冊

第五章　1960 年代——農民小說的復甦………… 227

第一節　威權體制的鞏固與經濟發展的轉型…… 227
一、戒嚴統治的內政防範與日漸壓縮的外交
　　空間……………………………………………… 228
二、經建計畫的「出口替代」與農村社會的
　　多重擠壓………………………………………… 236

第二節　文化的多元紛呈與創作的場域拓展…… 243
一、中西文化的拉鋸與文化復興運動的假面· 244
二、文學雜誌的散播效應與寫作路線的自主
　　走向……………………………………………… 251

第三節　再現寫實傳統的農民小說……………… 259
一、鄉土風貌的寫實典型——鍾肇政、鄭清文
　　與李喬……………………………………………… 260
二、農民意識的深化追尋——鄭煥與鍾鐵民· 269
三、別出一系的鄉土眷戀——黃春明……… 278

第六章　1970 年代──農民小說的轉變‧‧‧‧‧‧‧‧‧‧‧‧ 285

第一節　外交內政的多重挑戰與農村經濟的瓦解
　　　　崩壞‧‧‧‧‧‧‧‧‧‧‧‧‧‧‧‧‧‧‧‧‧‧‧‧‧‧‧‧‧‧‧‧ 285

一、國際外交地位的孤立與島內政治生態的
　　改變‧‧‧‧‧‧‧‧‧‧‧‧‧‧‧‧‧‧‧‧‧‧‧‧‧‧‧‧‧‧‧‧‧‧ 286

二、農村社會的急遽轉變與土地意識的漸次
　　流失‧‧‧‧‧‧‧‧‧‧‧‧‧‧‧‧‧‧‧‧‧‧‧‧‧‧‧‧‧‧‧‧‧‧ 294

第二節　西化運動的反詰與鄉土意識的關照‧‧‧‧‧ 302

一、批判崇洋媚外的民族意識與回歸鄉土現
　　實的國族想像‧‧‧‧‧‧‧‧‧‧‧‧‧‧‧‧‧‧‧‧‧‧‧‧ 302

二、反映現實的創作取向與第二次鄉土文學
　　論戰的意義‧‧‧‧‧‧‧‧‧‧‧‧‧‧‧‧‧‧‧‧‧‧‧‧‧‧ 310

第三節　鄉土意識下的農民小說‧‧‧‧‧‧‧‧‧‧‧‧‧‧‧ 319

一、工商擠壓與侵逼下的農村浮世繪‧‧‧‧‧‧ 320

二、農民意識神聖化的鮮活摹寫──洪醒夫‧ 332

三、肇使農村窮敗因素的具體指陳──宋澤萊
　　‧‧‧‧‧‧‧‧‧‧‧‧‧‧‧‧‧‧‧‧‧‧‧‧‧‧‧‧‧‧‧‧‧‧‧‧‧‧ 339

第七章　1980 年代以降──農民小說的式微‧‧‧‧‧ 351

第一節　政治局勢的丕變與經貿全球化的調適‧‧‧ 351

一、解嚴前後的政治變遷與國家認同的分歧
　　論述‧‧‧‧‧‧‧‧‧‧‧‧‧‧‧‧‧‧‧‧‧‧‧‧‧‧‧‧‧‧‧‧‧‧ 352

二、貿易自由化的衝擊與農地商品化的趨勢 360

第二節　本土意識的建立與「台灣文學」的成立‧ 367

一、社會文化的多元呈現與台灣文化主體性的
　　追尋‧‧‧‧‧‧‧‧‧‧‧‧‧‧‧‧‧‧‧‧‧‧‧‧‧‧‧‧‧‧‧‧‧‧ 368

二、農民小說的式微與「台灣文學」的風貌‧ 374

第三節　「台灣文學」時期的農民小說‧‧‧‧‧‧‧‧‧ 383

一、農民小說的變與不變‧‧‧‧‧‧‧‧‧‧‧‧‧‧‧‧‧ 383

二、農民小說的現實主張‧‧‧‧‧‧‧‧‧‧‧‧‧‧‧‧‧ 395

第八章　結　論‧‧‧‧‧‧‧‧‧‧‧‧‧‧‧‧‧‧‧‧‧‧‧‧‧‧‧‧‧‧‧ 407

附錄：徵引小說一覽表‧‧‧‧‧‧‧‧‧‧‧‧‧‧‧‧‧‧‧‧‧‧‧ 413

引用文獻‧‧‧‧‧‧‧‧‧‧‧‧‧‧‧‧‧‧‧‧‧‧‧‧‧‧‧‧‧‧‧‧‧‧‧ 419

第五章　1960年代——農民小說的復甦

第一節　威權體制的鞏固與經濟發展的轉型

　　國民黨黨務系統於 1950 年代完成改造工作之後，國家機器在以黨領政的的運作下，貫徹領導核心的意志更具效率，所以「黨國體制」也更形穩固地在 1960 年代延續威權體制，並以「戒嚴令」與「動員戡亂時期臨時條款」，壓制台灣島內的反動意識，而憲政體制則徒具名義，成爲宣揚「自由民主」的樣板，以尋求國際社會對中華民國合法政權的支持。且由於當局對於本土地方派系的妥協與籠絡，更適逢台灣工商經濟的起飛，爲白色恐怖的抑鬱提供了「出口」，所以來自台灣社會的異議之聲，除了相繼遭查禁的《自由中國》與《文星》之外，少有挑戰威權的批判。同時，「反攻大陸」的希望漸趨渺茫之外，因爲美國深陷越戰泥淖以及國際局勢的改變，台灣在美國全球防堵戰略下的定位也有所鬆動，而當局秉持「漢賊不兩立」的立場，也逐日限縮了外交空間，至 1960 年代末期，台灣所面臨的危機，已慢慢浮現種種跡象。

　　另外，國家經濟發展的走向，由於缺乏對農業永續經營的前瞻性考量，1960 年代台灣農業持續扮演「以農業培養工業」的工具性角色，在經濟建設計畫的積極推動下，以「出口導向」爲主要的發展策略，致使農業經濟於「出口替代」的嚴重傾斜趨勢下，不僅提供外銷製造產業充分的糧食資源，尚包含有農村勞力的外移與耕地的釋出，農村社會因此遭受多重的擠壓，於是乎在 1960 年代的中期以後，台灣農業的發展便開始出現重大的轉折，而農村社會的面貌，也開始產生變異，自 1950 年代土地改革後，昂揚的農本主義與農

民意識，至此已逐漸式微，現代台灣農業經濟發展曾經締造的榮景，也從此未曾復見。

一、戒嚴統治的內政防範與日漸壓縮的外交空間

甫從「八二三炮戰」中又一次度過所謂的「台海危機」，而後在人民解放軍宣稱對金門採取「單打雙不打」的零星砲火下，台灣也緩步邁向 1960 年代，除了戒嚴令持續施行外，1960 年 3 月 11 日，國民大會更通過修正臨時條款，議決在動員戡亂時期，總統、副總統得連選連任；因而，在同年的 3 月 21、22 日，蔣介石與陳誠即分別當選中華民國第三任總統、副總統，中華民國政府在台灣依然遂行強人威權統治，加以國民黨內部在 1950 年代漸次完成黨務系統改造工作之後，國家機器的運作益發能遂行領導核心的意志，使權力更形集中，「黨國體制」也更形穩固。

進入 1960 年代，在兩岸已然是壁壘分明而反攻希望漸趨渺茫的既成現實下，國民政府仰賴「戒嚴令」與「動員戡亂時期臨時條款」，名義上是生聚教訓、勵精圖治以戡亂／抵拒共產黨的赤焰延燒，但實質上在政治層面裡更多的作為，卻是對台灣島內異議的壓制，藉此得以確保政權穩定，持續鞏固中華民國在台灣的主權，即使僅僅只是局限於海峽一隅。雖然，中華民國憲法早已於 1947 年 1 月 1 日公布，並於同年 12 月 25 日施行，憲政體制理應行之有年，況且還持續明訂保有「行憲紀念日」的名目，但是卻在恐有危及政權的顧慮之下，以因應「戡亂」之所需的名義，於 1948 年 4 月 18 日議決，依憲法第 174 條之程序，制頒「動員戡亂時期臨時條款」，5 月 10 日即付諸施行，以建立契合非常時期需求的「非常體制」，容或盱衡當時國府所面臨的險峻局勢，實原亦有其維繫政權不得不然的考量，不過，此舉卻對往後台灣的政治體制與社會民心，產生了深遠的影響。

憲法實為國家根本大法，除了規範政府體制外，更強調主權在民的理念，明訂對於人民各種權利的保障，然而「臨時條款」卻優於憲法而適用，並且在執行面上同時又具有憲法的實質與形式意義，李鴻禧指出其扞格之處：

> 這種一國之中既有複數國家憲法，而其相互間又效力不等之憲政體制，不單在比較憲法學無前例可資參考研究，俾能尋繹其詮釋與理論，抑且與近代「法治」之法理學體系，頗多乖隔不合之處。〔註1〕

〔註1〕 李鴻禧：〈戰後台灣法治體制發展之癥結──以憲政體制問題為例證〉，收入

　　如是，致令憲法條文因為「臨時條款」而幾近虛設，形同空有憲政體制的框架，卻讓整體台灣社會只能容受於威權體制的制約，而處於類似「戰地政務」的強勢規範之下。尤有甚者，1966年3月，通過第三次「臨時條款」的修訂，使總統不僅得以行使緊急處分外，並擴大權限可主導設置動員戡亂機構，成立國家安全會議等，致使「『臨時條款』已因大幅『量變』而產生嚴重『質變』」：

> 「臨時條款」已非只是消極而被動地用以因應緊急事態，而變成是積極而主動地從事實質上之修改；不唯憲法原設之內閣制度，已逐漸演變為總統制度，而且民選立法院能抑制行政機關恣肆專擅之功能，也逐漸式微以致於喪失。〔註2〕

　　至此，「臨時條款」的位階已然高於一切，甚至變異了國家體制，也使總統得以攬取大權，遂行強人治國，並壓抑民權，形成無有任何機制或途徑能監督政府施政的誤謬現象。而憲政體制雖然徒具名義，但卻又必須成為政府對外宣揚的樣板，藉之宣示代表「自由民主」的中華民國，得以區隔中共建立的大陸共產主義政權，以尋求國際社會民主陣線的認同與支持，對此薛化元相當深入地指出：

> 國民黨當局在台灣的統治基礎，在與中共政權對抗之初，即一方面宣稱自己是實施憲政的「自由中國」，以與中共統治下的「共產中國」對比，爭取國際的支持，並求至少在形式上維持作為國際舞台上中國唯一合法的代表。就前者而言，在台灣便有必要維持一定形式的民主憲政的門面。至於後者則成為國民黨當局建構其在台灣欠缺民意基礎的統治體制的論證基礎。〔註3〕

　　所以憲政體制雖僅有框架之名，但卻含有兼顧內政與外交的工具性質，在外交上宣稱是代表全中國的唯一合法政府，而於內政上，也依恃如是論述，宣言以合理正確以及自由民主的方式治理台灣，並且將欲建設台灣成為實施三民主義的模範省。

　　　　中國論壇編輯委員彙編：《台灣地區社會變遷與文化發展》，頁199。
〔註2〕李鴻禧：〈戰後台灣法治體制發展之癥結——以憲政體制問題為例證〉，收入中國論壇編輯委員彙編：《台灣地區社會變遷與文化發展》，頁202。
〔註3〕薛化元：〈台灣民主化的發展與「一個中國」架構〉，收入薛月順編：《台灣1950～1960年代的歷史省思：第八屆中華民國史專題論文集》（台北：國史館，2007年12月），頁92。

　　但是究其實，本質上國民政府在台灣卻是屬行威權統治的，是「戡亂」架構下的「強人獨裁」體制，致使 1950 年代及至 60 年代末的二十年時間裡，因為白色恐怖的陰影籠罩，台灣社會除了《自由中國》之外，實則乏有異議之聲。

　　若是加以檢視，則 1950 年代《自由中國》高分貝對時局的批評與建言，當局尚能表現出容忍的態度，部分原因是緣於當時外在客觀局勢中，來自美國的關切以及對中共政權的對比需求上，政府的立場必須展現對言論自由的接受態度〔註4〕；但是到了 1960 年，當雷震與本省籍人士李萬居、高玉樹等積極籌組「中國民主黨」，欲突破一黨專政，以及違反憲政體制的統治模式，動作之大顯然已無法再見容於當局，於是雷震遭逮捕、雜誌被查禁，反對勢力與異議之聲，遂遭受嚴重的壓制；從 1950 年代以來，知識分子透過《自由中國》針砭時弊，台灣社會藉此漸次經營累積而成的綿密反對力道，再度被削弱甚至消解，而台灣政壇能夠真正組成所謂的「反對黨」，竟爾一直要到 1987 年解嚴前夕方始出現，足見威權統治下箝制掌控的強度。

　　在雷震被捕、《自由中國》被禁以後，1960 年代能再度挑戰威權而提出民主人權訴求的，當屬 1963 年甫獲選首屆「中華民國十大傑出青年」的法學博士彭明敏，於隔年偕同政大政研所研究生謝聰敏、中研院研究助理魏廷朝三人，共同起草一份〈台灣人民自救運動宣言〉（或稱〈台灣自救宣言〉），內容大要除質疑蔣氏政權治台的合法性、指陳「反攻大陸」的不切實際之外，並要求制定新憲法，建立責任政府，保障基本人權，實現真正民主，並呼籲以新會員國身分加入聯合國〔註5〕，文字內容於其時政治氛圍下，可謂干犯忌諱，當局再一次祭出鐵腕，致宣言未及公開，三人即因嚴密的政治偵防而遭到逮捕，所以當時世人無從得以一窺宣言內容，而這在 1960 年代少有的、強烈鮮明挑戰威權體制的言論，也遂遭隱沒。

　　若是回首楊逵發表〈和平宣言〉的 1949 年，計算至彭明敏等人〈台灣人民自救運動宣言〉的 1964 年，會驀地發現悠悠十五年的光陰已逝，然而當局對於言論自由的基本人權所強加的嚴重戕害，卻也始終如一，空有 1947 年已公告施行的憲法，卻因戒嚴與戡亂，凍結了基本人權的行使，同時亦見其時

〔註4〕參見沈宗瑞：《國家與社會：中華民國的經驗分析》（台北：韋伯文化，2001年 12 月），頁 129。

〔註5〕參見彭明敏：《自由的滋味——彭明敏回憶錄》（台北：前衛，1988 年 9 月），頁 137～139。

強人威權統治體制的難以撼動，所以江宜樺會指出：

> 在《自由中國》被禁、雷震被捕之後，台灣的民主發展陷入了一段
> 相當沈寂的時期。其間除了《文星》雜誌偶有批評時政的表現外，
> 文化界似乎沒有大膽探索正當政治秩序的風氣。直到1971年《大學
> 雜誌》改組，重新鼓起文人論政的熱潮，民主政治的理念才獲得機
> 會再度成長。〔註6〕

依照江宜樺的觀察，則整個1960年代，台灣社會在黨國體制下，仍然在
威權白色恐怖之下保持「沈寂」，知識分子選擇對敏感的政治議題噤聲，乏有
挑戰或反動的作為，可見蔣家天下緊箍的政治場域堅硬似鐵。

倘若分析台灣社會面對威權體制，之所以少有異議之聲的原因，或許可
以從兩個面向作觀察，其一，是當局對於本土地方派系的態度；其二，卻是
與台灣經濟發展的轉型有關。

地方派系的存在，本應當是國府政權在台灣貫徹「黨國體制」的障礙，
然而國民黨面對台灣地方基層本土勢力，卻又常處於兩難的局面。

1950年代，國民黨在處理完黨務系統的革新與肅清之後，中央派系問題
已然獲得解決，益發鞏固蔣介石與蔣經國父子政權寡占的態勢與接班安排，
繼而在60年代初，摧毀以雷震為首籌組政黨的計畫以後，基本上，「國民黨
以外的有力之政治力量，已乏外省人的蹤跡」〔註7〕，但是對於本省籍原有的
地方政治勢力，卻仍未能有效掌控，這肇因於國府接收台灣與撤退至台的這
一段時間過於短暫（1945～1949），加以戰後初期陳儀長官公署倒行逆施造成
政經環境紊亂，國共內戰又令國府無暇跨海東顧，於是國民黨黨務系統缺乏
經營台灣地方勢力的時間，及至倉皇「轉進」、渡海來台的初始期間，對於深
耕地方的各地本土基層政治派系，囿於客觀而嚴峻的形勢，只能有所妥協，
也自是不得不然，根據陳明通的觀察指出：

> 因為外來的威權統治集團有他既定的意識型態與特殊的黨國目標，
> 這一開始就與本土社會相衝突，只好一方面透過威權體制建立所謂
> 的「文化霸權」，強力向本土社會灌輸既有的黨國思想外，另一方面
> 則尋找本土勢力的合作，與地方派系形成統治聯盟，保障外來政權

〔註6〕江宜樺：〈台灣民主意識的變遷與挑戰〉，收入黃俊傑、何寄澎主編：《台灣的
　　　文化發展：世紀之交的省思》，頁133。
〔註7〕語見呂亞力：〈台灣地區政治發展的經驗與展望〉，收入中國論壇編輯委員彙
　　　編：《台灣地區社會變遷與文化發展》，頁169。

　　的統治地位。〔註8〕

　　因爲，代表台灣基層地方派系的省籍政治勢力，大都已然盤根錯節自有淵源與系統，欲加以消解或納編，均非易事；而實屬「外來政權」的國民黨，也必須謀求本土勢力的支持，以達鞏固政權的目的，且選舉更需要地方派系代爲動員，所以，代表省籍的地方政治派系，之所以能夠繼續存在，即是基於這種政治現實的考量，而這也對日後台灣的政局，產生了一定的影響。

　　雖然當時嚴禁自主性的政治團體或政黨的設立，但是地方派系所建立的政治勢力卻又具體存在，當局於是乃採「恩威並施」的模式去處理面對。

　　對於地方勢力無法收攏的反對目標，即透過綿密佈建與高滲透力的特務組織施予彈壓或消弭，並造成風聲鶴唳的效果；而對於願意依附的本土地方勢力，則給予「恩庇」〔註9〕，這一點在當局諸多做法中最主要的手段，即是給予經濟特權加以籠絡，包含有：在政府特許下的區域性獨占經濟活動，如農漁會、信用合作社等；地方派系若當選省議員層級，則擁有省營行庫的貸款特權；又如，釋出省政府與地方政府的採購與公共工程包攬；甚且假公濟私，或利用都市計畫掩護土地炒作，或是依恃公權力的包庇，進行非法經濟活動等〔註10〕，無一不具有強烈籠絡的吸引力。

　　再加上地方派系彼此之間存在平衡與糾葛的拉鋸，派系利益常大於地方意識或甚至是國族認同，況且地方政治人物，也必須仰賴派系組織與力量始得以生存或鵲起，如是上下交織成一定的依存關係網絡，逐漸達致使地方政治勢力形成穩定支持中央政權的局面。所以，即便存在反對國民黨的異議之聲，也因爲上述這兩手策略的運用，相對也是微弱的。

　　處於如是形勢之下，沈潛的政治異議人士，心中的苦悶可想而知。因爲即使如雷震、彭明敏等人形諸於外的作爲，旋即遭受到彈壓禁錮，而眾多潛在人心的不平之鳴，雖是無法消弭，但卻也無從覓得出口。

　　另一方面，1960 年代正值台灣經濟發展社會蛻變的關鍵時刻，階段性經濟建設計畫中所運作的出口導向策略，帶動了中小企業的蓬勃發展，台灣社會也產生結構性的變化，並且造就了中產階級的逐日興起。

　　雖然，新興的中產階級，理應具有較高的自主意識與社會參與度，但是

〔註 8〕　陳明通：《派系政治與台灣政治變遷》（台北：新自然主義，2001 年 6 月），頁187。
〔註 9〕　陳明通：《派系政治與台灣政治變遷》，頁 110。
〔註 10〕　同註 9，頁 109。

由於台灣社會從 1950 年代一路行來，政治的高壓手段始終令人恐懼於動輒得咎，況且諸多政治迫害的殷鑑不遠，於是乎新興的中產階級選擇遠離政治場域，轉而汲汲營營於創造貿易利潤，造成「新興企業主只致力於經濟利得而避談政治，出口的外匯及市場銷售的收入抵減了他們在政治上的無力感」〔註11〕，台灣社會便處在政治氛圍沈悶，經濟發展卻又動能十足的詭譎狀態之中。

　　沈宗瑞更進一步指出，如是狀態之所以能夠維持平衡的因素，乃是外在還有以美國為首的資本主義世界支持的影響：

> 1960 年代政治反對運動的銷聲匿跡，以及出口的暢旺，不但說明了世界資本主義體系中強權（美國）的利益所在（亦即支持一個穩定的威權政治體系），同時黨國所重組的台灣社會階級結構亦在這十年中漸次定型與成長。大資本家與黨國共生共榮，中小企業主則致力於外銷的經濟……〔註12〕

　　所以，憑藉上述主客觀條件的支持，國民政府便得以行使強勢黨國體制，操縱強大國家機器，對內持續灌輸文化霸權論述，對外標榜民主自由以拒斥共產主義，並在國際間堅持中華民國政府代表中國的正當性立場。

　　而自韓戰以來，美國華府的立場，對台灣國民政府的存亡絕續，實乃至關重要。除了美援的投入有助於政經局勢的穩定外，國府在外交上的處境與聯合國席次的保障，也均不無仰賴美國之處。

　　1960 年的 6 月 18 日，美國總統艾森豪來台訪問，並發表聯合公報，聲明協同抵禦中共挑釁，延續 1954 年共同防禦條約的實質意涵與精神；此舉不僅宣告台灣依然隸屬於以美國為首，防堵共產主義擴散的抵禦陣線中，也同時確認了美國在 1960 年代繼續提供中華民國政府在台灣的安全屏障，讓台灣能夠繼續保有政治的封閉鞏固與經濟的穩健成長。

　　然而，由於國府退守至海峽一隅，僅領有台、澎、金、馬，雖堅持仍是中國的正統政府，但是中國共產黨所建立的「中華人民共和國」，卻實質統治了中國絕大部分的疆域，況且從 1950 年代初期開始，即已經有許多國家陸續承認中共的政權，所以國際間也開始在聯合國裡對「中國」席位的認定上產生歧異，出現了對於兩個政權的取捨考量，但是因為韓戰的影響與美國

〔註11〕 沈宗瑞：《國家與社會：中華民國的經驗分析》，頁 189。
〔註12〕 同註 11，頁 190。

的支持，中華民國政府乃得以秉持「漢賊不兩立」的原則，並持續勉力保有聯合國的席位，李明峻清楚地分析道：

> 由於冷戰時代美國採取反共圍堵政策，以及中共介入韓戰而被聯合國視為侵略者，因此蔣介石玩零和遊戲以維持優勢。國民黨政權在政治思想上主張「漢賊不兩立」，堅持「反攻大陸」和「中國法統」，對承認中共的國家立即與之斷交，這就是「漢賊不兩立」政策。〔註13〕

秉持如是原則，中華民國政府斷然拒絕「兩個中國」或是「一中一台」的概念，始終堅持「一個中國」的立場至為鮮明而毫不妥協，邦交國中若有與中共建交者，國府則隨即與其斷交，絲毫不考慮後果與影響。不過，隨著世界局勢的嬗變，國際情勢的傾向，顯然對中華民國的外交處境漸趨不利，1964年法國與中共建交，即是指標性的事件與警訊，同時也是中華民國的國際地位開始接受嚴酷考驗的起點。

戴高樂主政的法國政府，於1964年1月27日宣布與中華人民共和國政府建交，但同時也表示，仍願意與中華民國政府維持邦交；然而，國府援例重申立場，並提出嚴重抗議，旋即於2月10日宣布與法國斷交，因此法國尋求維持與中華民國邦交關係的努力，也終告失敗，吳志中即認為：

> 法國承認北京之時，主動公開宣布與巴黎斷交的是台北政府。假若當時台北政府能夠藉機放棄一個中國政策，則所謂兩個中國的範例或許可因此而建立，以避免往後台北政府外交關係上的不斷挫敗。〔註14〕

無有轉圜或彈性的外交立場，讓中華民國政府自此陸續喪失許多邦交國，如是「漢賊不兩立」的國族立場與意識型態，在外交的現實面下，最終也只淪為僵化的情緒性表達，導致台灣逐步踏下國際舞台，失卻了位置。時至今日，外交上的諸多困境，部份原因其實也導源於此。

尤有甚者，1960年代以美蘇為首兩大陣營冷戰對峙的情勢，也逐漸產生改變，讓美國支持在台灣的中華民國，合法且合理地代表「中國」的態度產

〔註13〕李明峻：〈1950、60年代國際組織內部的「兩個中國問題」〉，收入薛月順編：《台灣1950～1960年代的歷史省思：第八屆中華民國史專題論文集》（台北：國史館，2007年12月），頁7。

〔註14〕吳志中：〈1949～1971年歐洲各國的中國議論與政策〉，收入薛月順編：《台灣1950～1960年代的歷史省思：第八屆中華民國史專題論文集》，頁76。

生了鬆動，其原因是，一方面中共與蘇聯反目交惡，另一方面是美國身陷越戰泥淖，除了期待中共能對越戰有所表態與作爲外，還進一步希冀能聯中制俄，修正圍堵共產主義的國際戰略，試圖將防堵陣線推進至中俄邊境，於是開始萌生在聯合國大會中，讓「中華人民共和國」與「中華民國」形成會員國席次「雙重代表權」的想法。

當時國府除了一逕只能以「姑息主義」批判與中共建交，以及支持中共進入聯合國的國家，同時也振臂疾呼，希望美國能信守中美盟誼，勿爲國際蔓延的所謂「姑息」意識所惑，並且強烈表達若是聯合國通過「兩個中國」同時入會的安排，則不惜立即退出，以示「漢賊不兩立」的終極立場。〔註15〕

客觀形勢上若由此徑發展，則台灣不僅失去了原本圍堵共產主義的戰略地位之外，更令人惶惴不安的問題是，若中華人民共和國在聯合國裡合法取得了「中國」的席位，並獲得國際社會的承認，反而會衍生出中華人民共和國以合法取得「中國」爲由，將不無進一步提出收編台灣的可能訴求，所以薛化元指出：

> 當台灣的菁英認識到此一事實的人越多，則強調本身主體性的追
> 求，或是主張台灣必須作爲獨立於中華人民共和國之外的主權國家
> 的呼聲，也隨之日漸受到重視。〔註16〕

知識分子面對如是困窘局勢，自當不無想法，而危機意識也讓國人開始進行深層的反省與思考，「反攻大陸」的目標已經顯得越來越遙不可及，該如何自處並重新看待自己生存的場域，以及美、中、台微妙的三邊關係。

而當1970年代初，中華民國喪失聯合國的席位終究成爲事實，邦交國如骨牌效應般接連失去之後，國家的處境瀕臨危急存亡的關頭，民心積累壓抑的自覺意識也逐漸浮現，除了台灣主體性的追求外，並且同時激發鄉土的關懷，而國民政府在台灣二十年來無甚改變的政治體制，也因爲外交的困境與

〔註15〕觀察當時具有一定程度代表官方立場的《徵信新聞報》（《中國時報》前身）〈社論〉所評議的內容，可見一斑：「聯合國中如果居然通過了『兩個中國』同時入會的建議，且中共靦顏而來之時，我國應立即退會。聯合國是我們所協助建立的，我們重視它。然而，聯合國若背叛了我們協助建立它的理想，它有何可留戀的價值？」參見《中國時報·社論》〈認識美國對華政策的轉變——（三）、祇有信守盟約·美國才不落圈套〉，原刊於1966年11月26日，收入中國時報社編：《中國時報社論選輯》（台北：中國時報社，1970年10月），頁185。

〔註16〕薛化元：〈台灣民主化的發展與「一個中國」架構〉，收入薛月順編：《台灣1950～1960年代的歷史省思：第八屆中華民國史專題論文集》，頁90。

國際局勢的轉變，促成了在內政上一定程度的改革。

二、經建計畫的「出口替代」與農村社會的多重擠壓

「農本主義」勃發與農業產值豐碩的 1950 年代，雖然在台灣的農業發展史上，呈現少有的繁榮景況，但是進入 60 年代，卻開始產生了變化，其中影響最直接的因素，應是主導國家經濟發展走向的政策，也同時讓台灣農村社會面臨極大的衝擊。

長久無以擺脫「政策導向」支配的台灣農業發展，於 1960 年代初期，在持續受到經濟建設計畫的影響下，進入五期四年計畫的第三期，也是整體經建計畫第二階段的開始（1961～1972），依舊扮演「以農業培養工業」的工具性角色，由「進口替代」轉變而爲「出口替代」，不僅提供外銷製造產業充分的糧食資源，尙且包含充沛的農村外移勞力。

另一方面，由於仰賴美援的挹注，在台灣已然粗具了經濟基礎的規模以後，華府也開始考慮削減美援的提供，加以當時國際經濟環境急遽變化，包括歐洲經濟結合及解除外匯管制、聯合國推動開發十年方案、日本實施貿易自由化與美國積極發展經濟等各方面的演變〔註 17〕，促使政府依據「加速經濟發展計畫大綱」，施行 19 點財經改革措施，並配合推動第三期四年經建計畫，制訂公布「獎勵投資條例」，以租稅減免等優惠形式，期能吸引更多外資投入以取代美援，並連帶刺激國內資本參與投資，以期活絡經濟環境，促進產業發展，並將「出口導向」設定爲經濟發展的主要策略。

而爲了降低投資者的管理成本，1966 年在高雄完成設立了亞洲第一個加工出口區，三年後相繼又設立台中及楠梓加工出口區，如是發展也帶來具體的經濟成長，所以，雖然美援在 1965 年全部撤出，台灣經濟卻並沒有受到影響，從 1966 年到 1973 年，逐年都維持著高經濟成長率，工業生產淨額更早於 1963 年起，就超過了農業產值比例，出口產品也由農產品及農產加工產品，發展爲勞力密集工業加工產品〔註 18〕，不僅帶動了中小企業的蓬勃發展，讓工商業就業市場擴大，更讓台灣原本由農業經濟型態爲主的社會，漸漸轉變爲工商業經濟的社會型態，而且循此路數，逐步締造了所謂的台灣「經濟奇蹟」。

〔註 17〕 參見林鐘雄：〈開放經濟下的經濟問題〉，收入中國論壇編輯委員彙編：《台灣地區社會變遷與文化發展》（台北：聯經，1985 年 10 月），頁 213～215。

〔註 18〕 參見蔡文輝：〈我國現代化努力的過去、現在與將來〉，收入朱岑樓主編：《我國社會的變遷與發展》（台北：東大，1981 年 10 月），頁 15～17。

　　雖然，農業在「進口替代」階段創造了可觀的外匯收入，埋設了工業發展的基石，但是在經建計畫中理應平衡發展「以農業培養工業、以工業發展農業」的設計，計畫後者卻一直未能付諸實行，並且也因爲隨著工商業的興盛，農業持續受到「擠壓」的，不僅是農業經濟的發展而已，更進一步造成農村人力（勞動力）的流失，甚至於是耕地。

　　1960年代台灣農村產生人力移出的現象，除了肇因於工商業漸次熱絡，工商領域的勞力市場人力需求增加，釋出大量的就業機會形成移轉的因素之外，在農村社會裡務農所得的利潤相對偏低，終究仍應是農村居民主要的從業考量因素，畢竟生活現實所需仍是最切身的問題。而所得利潤之所以形成如是傾斜，應可由幾個面向做觀察，或能藉之以斑窺豹。

　　首先，政府以社會安定爲考量，長期抑制糧價採取低價收購，以應軍需民糧，但是卻忽略了整體經濟環境的變異，與生活消費水準的提高，同時，在其他相關配套措施與產銷環節上，也未見積極作爲，蔡明哲指出：

> 低糧價政策，未配合經濟發展速度，做機動性調整，致生產成本高
> 而收益低，生產意願自然下降；農地使用限制多，農民生活活動比
> 其他行業不利，也影響耕作意願；農產運銷制度不健全，使農民受
> 到中間剝削，也降低耕作意願。〔註19〕

　　除此之外，爲了徵收稻米，而有「田賦徵實」以稻米支付田賦之舉，「強制收購」則以刻意壓低的公定價格收購米糧，「肥料換谷（穀）」則必須以稻米或其他穀物，來交換政府機構所壟斷的化學肥料等方式〔註20〕，皆不無「剝削」之嫌，以致於長期遭到詬病。顯見政策推動雖然完成了土地改革的繁複工作，但實際上卻未能完全化解農民的問題。

　　其中「肥料換谷（穀）」制度的實施方式，執行上是規定農民必須以稻穀換取化學肥料，而其來源卻是政府所獨占的公營肥料廠或是由官方統籌進口，並透過抬高肥料價格的方式以取得更多稻穀，諸如此類的作法，都是政府爲了達到掌握米糧與農業剩餘的手段，除了得以供給軍隊與公務人員的糧食需求，另一方面也可以壓低市場的米糧價格，降低出口貿易的成本，進而

〔註19〕蔡明哲：《社會發展理論——人性與鄉村發展取向》，頁236。

〔註20〕參見劉瑞華：〈土地改革與政府收入〉，收入薛月順編：《台灣1950～1960年代的歷史省思：第八屆中華民國史專題論文集》（台北：國史館，2007年12月），頁621～622。

有助於維持低工資的工業發展，以及外匯持續的收入〔註 21〕，依此模式，得以落實「出口導向」策略，從而帶動經濟成長的目標。

如是，讓台灣農民對於現實生活的民生需求，明顯感受到一種相對的匱乏，時日既久，自然降低僅僅仰賴耕作賴以維生的意願，而驅使農民離農就工或另謀生計，1950 年代因土地改革而昂揚的「農本主義」，也因此漸次受到侵蝕消融。台灣農村的轉變，以勞動人力的移動做觀察，則 1966 年前後，應是重要的轉折時間點，黃大洲根據數據分析指出：

> 自民國 55 年（1966）後，由於工業走向更高速率成長，對勞力的需求增加，農村勞力乃逐漸被工業部門吸走，且從 58 年（1969）以後，農業勞力外移數目超過自然增加數目，因此農業勞力絕對數目開始下降，這是台灣農業發展史上，第一次農業勞力絕對數下降的開始。
> 〔註 22〕

除了農業勞動力數量逐日下降外，更有另一層隱憂，即是 1950 年代初期土地改革雖然堪稱成功，但也使得台灣農業更傾向於「小農經濟」的模式，限縮了台灣農業的發展，況且土地未能達到充分的運用，更是因為揉雜了傳統觀念與作法的因素，以致於在客觀環境丕變下，便顯露了其中隱藏的問題，學者對此有進一步的探討：

> （土改後）由於過度強調農地農有農用的政策，又加上中國的傳統觀念，由多子均分繼承，對農地產生分繼而分割或共有的現象，細分不利於農業現代化與機械化。1960 年代以來，台灣長久存在農地未充分利用的現象。〔註 23〕

加以法令管制農用土地不得輕易變更，甚至是買賣，而耕地面積卻又因為繼承方式而越見狹小零碎，益發不利於機械化耕作，遑論獲致更大的收益，於是形成越來越多的農地閒置的情況；基於上述種種主客觀因素交相羈絆下，台灣農業發展逐日顯現步履蹣跚，及至 1960 年代中期以後，農業生產便已不再是台灣產業的主體，而台灣農村社會與農業的發展，也漸漸陸續暴露

〔註 21〕 參見林忠正：〈光復前後兩個政府的經濟角色異同〉，收入張炎憲編：《歷史文化與台灣（三）——台灣研究研討會記錄（51～75 回）》（台北：台灣風物雜誌社，1991 年 11 月），頁 59。

〔註 22〕 黃大洲：〈台灣農村建設的回顧〉，收入朱岑樓主編：《我國社會的變遷與發展》，頁 475。

〔註 23〕 于宗先、王金利著：《台灣土地問題：社會問題的根源》（台北：聯經，2001 年 12 月），頁 54。

諸多的問題。吳田泉指出，來到 1968 年，是台灣農業發展史上重要的轉折時間點，自此台灣進入所謂農業的「衰退時期」，而轉變的態勢為：

> 台灣的農業發展已由以增加生產為主，轉變為以提高農民收益為重心，亦即不僅注意「生產」的問題，同時也開始探討「分配」的問題了。〔註24〕

　　意指開始檢討農民所得相對偏低與整體農業發展漸趨沒落的成因與補救，直到 1960 年代結束，省府也不得不面對台灣農業已經呈現有：農村勞力短缺、農業投資不足、農業收益降低、農場經營面積過小、工商業與農業不能配合等窘境〔註25〕，亟待改善，到了不能不有積極作為的時刻，以致於有「加速農村建設九大重要措施」的昭示，與「農業發展條例」的制訂等，試圖挽救台灣農業的傾頹；而對此系列政府在 1970 年代力圖振興農業的措施，將於下一章繼續探討。

　　此外，土改後的土地政策訂有農地農有農用的原則，對於農地買賣或變更地目均有諸多限制，對於農業發展也存在影響，造成想要或已經離農就工的農人，常常無從覓得擁有財力的「自耕農」買主〔註26〕，形成休耕或廢耕，農田因此未能地盡其利，此又為農業發展有其局限的因素之一。

　　在土地有限的台灣島上，屆臨工業快速崛起的時期，也應同時正視農業依然必須存在的事實，考慮農民的處境與耕地利用的價值，除了至少達致米糧自給自足的目的外，也應具有長遠的眼光去規劃進而輔導農家，從事種作高附加價值與高經濟效益的農產品，並且對於農、工場域自當要有妥善的配置與規劃，如是方能使經濟發展握有雙贏的契機，方不至於繼續衍生諸多失衡問題。

　　然而現實的發展卻是，由於工業發展的建廠需求，對於土地的取得日趨殷切，政府的態度乃有所修正與調整，雖然限制依舊嚴格，但曾經一度推動農村工業化，鼓勵企業至農村設立工廠，卻未考量及可能帶來的後遺症，造成農村自然生態環境與農業生產的戕害：

> 對於農地變更使用，採取個案核定制。很多企業紛紛到農村購地，

〔註24〕吳田泉：《台灣農業史》（台北：自立晚報社，1993年4月），頁385。
〔註25〕時任農林廳長的張訓舜所提出相關台灣農業的問題與危機，參見黃俊傑：〈光復後台灣的農業農村與農民：回顧與展望〉，收入中國論壇編輯委員會主編：《台灣地區社會變遷與文化發展》，頁249～250
〔註26〕參見于宗先、王金利著：《台灣土地問題：社會問題的根源》，頁106。

申請變更使用來興建工廠，後因使用面積擴大，影響糧食生產，而
且對工廠附近農田造成嚴重污染，使農產收成減少，政府始對核定
農地變更使用，以農地等則爲考慮條件。〔註27〕

當時列爲考慮條件的所謂「等則」，乃是從日據時期延續下來，用以標定
農田肥沃貧瘠的等級，作爲土地生產能力高低的劃分，原是作爲田賦徵收的
參考依據，「等則」越低者，生產力越高；而上述政策的用意明顯是認爲，較
爲貧瘠的農田，始能變更地目爲工業用地，是因應環境趨勢而被動的土地政
策修正，但卻也還仍是缺乏全面觀照的偏頗識見。

其實，前述 1960 年爲吸引資金投入以彌補美援撤出缺口的「獎勵投資
條例」中，即訂有對於工業區域以外之私有農地，在確認具有「特殊需要」
的前提下，得以購買或租售以爲工業用地的辦法〔註28〕，對於農地的變更利
用，已見放寬條件的先例。誠然，農田移轉作爲工業用地或住宅興建之用，
以因應工商發展與人口增加之需求，本亦無可厚非，農地農用的限制本可因
時制宜作彈性調整，但是，兼顧農業永續經營的前瞻性考量，仍是充分必要
的。

就在工商業發展催動經濟起飛時代裡，甫由農業社會進入工商業社會的
台灣，也似乎充滿著動能，在當時的新聞報刊中，頗具輿論影響力的《徵信
新聞報》（《中國時報》前身），於 1967 年 8 月 21 日起，一連四天刊出以〈如
何把握經濟快速發展的機運〉爲主題的「社論」，文中提出對於土地利用的問
題，或可藉以觀察其時社會意見對於農業及工業發展兩相權衡的態度。

22 日文章副題標爲〈必須培養工業社會新觀念〉，行文急切呼籲全民要改
變農業社會靜態的、保守的、安全卻無法進步的舊觀念，而要積極建立動態
的、創新的、冒險但卻具有發展的工業社會新觀念，因爲「一個農業社會的
觀念，絕不可能產生一個工業社會的經濟」，並援此論點切入討論農地變更爲
工業使用的問題：

工業社會，以工業生產爲主，財富的主要來源爲工業，農業雖仍爲
財富的來源之一，但所佔份量極小。在這種情形下，一塊農田如用

〔註27〕 于宗先、王金利著：《台灣土地問題：社會問題的根源》，頁 226。

〔註28〕 1960 年 9 月 10 日公布的「獎勵投資條例」第二十九條：「凡創辦工業或擴展
原有工業，經經濟部證明確有特殊需要者，得購買或租用編爲工業用地區域
以外之私有農地，變更爲工業使用。」參見于宗先編：《台灣經濟發展重要文
獻》（台北：聯經，1976 年 3 月），頁 120。

作工廠建地或甚至工廠停車堆物場所，其對社會財富的貢獻，可能
遠超過作農田之用。如果觀念不改，非要保留作農田不可，則不僅
是對土地資源的浪費，而更為重要的，是妨礙工業的發展，造成更
多財富的損失……〔註 29〕

　　字裡行間充滿對工業發展的認同與期許，而且直指農田未能釋出為工業
所利用，將是發展經濟的阻礙，影響「社會財富」；然後進一步以所謂「新觀
念」的視角，對當時的土地變更限制規定提出看法，認為「近來政府當局規
定某類土地不准作工業用途，非保留作農田不可，絕對是一種落後的觀念，
應重新檢討，取消該項限制」〔註 30〕；在強烈表達的意識型態裡，大有若為
工業故，餘者皆可拋的義無反顧，農田在如是論述中，似乎已到了沒有必要
保留的地步；甚而，於隔天 23 日副題為〈必須加強工業基本建設〉社論中，
再進一步表達了對農地變更的意見，則幾乎已近於苦口婆心了：

據最近報導，省府已正式建議中央，將本省一至六等則良田，限
制建廠，果真如此，則將來工廠用地取得更為困難。政府希望民
間踴躍投資工業。但投資的第一關──建廠用地必先設法解決，
否則，處處發生阻礙，投資者固望而卻步，經濟發展亦受到嚴重
影響。〔註 31〕

　　其訴求的論調，似乎是已經可以完全揚棄農業與耕地，即使是肥沃的良
田，亦可移作他用，希望政令能大幅鬆綁土地利用的限制與法規，亟欲為工
業發展創造有利條件，在台灣社會躍升為工業經濟型態的進程裡，期許能夠
排除任何形式的阻礙，使之順利到位。然而，即使是工業經濟高度發展的社
會，依然還是可以保有純粹的農業生產與生活領域才是，尤其是台灣以農村
為主體所發展出來的社會型態，盡棄良田不僅漠視糧食之生產，更是忽略了
社會人文領域裡所存續的傳統意識與文化底蘊。

　　但其實會產生這樣的呼籲，與當時執政當局的經濟建設態度與國家發展
方向，是有直接相關的；根據蕭新煌的分析研究指出，當時一批深受西方科

〔註 29〕　《徵信新聞報・社論》：〈如何把握經濟快速發展的機運：（二）、必須培養工
　　　　　業社會新觀念〉，原刊於 1967 年 8 月 22 日，收入中國時報社編：《中國時報
　　　　　社論選輯》，頁 130～131。

〔註 30〕　同註 29。

〔註 31〕　《徵信新聞報・社論》：〈如何把握經濟快速發展的機運：（三）、必須加強工
　　　　　業基本建設〉，原刊於 1967 年 8 月 23 日，收入中國時報社編：《中國時報社
　　　　　論選輯》，頁 137。

技與經濟成長理論，以及現代化意識型態影響的非傳統型「技術官僚」，已經逐漸掌握經濟決策權，而且將工業化視爲國家發展和現代化的象徵，因此：

> 將現代化意識型態付諸行動的政策，也就會以偏好工業部門的策略取向，來主導國家現代化的努力。相對的，農業部門也就會被視爲可以利用、可以作爲支持工業化策略的政策工具。工業發展是目標，農業成長爲工具的態勢，也就顯而易見了。〔註32〕

所以，當發展工業的國家經濟策略取向確定之後，對於農業的投資即持續下滑，農村社會受到的「擠壓」，除了在農業生產之外，土地也繼而遭到變更移轉，台灣社會結構也開始產生重大的轉變，工商業發展吸納年輕人口湧向都市，造成農村勞力老化，漸漸也導致農家所得低於非農家所得，至此，台灣農業已開始面臨困境；台灣島面積雖然不大，但是因爲急速工業化與農業萎縮的結果，「離鄉背井」竟爾也成爲社會與文化觀察者關注的議題，同時也成爲小說家創作的題材。

誠然，台灣農業在完成土地改革，並爲落實培養工業的目標，在政府積極進行相關輔助下，農業的生產確實曾經締造豐碩的榮景，但是蕭新煌認爲這只是「量」的增加與成長而已，卻並非是「質」的發展，因爲：

> 只把農業當看成商品，只看成經濟部門，而不注意到背後那些社會和人口羣的情況下，勢必很難講究「發展」的充要條件，那就是「公平、尊嚴、人道主義、互惠參與」等問題，如果農民沒有充分的獲得這些發展的內涵，那就很難再談什麼「農業發展」了。發展是以「人」做本位，不光是「商品」。〔註33〕

若究其實，任何偏離以「人」爲本位的思考模式與策略制訂，勢都將無法眞正造福人群，1960 年代相關農業發展的政策，明顯忽略了農業生產的背後的深層意涵、農民與土地的關係，以及農業生產關係鏈中重層厚實的人本思想；畢竟，農業生產自有其順天應人的意義與象徵，而具有經濟決策影響力的當權者，對於政策的制訂，卻缺乏對於農民與農村社會的人文關懷，這也應是造成台灣社會與農民意識「變形」的主要因素，蔡明哲指出：

> 農業是一種支配動植物生產過程的特殊生產事業，農家是管理改進農場中動植物生產的一個生產單位。由於農業生產的有機性，

〔註32〕蕭新煌：〈台灣地區農業政策的檢討與展望——事實和解釋〉，收入朱岑樓主編：《我國社會的變遷與發展》，頁 513。

〔註33〕同註 32，頁 501～502。

> 農業政策與工商業不同，它一方面是生物的，同時也是人文的政
> 策。〔註34〕

　　雖說農業生產累積資本，對帶動工業起飛並促進經濟發展，多所貢獻，但是農業生產與土地持續受到擠壓，農民意識也隨著工商業社會的漸次成形而有所轉變，並且衍生諸多社會問題，在農工失衡的偏斜下，除了農村社會人口的老化，農務缺乏勞動力導致農工的工資上漲，造成農業生產成本提高之外，農地閒置面積日益擴大，農田遭受工業污染的情形也日趨嚴重，在在都對台灣農村社會造成戕害，而且，持續地惡化。

第二節　文化的多元紛呈與創作的場域拓展

　　當局極力維繫政權的穩定，逐積極抑制任何反動思想，不僅切斷五四傳統的左翼論述，並且禁絕台灣文化的凸顯，以防分離主義的滋長，所以統治階層主導的大敘述，一貫以反共復國的目標與三民主義的內涵為意識型態基調，造成了台灣文化環境的封閉。但是，位居美蘇冷戰對峙防線上的台灣，也同時被納入了國際資本主義經濟體系，更由於美援／美元文化與越戰的相繼影響，以美國為主的現代西方思潮與流行文化也順勢進入台灣，對於長期接受文化霸權論述灌輸的台灣文化界，形成撞擊而產生了鬆動，造就了諸如以《文星》為發聲管道的「西化」呼喊，欲求革新進步的現代化，挑戰威權。而相應中共文化大革命的「文化復興運動」，則是形塑「中國文化守衛者」的形象，爭取國際社會認同，對大陸進行所謂「精神反攻」，而以復興文化之名行「思想教育」之實的系列作為，則企圖矯飾地站在道德的制高點以掌握民心，並且表達「中西文化論戰」的官方立場，文藝政策也延續 1950 年代的作為，欲使文藝成為傳遞意識型態的工具。

　　1960 年代諸多文學雜誌所建立的創作交流平台，不僅拓展了台灣文學場域，也產生文學思潮匯聚的效應，並且在台灣社會的轉型與外來文化的刺激下，形成不同的文學思潮與文學創作語境，各自突破時代大敘述的局限，對1950 年代以降瀰漫閉塞壓抑的文藝風氣，表達了反詰的態度，除了對現代主義文學產生了助長作用，更建構了開啟 1970 年代鄉土文學蓬勃發展的基礎。而藉由梳理 1960 年代文學雜誌與文藝思潮的發展脈絡，除了看見作家的對於

〔註34〕蔡明哲：《社會發展理論——人性與鄉村發展取向》，頁 232。

政治、社會的疏離與苦悶心緒的突圍，助長現代主義在移植後的蔓延，成就了台灣現代主義文學的典律之外，文學思潮的本土論述裡，也勉力修葺台灣本土文學發展傳統的斷層，呼喚並拓墾屬於本土的創作族群與文學場域，同時，「鄉土文學」一詞，又再度浮現於台灣文壇，代表了寫實主義的復歸，小說作品也漸次重現了反映現實的書寫語境，在在使得1960年代的台灣文學，呈現了寫作路線自主發展的樣貌。

一、中西文化的拉鋸與文化復興運動的假面

威權體制由1950年代延續至60年代，對言論的箝制依舊，對反動思想的防範也未曾放鬆，根據柏楊的回憶指出，「在那個威權至上而肅殺之氣很重的年代，文化像一片沙漠，社會如一潭死水」，並且也不無嘲諷意味地加以批判當時威權統治下的政治偵防：

> 國民黨也發現，有個像共產黨這樣的敵人真好，對具有自由、民主
> 思想的文化人，只要把共產黨帽子往他頭上一扣，就可以名正言順
> 的立即剷除。〔註35〕

就文化論述場域而言，由於白色恐怖的手段，無端羅織的罪名，加上言論遭到嚴密的管控，致令知識分子對於社會或是政府當局，難以提出諍言或質疑，而柏楊自身即因長期遞出批評時局的文章而招禍，終究拘入「文字獄」而身陷囹圄，至於「大力水手」漫畫事件，只是導火線而已。

之所以有「文化沙漠」之譏，究其實，主要乃是源於統治階層強力灌輸文化霸權論述，而造成文化環境的封閉使然。時代的大敘述，是以實行三民主義，復興中華文化，「消滅萬惡共匪，解救大陸同胞」的一貫意識型態為主，國民政府在戮力維繫政權之際，不僅切斷五四傳統，並且禁絕凸顯台灣文化，避開一切可能鬆動黨國威權體制的逆流，所以，侈言的「民主自由」，絕大部分僅是概念而已。不僅傳統知識分子喪失話語權利，戰後新興的一代也無由獲得思想啓迪，形成殷海光所謂的「思想真空」，文化界可說是苦悶甚至是潛藏憂懼的。

然而，1960年代的台灣同時也來到經濟發展轉型的時刻，配合經建計畫的改革措施，促進產業發展的「獎勵投資條例」，吸引跨國資本投入台灣，更有加工出口區的設置，在在都使經濟活動日漸活絡，將農業經濟為主體的社

〔註35〕柏楊口述、周碧瑟執筆：《柏楊回憶錄》(台北：遠流，1996年7月)，頁235。

會，朝向現代化的工商業經濟型態推進，也讓其時位居美蘇冷戰對峙防線上的台灣，納入了以美國爲首的國際資本主義經濟體系中，而同時現代西方思想風潮也順勢襲來，吹皺了台灣文化界的「一潭死水」。

壓抑在戒嚴令下的知識分子，由於政治上的諸多禁忌，「不切實際的政治口號不想跟著喊，真正切合實際的政治問題又不能談」〔註36〕，於是選擇避談政治，但是由於國府對美國的依存關係，與配合經濟發展及現代化的腳步，以美國爲主的西方文化與現代化思潮，卻又得以名正言順地滲入台灣的禁錮環境，於是乎西方民主自由的體制與精神，便又一次如同「五四」運動時期一般，再度引發年輕生命蟄伏的熱忱，以「西化」爲名的現代化思想涵泳，遂再度成爲知識分子苦悶心靈的出口，所以：

> 完全以西方（尤其是美國）的標準作尺度的現代化思想，必然配合著台灣的現代化過程，而成爲台灣民眾唯一信服，唯一可以接受的意識型態。就是在這種情況下，《文星》雜誌成爲台灣的新知識分子（相對於五四傳統的舊知識分子）的代言人，而李教的「全盤西化論」也就成爲台灣現代化運動的最有力的「宣言」。〔註37〕

當時所謂的「西化」，主要內容卻似乎是承繼了「五四」時期的精神，嘗試汲取西方現代文明的養分，企圖顛覆守舊的傳統，蛻變爲具有革新進步意涵的現代化；當時整體客觀環境雖與「五四」時期大相逕庭，但是國府在台的威權體制與文化霸權，卻提供了近似的氛圍條件，所以雖然異代不同時，但是要求改革的呼聲，也大膽地突圍而出。

在言論思想相對保守的年代，《文星》可以說是繼《自由中國》之後，能再度匯聚批判思維的公共論述場域，其中胡適即是指標性人物；而雜誌標榜的是，自由、民主、法治、反對教條與反對共產主義，採納的文字包含引介新思潮、批判舊傳統、打倒威權爭取理性的自由等各個層面的論述〔註38〕，在當時的文化界引發高度迴響，新興知識分子趨之若鶩，並且還導致所謂的「中西文化論戰」，一如「五四」時期「傳統」與「改革」之爭的文化思辯。

〔註36〕呂正惠語，見呂正惠：〈現代主義在台灣──從文藝社會學的角度來考察〉，收入呂正惠：《戰後台灣文學經驗》（台北：新地文學，1992年12月），頁15。
〔註37〕同註36，頁22。
〔註38〕參見韋政通：〈三十多年來知識分子追求自由民主的歷程──從《自由中國》、《文星》、《大學雜誌》到黨外的民主運動〉，收入中國論壇編輯委員會主編：《台灣地區社會變遷與文化發展》，頁358、362。

　　雖然《文星》後來因爲「中西文化論戰」所衍生的諸多政治糾葛而爲當局所忌，終至 1965 年李敖撰文對國民黨中央要員的嚴厲批判，而導致停刊〔註39〕，但是要求現代化、民主自由的呼聲，確然又一次讓當時台灣社會產生激盪，要求全面落實民主政治與言論自由的理念，歷此也更加深化人心，《文星》隕落之後，1970 年代的《大學雜誌》，又再度構築民主論壇，而見台灣知識分子屢仆屢起，在戒嚴體制裡，努力匯聚時代邊緣之聲，接續挑戰大敘述裡的文化霸權。

　　就在《文星》遭到停刊以後，1966 年，中共政權在毛澤東主導下，開始進行理盲激情的無產階級文化大革命，以「破四舊」的名義，讓中國固有文化傳統歷經了「十年浩劫」，對於日後中國的歷史發展，產生了深遠的影響。11 月，就在毛澤東於北京檢閱兩百多萬「紅衛兵」之後，在台北的中華民國政府，遂相應展開對傳統思想文化保護與維繫的運動，由孫科、王雲五、陳立夫、孔德成爲首共一千五百人聯名發起，促成將「孫中山誕辰紀念日」，即每年的 11 月 12 日，訂爲「中華文化復興節」。

　　此舉明顯含有宣示意味，企圖表示在台灣的中華民國政權，才是真正具有繼承中華文化正統地位的政治象徵意義。而再歷經一年的籌備，1967 年 11 月便成立了「中華文化復興運動推行委員會」（簡稱「文復會」），開始設單位置人力，積極進行文化復興的運動。但是，值得注意的是，創建如是龐大的機制與維護傳統文化的積極作爲，竟爾與美國的態度也有某種程度的關連。

　　在美國對於當時全球冷戰對峙的國際戰略思考裡，雅不欲國府持續堅持「反攻大陸」的軍事武力立場，情勢萬一失控將導致美國捲入大規模的國共戰爭，所以，爲了避免衝突擴大且讓台海「暫時」維持現狀，所以面對國府「反攻」策略的態度，乃幾經轉折。然而，美國也深切了解國府堅持「反攻」的立場，當是維繫蔣氏在台政權穩固的重要基礎，也是軍隊士氣的依歸，所以就在「八二三砲戰」的台海危機下，基於戰力懸殊的現實與國際局勢轉變的考量，美國乃乘勢積極勸說國民政府，嘗試調整「反攻大陸」的基本國策，從以「武力」與共產黨鬥爭的「解放者」，轉變而爲「中國文化守衛者」，爭取大陸民心歸趨，以待未來的「精神反攻」〔註40〕，有朝一日終能將自由民

〔註39〕1965 年歲末《文星》遭停刊一事之始末，可參見李敖：《李敖回憶錄》（台北：商業周刊，1997 年 6 月），頁 202～204。

〔註40〕張淑雅：〈台海危機與美國對「反攻大陸」政策的轉變〉，《中央研究院近代史研究所叢刊》第 36 期（2001 年 12 月），頁 270。

主重新插旗大陸，同時也彰顯國府「自由中國」代表「中國」的正統性。

　　美國基於自身利益與戰略思考的盤算，在歷經幾番對國府的遊說與斡旋的過程中，雖難免各自表述，卻也大抵形成共識，後來又「適逢」毛澤東發動文化大革命，所以 1960 年代中期以後的文化復興運動，其背景因素之一，應與美國的對華政策不無關係，即如張淑雅的分析：

> 由於國府早就聲明反攻革命是「三分軍事、七分政治」，也一向以爭
> 取大陸民心為要務，故蔣介石在危機末期與來訪的美國國務卿發表
> 聯合公報，聲明反攻途徑為「實行孫中山先生之三民主義，而非憑
> 藉武力。」美國的說詞或許並未立即改變國府有關反攻大陸政策的
> 實質，但徵諸 1960 年代中期後，國府大力推動的「中華文化復興運
> 動」及「三民主義統一中國」口號，美國的想法對國府應有相當長
> 遠的影響。〔註41〕

　　顯見國府早已認知單憑己力實無以訴諸軍事行動進行反攻，但又欲設法避免不損及領導威信與民心士氣的凝聚，於是只能格於形勢由「待機反攻」而逐步施行「精神反攻」的各項工作；所以，因應文化大革命而進行的復興文化運動，即是在凸顯國府繼承中華文化正統地位的政治意義，而後盱衡時局，「反攻大陸」的口號，漸次轉變而為「光復大陸」、而「反共復國」、而至「三民主義統一中國」。〔註42〕

　　另外，雖然沒有直接證據顯示此系列維護中華文化的作為，除了美國的態度與相應「文化大革命」的因素外，是否也連帶含有相應當時台灣文化界「西化」論述的表態，但以當時的時代氛圍而論，也或可視為是在「中西文化論戰」之後，代表官方所表達的立場，所以若由「安內攘外」的思考角度加以評量，則「中華文化復興運動」的推行，包括成因與形式，實有諸多想像的空間。

　　「文復會」的宗旨與目標，概括了三大方向，即「以倫理道德為淑世之本」、「以民主自由為福國之則」與「以科學技術為正德利用厚生之實」〔註43〕，

〔註41〕張淑雅：〈台海危機與美國對「反攻大陸」政策的轉變〉，《中央研究院近代史研究所叢刊》第 36 期（2001 年 12 月），頁 231。

〔註42〕同註 41，頁 287。

〔註43〕「中華文化復興運動推行委員會」之成立與宗旨目標，參見中國文化大學：《中華百科全書》線上版（台北：中國文化大學）。上網日期：2013.6.4，網址：http://ap6.pccu.edu.tw/encyclopedia/data.asp?id=230&nowpage=1

　　見其以倫理、民主、科學為綱，除了對中華文化的復興維護之外，尚包含欲由傳統智識裡，尋求理論與方法，藉以提升政治體制運作的素質與促進經濟民生的發展。更在蔣介石親身督導下，成立了眾多機構和委員會，比如「國民生活輔導委員會」、「文藝研究促進委員會」、「中國科學與文明編譯委員會」等，在疊床架屋的組織裡，甚至於「國劇推行委員會」亦名列於其中。

　　而為落實復興傳統文化的具體作為，理所當然先由典籍史冊的推廣開始，因此廣泛地加以選編並今註今譯，其中當然首選四書五經等傳統經典，還有《白話史記》、《白話資治通鑑》等史冊，且編印中華文化概述，介紹歷代思想家之生平思想行誼，選編歷代忠孝人物故事及教忠教孝文選，標舉民族文化精神的風範，期能宏揚傳統文化，達成發揮教化的功能。甚至於向海外發行全新的英譯本《四書》，希望能「加強國際學者對中國文化之了解與景崇」〔註44〕，此舉昭告國際究竟國府才是中華文化道統的嫡系政權，目的不言可喻。

　　「文復會」大張旗鼓積極執行各項相關文化復興的任務，強調一切作為絕非「泥古返本」，而是「溫故創新」，除了深入教育體系外並且影響學術研究領域。然而，運動的內容卻始終飽含了強化對故國山河的緬懷，甚至於對領袖效忠的政治目的，李亦園即中肯地指出此一運動的偏頗方向：

　　　　這個運動在一方面是以重整固有倫理道德為重心，另一方面也是要
　　　　以重整傳統倫理的精神以對抗共產政權，所以在本質上其所含的政
　　　　治意義大於文化的意義，而即使在文化的範疇中，其涵蓋的範圍也
　　　　以德行的文化目標為主，而對美性與知性等方面較缺乏……〔註45〕

　　運動內容之所以對於美感知性的涵蓋較為匱乏，乃是肇因於這所謂「文化復興運動」的本質，究其實乃是為「思想教育」而非屬純粹的文化活動，充分顯示當局企圖站在道德的制高點以掌握民心的意識型態，並意欲繼1950年代的「反共文藝」之後，對文化界再度建立指導論述，是文化霸權論述的再強化作為，所以也招致箝制學術自由的批評，並且也不無禁錮思想之嫌，一如葉啓政之分析，認為「文化復興運動」乃是具有強烈「政治掛帥」的性格：

〔註44〕「中華文化復興運動推行委員會」之成立與宗旨目標，參見中國文化大學：《中華百科全書》線上版（台北：中國文化大學）。上網日期：2013.6.4，網址：http://ap6.pccu.edu.tw/encyclopedia/data.asp?id=230&nowpage=1

〔註45〕李亦園：〈文化建設工作的若干檢討〉，收入中國論壇編輯委員會主編：《台灣地區社會變遷與文化發展》，頁309。

在謀求社會發展過程中，如何穩定社會秩序，以維持既有政治權威
與權力分配結構，乃被列為最主要的考慮。因此，只要是在意識之
內，任何的計畫與作為，乃以穩定既有政治權力秩序為前提。〔註46〕

所以此文化運動的系列積極措施，雖然標舉固有倫理道德的重整與發
揚，但是除了「精神反攻」的不切實際目的外，其實仍是維護威權體制的鞏
固作為。因此，由此視角觀察當時文藝政策的推行，其目的也是如出一轍。

蔣介石繼1965年於「國軍第一屆文藝大會」中，強調文藝創作的革命
意識與戰鬥精神之後，1967年更於國民黨九屆五中全會通過制定「當前文
藝政策」，主張「擴大文藝的戰鬥力量」、「強化文藝的敵情觀念」與「堅持
文藝的反共立場」等宣示〔註47〕，其實可以視為是文化霸權論述針對《自
由中國》以降的自由主義傾向，與《文星》西化論等對當局反詰的一種表
態，向陽即指出特別是《文星》「『全盤西化』論對於執政者所強調之意識
型態批判，及其對苦悶年代中人心的影響，正是執政者之所以再提『文藝
政策』的主因」〔註48〕，欲使文藝創作成為傳遞意識型態的工具，顯見文
藝政策的政治性格。而威權體制本就佔有文化詮釋的最高位階，因此對於
文化的發展策略與方向，當然也就具備了主導優勢與話語權力，處於如是
境地下，知識分子之所以會對於政治、社會產生苦悶的「疏離感」，可想而
知，而現代主義思潮的蔓延，便自有其脈絡可循。

回到「文復會」工作裡揭示的「倫理、民主、科學」三大綱領，除了傳
統「倫理」道德一項已如上述討論外，若加以檢視當局標舉的「民主」與「科
學」，則難免令人回溯及國民政府一度諱莫如深，含有左翼思想成分的「五四」
精神；設若藉由殷海光的論述，或可洞悉「文復會」工作綱領虛有其表的口
號性質。

1969年，「五四運動」屆滿五十週年之際，殷海光在五月號的《大學生
活》發表了〈五四的隱沒和再現〉一文，雖然當時殷海光早已經因為與《自
由中國》的關係，而遭受封殺壓制許久，但是此際依然無畏地提出批判，直

〔註46〕葉啟政：〈三十年來台灣地區中國文化發展的檢討〉，收入朱岑樓主編：《我國
　　　　社會的變遷與發展》，頁134。
〔註47〕參見向陽（林淇瀁）：〈打開意識型態地圖——回看戰後台灣文學傳播的媒介
　　　　運作〉，收入鄭明娳主編：《當代台灣政治文學論》，頁84～85。
〔註48〕同註47，頁85。

指雖然五十年歲月已逝，但「民主」卻仍一如「山在虛無縹緲間」；至於科學，則「在目前神話橫流的狂瀾裡，要將科學方法及科學態度用到認知人事界域」，將是一條吃力而遙遠的道路。殷海光行文力道不減，而且依然對民主制度與科學態度，表達了深切期許的執著，剴切而語重心長：

> 五四運動倡導「民主」與「科學」五十年後，民主完全落了空，科學的基本態度也很少被人接受。但是，如果二者是人的生活所必不可少的要素，那麼就會有許多人不斷的追求它們。如果有許多人不斷的追求它們，那足見它們還是社會文化變遷的動力。如果它們還是社會文化變遷的動力，那麼遲早可能有再現的日子。〔註49〕

文章發表後僅四個月，殷海光就於同年9月16日逝世，眞可謂克盡知識分子的職責，死而後已，終其一生鼓吹民主與科學，追求自由與理性，而遺留人世的諸多論述，不啻是陰鬱時代的黃鐘之音，亦足堪激發有志之士的心靈共鳴。於其時黨國一體卻侈言民主的威權體制裡，「神話橫流的狂瀾」一語有如當頭棒喝，也見當局以文化復興爲名，實則履行文化霸權論述的虛假。

二次大戰後，美國取得了西方民主陣線的領導地位，而從韓戰爆發，美國對國府態度的改變，到美援的輸入，以及「共同防禦條約」的簽訂，不僅穩定了國府在台的政權，也直接助長了台灣的現代化經濟的發展，這已一如前述，所以在美國已成爲「可敬的盟友」之後，代表美國文化的一切，也順理成章優先被接受，因此在美國強勢的經濟力量與文化擴張下，台灣的社會也受到極大的影響。

在國府威權統治下，文化思想的箝制與防範等作爲，也促使戰後新生代的青年因爲苦悶空虛的「疏離感」，而自然大量地汲取以美國爲主的西方文化，並且隨著越戰的擴大，因爲地理位置，台灣島也成爲美國運補戰場物資的後勤基地之一，軍需品的採購、補給以及美軍度假等活動，均使代表美國的物質文明與流行文化，更是直接影響台灣的經濟、社會及文化各個層面。

因此，文化復興運動所欲建立的指導論述，雖在同樣的戒嚴時代裡，似乎未能如經濟策略的施行般取得全面性的效力，除了在學校教育體系裡產生影響外，當局的舉措對於民間社會，其實影響有限，這也肇因於經濟發展態勢下的社會轉型，尉天驄如是觀：

〔註49〕殷海光：〈五四的隱沒和再現〉，原載《大學生活》五月號（1969年），收入殷海光：《殷海光先生文集》（台北：桂冠，1979年3月），頁1018

　　由於一個商業的消費社會日益擴大，美國和日本的經濟力量又在台
灣產生主導的作用，更加上越戰中的人員和物質的刺激，遂使得城
市中那種小市民的休閒和消費的生活不得不找尋出路，於是與此相
適應的，便產生了市民消費文化活動。《皇冠》等雜誌的相繼出現和
受到歡迎，便是在這種情形下產生的。〔註50〕

　　趨向現代化發展的生活模式，消費性的文化休閒活動需求漸增，而此際
談傳統文化之復興，漸漸招來「食古不化」之譏，況且，以美國為主的西方
文化，正源源不斷地輸入，形成風潮，吸引常民社會的目光，也使台灣文化
逐漸擺脫當局的單一指導論述，而漸有朝向多元發展的趨勢。

二、文學雜誌的散播效應與寫作路線的自主走向

　　文藝雜誌的刊行與傳播，不僅擴大了文學創作場域，也相當深化地影響
了1960年代台灣文學的發展，雖然威權體制架構下的文化制約，以及對於文
學創作環境的排擠依然可見痕跡，但是藉由文藝雜誌所構築而成的文學創作
平台，卻也相應地呈現了多元的文學發展面貌，整體主客觀環境不僅對現代
主義文學產生了助長作用，更蘊含有開啟1970年代鄉土文學蓬勃發凡的前置
效應。

　　文藝雜誌常常不僅是作為文學作品的載體而已，也會產生匯聚具有相近
創作理念與寫作路線的效應，藉此作家而得以相濡以沫，並同時確認自身作
品在文學場域裡所處的位置，這樣的現象，在純文藝性的雜誌範疇裡，尤為
明顯。

　　呂正惠分析1960年代「小雜誌」的發行與內涵，依據作品美學取向與人脈
關係加以羅列分析，將當時的文學雜誌區分為兩個系統，第一個是1960年代台
灣現代文學的主幹，即是以台大外文系為中心的《文學雜誌》──《現代文學》
系統；第二個系統則是從現代主義潮流影響下逐漸掙脫而出，以尉天聰為「編
輯重心」的《筆匯》──《文學季刊》──《文季》──《文學雙月刊》，而發
展成為1970年代鄉土文學與現實主義文學的先導系統〔註51〕。如是分類同時
也分明地指出，1960年代的台灣文學發展，終究不能以「現代文學」可予以

〔註50〕尉天聰：〈三十年來台灣社會的轉變與文學發展〉，收入中國論壇編輯委員會
　　　　主編：《台灣地區社會變遷與文化發展》，頁469。

〔註51〕參見呂正惠：〈「小雜誌」與六〇年代台灣文學〉，收入呂正惠：《戰後台灣文學
　　　　經驗》，頁43。

全面涵蓋的事實，正如同 1950 年代的「反共文學」一詞，非能概括文學發展的複雜面向一般。

　　而應鳳凰更進一步地爬梳當時文藝雜誌源流的「系譜」，認為純文藝雜誌三大類之中，除了不具明顯傾向的《文壇》、《作品》與《純文學》一類之外，其餘兩類，則可以區分為以台大外文系為中心的「現代主義文學」系譜，即《文學雜誌》與《現代文學》，並且將呂正惠認為不屬於兩個系統的《台灣文藝》，納入與尉天驄主編的《文季》系列雜誌同為「寫實主義文學」系譜之中。〔註52〕

　　上述兩家的認定儘管大同小異，但準此卻可見到「現代主義」與「寫（現）實主義」兩種文藝思潮，是得到明晰確認的，而且並存於 1960 年代。前者即形成台灣文學發展史中，慣以指稱此時期使用的「現代文學時期」；而後者則是彩排了 1970 年代「鄉土文學時期」的舞台，並且其進程就恰如「現代主義」於 1950 年代中期即已開始進行栽種的「橫的移植」一般，文藝思潮由醞釀以至發展的時間序列也極為類似。

　　這兩種文藝思潮與文學創作，於 1960 年代並存的態勢，張錦忠曾嘗試以「複系統」的視角，避開意識論爭或所謂統獨意識，則能輕易察見到上述兩者其實並不一定處於「對峙」的局面：

> 現代主義文學與現實／本土主義文學意識之間並不一定就是形式上
> 或內容上的矛盾與衝突，只是意識型態與視野顯然不同罷了。兩者
> 其實並存於六○年代的台灣文學複系統；現代主義文學可謂主流，
> 但是現實／本土文學也不盡然位居邊陲。〔註53〕

　　這樣的觀察，道出了其時兩種並存卻迥異的文藝思潮，在文學場域裡無有壁壘分明的客觀事實，甚至是併陳而顯現異質發展的紛紜，表現了同樣意欲掙脫文化霸權意識型態束縛的想望。因為，設若加以審時度勢，則彼時高壓的威權體制與掌握話語權力的霸權論述，或許正是造成不同的文學思潮與文學創作語境，各自亟欲突破被時代大敘述所限縮的成因。

　　當局延續 1950 年代的威權統治模式，並繼之以「文化復興運動」與「堅持文藝的反共立場」等作為與宣示，強勢的文化與文藝政策依樣深具政治性

〔註52〕參見應鳳凰：〈散播萬紫千紅：從四個類型看台灣文藝雜誌發展歷程〉，《全國新書資訊月刊》民國 96 年 9 月號（2007 年 9 月），頁 50。
〔註53〕張錦忠：〈「台灣文學」：一個「台灣文學複系統方案」〉，收入張錦忠、黃錦樹編：《重寫台灣文學史》，頁 68～69。

格與意識型態；所以，西化、移植的現代主義文學，與本土、鄉土的寫實主義文學，之所以先後出現而重疊於1960年代，其背景因素或許也由於如是制約而激發出相同的反應，只是因為政治高壓、語言跨越、白色恐怖等干擾，造成寫實主義文學相對地拉長了復甦重現的時間，所以在時序上，落後於因苦悶而橫向移植西方文藝思潮的現代主義文學。

　　1950年代中期《文學雜誌》帶動現代主義起步先行，更在60年代初由《現代文學》接棒而成就具體豐美的文學作品，白先勇、王文興等作家，拉開了創作與閱讀相應和的可觀現代主義文學場域，作品至今已然成為台灣文學史中的典律；但如是作品形成風潮的客觀時代氛圍，施淑卻毫不寬貸地逕以「歇斯底里」加以批判：

> 六〇年代的台灣，是個歇斯底里的時代。以文學從事者為例，在戒
> 嚴令下，他們被斷絕了日據時代台灣文化和中國大陸的五四傳統，
> 他們能做的是接受或拒絕以正統自居，以國仇家恨為前提，而事實
> 上是法西斯的所謂漢賊不兩立的思考。〔註54〕

　　顯然上述現代主義作家拒絕了非黑即白截然二分的選項，並尋求在文學創作的心靈上戮力另覓出路，經由文藝雜誌的創作平台得到抒懷。

　　然而，眾所周知，現代主義進入彼時的台灣文壇所造成的風行，卻難免必須接受「落後」與「誤謬」的詰問；不過，現代主義文學在台灣文壇1960年代的發展也確係事實，則應該自有其形成原因的合理解釋。除了呂正惠著名的析論而為施淑所延續的觀點，認為是因為與日據時代及五四傳統的雙重斷裂所致之外，邱貴芬卻以彼時多重文化匯聚的事實做觀察，指出台灣的現代主義思潮，其實也是一種在地的「台灣現代性」經驗的產物：

> 1960年代台灣所經歷的現代性經驗不僅僅來自於從農業過渡到工
> 業以及資本主義的效應，從日本殖民到國民政府接收，台灣在這過
> 程經歷了差距相當大的文化視覺聽覺符碼的相互鑲嵌、撞擊、角力，
> 隨後以美國為代表的西方文化符碼更大量湧現，台北作為台灣本
> 土、日本殖民遺緒、中國移民文化、香港文化以及美國文化匯流的
> 場域，多種文化交會擊撞所造成的震驚、興奮與惶恐，都促進台灣

〔註54〕施淑：〈現代的鄉土——六、七〇年代台灣文學〉，收入楊澤編：《從四〇年代到九〇年代——兩岸三邊華文小說研討會論文集》（台北：時報文化，1994年11月），頁255。

現代派文學的興起與發展。〔註55〕

準此，則台灣社會的轉型與外來文化的刺激，當是形成「台灣現代性」最主要的因素，但若是追本溯源，仍是以美援／美元文化影響最劇。美國提供的援助促成台灣社會邁入工業化進程，而以美國文化為主的「西化」思潮，卻又偏頗地與「現代化」概念劃上等號，甚而有如呂正惠的看法，其時知識分子將「現代主義」之與「現代化」錯誤地理解為同樣具有「進步意義」的名詞，而凸顯在文學創作面向，「反而會抹去了它的問題性，而只呈顯出它的進步面，而成為現代社會的現代文學，以別於舊社會的舊文學」〔註56〕，意即對於原本反映現代西方資產階級社會病態的現代主義，只擷取其美學表現手法，而形成台灣現代主義文學的特殊色彩。

影響文化或文學發展的成因，本即是複雜而多樣，觀察相應台灣現代主義文學興起的時代背景，可以發現在政治、經濟、社會、文化等各個層面，均有值得推敲之處；所以，張誦聖就曾對台灣文學現代主義的發生，藉由馬歇爾·柏曼（Marshall Berman）的說法指出，現代主義是人們對歷史現代性的來臨在文化領域裡的反應〔註57〕，援以解釋非西方社會的現代化腳步與文化潮流（如現代主義運動），是否存在簡單而易於辨識的對應關係？並且加以比對亞洲的台灣、中國大陸、日本等地區，在不同時段裡發生的現代主義運動和當時歷史脈絡之間的關連，從而觀察到一個「有趣」的現象：

> 現代主義作為一個文化場域裡的美學運動，當它輸入台灣（1930 年代的後半期；1950 年末到 1960 年代），中國大陸（1930 和 1980 年代），或是戰前的日本、戰後的南韓，似乎都巧合地是在當地社會進入一段快速經濟成長的現代化時期「之前」，而不是「之後」，因此顯然無法純粹將它視為對「現代性」的文化反應。〔註58〕

顯見台灣 1950 年代到 60 年代的現代主義文學發展，並非源於對現代化的質疑與反詰，因為彼時台灣社會相對於西方現代化的進程而言，是「落後」

〔註55〕邱貴芬：〈「在地性」的生產——從台灣現代派小說談「根」與「路徑」的辯證〉，收入張錦忠、黃錦樹編：《重寫台灣文學史》，頁 347。
〔註56〕呂正惠〈現代主義在台灣——從文藝社會學的角度來考察〉，收入呂正惠：《戰後台灣文學經驗》，頁 22。
〔註57〕張誦聖：〈現代主義、台灣文學、和全球化趨勢對文學體制的衝擊〉，《中外文學》第 35 卷，第 4 期（2006 年 9 月），頁 97。
〔註58〕同註 57，頁 98。

的，所以現代主義文學在台灣，知識分子藉由作品所呈現的「疏離」，正如同
呂正惠的解釋觀點，乃與當時高壓的政治氛圍所產生的「政治冷感」有關，
是有意識地與現實疏離，刻意「躲到純粹的知識與藝術的天地之中，知識分
子這種『苟全性命』的生活方式，因此也就成為台灣現代主義所表現的孤絕
生命的現實基礎。」〔註 59〕；因此，在百般萬惡共匪的形塑工作已近於千篇
一律之後，作家、詩人的創作取向自然也會另闢蹊徑。鄭明娳即指出，當時
本為「戰鬥文藝」的先鋒，如紀弦、瘂弦、洛夫、鄭愁予等詩人，卻正也是
「台灣現代主義的開路者」：

> 他們一方面在現實的壓力下，表面上響應官方說法，另一方面又進
> 行個人主義的文學變革；當時新興的潮流如後期象徵主義、超現實
> 主義，實際上都是種種對現實體制的隱性反動。〔註 60〕

援此觀點，陳芳明更進一步分析台灣社會對現代主義的追求，「在很大程
度上是為了尋找思想與精神的出路」，並且羅列其「移植」的背景，以及所呈
現的創作題材，與西方現代主義文學的不同之處：

> 西方現代主義的醞造乃是來自經濟上的重大變革，而台灣作家之接
> 受現代主義則是由於政治環境的影響。西方現代文學所表現的荒
> 謬、扭曲、孤獨的美學無非是基於對工業革命後都會生活的反動與
> 批判。台灣現代主義作品所表現的流亡、放逐與幻滅，則是對反共
> 政策與戒嚴體制的抗拒。〔註 61〕

所以，在威權體制與文化霸權論述下開展於 1950 年代的現代文學，以及
在進入 60 年代以後的持續茁壯成熟，都可視為是一種對官方大敘述與壓抑時
代氛圍的抗拒與突破，而同時也由於政治上的禁忌，遂導引文藝創作者轉而
援用現代主義中隱諱的創作筆法，試圖為舒放胸中塊壘尋覓出口。因此，現
代主義文學一脈在 1950、60 年代的崛起與發展，當可作如是觀。

而再回到上引所謂 1960 年代純文藝雜誌的兩大「系譜」分類，其實兩造
卻也是有所交集而非截然涇渭分明的；呂正惠所謂在「現代主義潮流影響下
逐漸掙脫而出」，即《筆匯》、《文季》系列雜誌的寫實主義文學一脈，亦可見

〔註 59〕呂正惠〈現代主義在台灣──從文藝社會學的角度來考察〉，收入呂正惠：《戰
　　　　後台灣文學經驗》，頁 11。
〔註 60〕鄭明娳：〈當代台灣文藝政策的發展、影響與檢討〉，收入《當代台灣政治文
　　　　學論》，頁 36。
〔註 61〕陳芳明：《台灣新文學史》，頁 347～348。

到系出《現代文學》而嶄露頭角的陳映真與王禎和等人的作品；植基於此，或可更進一步清楚地說明，在 1960 年代的創作場域裡，是併陳而非對峙的文學發展事實。

所以，在尉天驄等人於 1966 年創刊後的《文學季刊》裡，可以看到作家風格的轉變與成長：

> 陳映真擺脫他在《現代文學》發表的作品所呈現的晦澀的象徵風格，而改走明朗、寫實的路子；我們看到在《現代文學》初露頭角的王禎和開始有系統的寫他的嘲諷性的市鎮小人物畫像，也看到年輕的黃春明一步步的在發展他的農村人物素描；一句話，我們開始看到後來所謂「鄉土文學」的源頭。〔註62〕

脫出現代主義文學一系的作家，誠然在日後 1970 年代「鄉土文學」時期扮演重要的先導角色。然而若是正本清源，真正屬於本土作家的「鄉土文學」園地，則當是呂正惠所指在兩大系統之外的，於 1964 年 4 月即由吳濁流所創辦的《台灣文藝》。

《台灣文藝》刊名干冒大不諱逕以「台灣」名之，曾招致嚴重的關切，顯示當局對於任何恐有凸顯地方意識或分離意味的表述，深為忌諱；然而吳濁流乃執著地站在推動台灣本土文藝的立場，堅持「若非冠有『台灣』二字即失去辦雜誌的意義」而奮力突圍，也讓《台灣文藝》所架設成形的創作與交流平台，能以維繫文學本土化的立場，延續日據下台灣文學的發展脈絡，在台灣文學發展過程中，具有繼往開來的地位與薪火相傳的意義，並且讓雜誌不僅止於表述台灣本土的名義而已；基於此，游勝冠以文學本土論發展的觀點，察看《台灣文藝》的刊行內容，點出雜誌的的具體作用如下：

> 《台灣文藝》除了推動台灣文學本土化的積極企圖之外，事實上它也起著整合台灣本土作家積極功用，前行代的本土作家在《台灣文藝》創刊後，受到精神感召，也逐漸走出戰後的陰影，重新提筆出發，戰後第一代、第二代的台灣本土作家當然也因此找到自己的園地。〔註63〕

所以，《台灣文藝》在蓄積一定能量與作品數量以後，逐漸次擴大雜誌的

〔註62〕呂正惠：〈「小雜誌」與六〇年代台灣文學〉，收入呂正惠：《戰後台灣文學經驗》，頁 46。
〔註63〕游勝冠：《台灣文學本土論的興起與發展》，頁 175。

影響範圍，終於成就了格局。陳芳明並且認為，由於《台灣文藝》的創刊與「吳濁流文學獎」的設立，本土作家藉此而能不斷展現創作實力，寫實主義的美學思維也再度受到推崇。陳芳明並且歸納發表刊出的作品特色，認為作家傾向於專注於兩個題材的經營：一是歷史記憶的重建，一是現實社會的反映，而且，這兩者正也是 1970 年代鄉土文學作品的特色〔註64〕，與現代主義文學的創作取向大相逕庭：

> 對照於現代主義的潛意識開發與個人慾望的挖掘，《台灣文藝》所重視的反而是外在事物的描繪，尤其是鄉土景物與人物的關注。因此，許多作家的思維與其說是本土化，倒不如說是在地化。黃春明的宜蘭、鄭清文的新莊、鍾肇政的桃園、李喬的苗栗、鍾鐵民的美濃，都成為這段時期文學創作的全新版圖。〔註65〕

而就在《台灣文藝》創刊的同一年，《笠》詩雙月刊也繼之發行，顯見本土（鄉土）寫實主義文學的復甦與在地化書寫的蓬勃；緊接著於 1965 年 10 月，鍾肇政巧妙地藉由「光復二十週年」的名義，閃躲政治禁忌編輯《本省籍作家作品選集》與《台灣省青年文學叢書》成功出版，戮力於呈現與拓墾屬於本土的創作族群與文學場域，顯示寫實主義文學一脈奮力突出的力道正逐漸加深，而如是發展，對於台灣農民小說的書寫，也相應地產生了深刻的影響。

審視此段期間文學思潮的本土論述，最引人注目的文獻，當以葉石濤〈台灣的鄉土文學〉一文堪為代表，其所謂「鄉土」的名義，當可進行深入的解讀。

刊於 1965 年 11 月《文星》97 期的〈台灣的鄉土文學〉，葉石濤在文中自述其創作緣由，乃是因為身在台南見到書攤上的鍾肇政編輯的《本省籍作家作品選集》，所受到的震撼，激動之餘重新邁出停歇十多年的創作腳步〔註66〕；葉石濤以自我期許能成就一部「鄉土文學史」的宏願為全文發端，並歷數台灣文學自日據下台灣新文學運動以降的各時期作家，著力完整架構台灣文學的本土發展系統，企圖極其明顯。

然而，設若探究真正所謂「鄉土文學」名義的源流，識者應可輕易且清

〔註64〕陳芳明：《台灣新文學史》，頁 482～484。
〔註65〕陳芳明：《台灣新文學史》，頁 484。
〔註66〕參見葉石濤：〈鍾肇政與我〉，收入葉石濤：《文學回憶錄》（台北：遠景，1983 年 4 月），頁 62～64。

晰地上溯至日據下1930年代的黃石輝，其〈怎樣不提倡鄉土文學〉一文在當時台灣文學界所掀起的波瀾；文中最著名的闡述：「你是台灣人，你頭戴台灣天，腳踏台灣地，眼睛所看的是台灣的狀況，耳孔所聽見的是台灣的消息，時間所歷的亦是台灣的經驗，嘴裡所說的亦是台灣的語言，所以你那枝如椽的健筆，生花的彩筆，亦應該去寫台灣文學」，觀察黃文與其後續論述，斑斑可以證諸其所謂的「鄉土」，即是指稱「台灣本土」，這已然經過前文所討論。但彼時日據下的黃石輝，所遭到的質疑與批評，主要仍是認爲黃石輝不能將台灣文學自外於中國民族文化，而去標榜台灣的地方特殊色彩。

　　歷史似乎始終是不斷縈迴的，此際葉石濤之「鄉土」，與三十年前黃石輝的定義與指涉範圍，大抵是若合符節的，然而葉石濤卻也是一仍迂迴以「鄉土」替代「本土」，或許仍是囿於威權統治的政治現實，有意規避遭到政治偵防尋隙羅織爲分離主義的作法。但是，葉石濤誠然也「含蓄」地點出形成屬於本土語境的各項成因：

　　　　本省過去特殊的歷史背景，亞熱帶颱風圈內的風土，日本人留下來
　　　　的語言和文化的痕跡，同大陸隔開，在孤立的狀態下所形成的風俗
　　　　習慣等，並不完全和大陸一樣〔註67〕

　　言詞裡凸顯台灣文學因爲歷史進程與客觀環境使然，而呈現特殊色彩以外，其所標舉的「鄉土」一詞，在論述中雖明顯上承日據時期前行代文學工作者的遺緒，卻也因緣際會地下啓1970年代鄉土文學發展與論戰的先聲，尤有甚者，其論文的行文脈絡與內涵，甚至是爲台灣文學的本土化立場，奠定了理論論述的基礎。

　　綜觀上述所謂的寫實主義系統，儘管有在地化、鄉土、本土等名稱，不一而足，但是不論是文藝創作或者是理論論述，台灣文學發展來到1960年代中、後期，其實都已經開始呈現／重現了反映台灣社會現實的書寫語境。若是掐指算計，則將會發現戰後至此際，已然悠悠逝去二十年的光陰了，而這與異質化的霸權論述及偏斜的反共國策均有直接的關連，一如陳芳明分析指出，反共文學主宰文壇於日後之所以受到批評的原因之一，在於文藝政策掌握話語權力致使左翼思潮（寫實主義）受到高度的壓制，並且「從而合理化國民黨在當年的白色恐怖政策，並且也合理化許多作家對台灣現實社會的漠視與淡化」〔註68〕，因而，造成寫實主義文學相對於現代主義文學的早發，

〔註67〕參見葉石濤：〈台灣的鄉土文學〉，收入葉石濤：《台灣鄉土作家論集》，頁39。
〔註68〕陳芳明：《台灣新文學史》，頁304。

而有所落後的原因。

　　當政治教條式的「反共文學」、「戰鬥文藝」強勢不再，懷鄉書寫裡故國山河的眷戀也漸趨沈澱之際，台灣社會也正值步入轉型的時刻，經濟急遽發展下促成工商業社會逐漸成形且擴大，同步地擠壓、改變舊有農業社會的生活形態、人群關係、土地意識與傳統觀念，所以在 1960 年代產出漸豐的在地化書寫，以及農民小說題材的改變，與此當然也有直接的關係。

　　就小說的創作而言，1960 年代也是台灣文學發展史上豐收的時期，齊邦媛認為「六〇年代小說的質與量都有驚人的成就」，自有其影響因素：

> 最主要的是教育的普及和提高。政治與經濟方面種種衝擊。與外面
> 世界交往的增多，拓展了作家的視野，加強了對自己文化自省評識
> 的需要。因此這十年間小說創作取材面極廣，技巧的新穎，筆觸的
> 深切都是前所未有的。〔註69〕

　　突圍時代大敘述的文藝思潮，不管是現代主義的疏離與抑鬱，抑或是寫實主義的省思與反映，其實都深刻地寫盡了屬於那個年代的美麗與哀愁。

第三節　再現寫實傳統的農民小說

　　1949 年因〈和平宣言〉鋃鐺入獄的楊逵，在 1961 年自綠島「學成」歸來，雖然生命力依舊旺盛，然而在稿件投遞四處碰壁後，創作力顯然日趨下降。同年 9 月，鍾理和的〈笠山農場〉長篇，雖然終於在「鍾理和遺著出版委員會」的成立下得以出版，當時卻並未引發廣泛的迴響，亦見台灣文化界的封閉與文學場域遭到壟斷的部分現實。或許，1960 年代初期的台灣文藝界，仍必須援筆對竊取大陸的萬惡共匪強力撻伐，依舊服膺在「反共復國」的文藝政策指導論述下，加以現代主義文學的先行突圍而出，所以反映鄉土關懷的寫實主義小說創作，唯見以鍾肇政為首，承襲《文友通訊》時期相濡以沫的精神，相互提攜的本土作家們埋首進行默默耕耘，直至 1960 年代中期，藉由文學雜誌所拓展的創作場域，方始再次構築台灣文學中寫實主義傳統的格局，漸次累積而成台灣文學史上所謂「戰後第一代、第二代」的發展脈絡，而取材農民或農村社會的農民小說，也於此時期成就了一定的質與量，頗有

〔註69〕齊邦媛：〈江河匯集成海的六〇年代小說〉，收入齊邦媛：《霧漸漸散的時候》
　　　　（台北：九歌，1998 年 10 月），頁 49。

可觀之處。

　　1960 年代農民小說的發展，在多元文化與文藝思潮的衝擊下，伴隨台灣社會轉型的過程，在作品風格與題材的選取上，也相應忠實地呈現時代的影響。小說內容除了仍普遍存有回溯日據時期的殖民壓迫景況，相關於重建歷史記憶的後殖民書寫之外，值此台灣工商業社會的逐日成形之際，因為經濟發展策略的失衡，導致農業所得下滑與農村生活的匱乏，使舊有的傳統觀念與土地意識也開始產生變化，所以，反映農村社會變遷面貌的在地書寫與社會關懷，同樣是作家們筆尖聚焦的所在，不管是身處農村或已遠走他鄉，對於如是題材的著墨卻日深且廣，諸如鄉土風貌典型寫實的創作，或是挖掘農民深刻土地意識的追尋，甚且是已經初步流露出對於鄉土的懷舊眷戀，在在均可勾勒出時代客觀環境與文學創作的對應關係，同時也得以篩揀台灣農民小說題材的轉變，逐步建構完整的歷時性觀察。

一、鄉土風貌的寫實典型──鍾肇政、鄭清文與李喬

　　著作等身、成就卓越的鍾肇政，誕生於 1925 年，於戰後開始努力克服語言轉換的問題時，年紀已經 20 歲了，但是在 26 歲時即有中文創作〈婚後〉（1951）於綜合性雜誌《自由談》發表，殊屬不易；而在 1950 年代中期後，更油印《文友通訊》提供省籍作家作為交流的管道，且自身也創作持續不輟，更成就了台灣「大河小說」的規模，於台灣文學發展歷史中，實已位居重要的地位。

　　或許源於鍾肇政個人創作取向的偏好，對於短篇小說的創作，比之於其以長篇見長的厚實鉅構，是相對較少的。而於 1960 年代以農村社會為背景的短篇小說創作，比較具有代表性的，應屬小說集如《輪迴》（1967）與《中元的構圖》（1968）中的部分作品。

　　審視這些作品可以發現，雖然取材於農村社會，飽含濃郁的鄉土氣息，但作家顯然並不特意聚焦著墨於農民與土地的關係，或是農民勤懇務農的形象，故事的結構與題旨，最大的特色是察照了農村社會裡，包含風俗民情與傳統家庭觀念，甚至是隙怨糾葛等面向，傾向於取材農村社會的許多側面。

　　首先引人入勝的，是鍾肇政設身以孩童的視角所進行的創作，如〈柑子〉、〈榕樹下〉與〈茶和酥糖〉。在這些作品裡，作者似乎有意透過孩童稚嫩懵懂的心思，去呈現客觀現實裡，諸如人心的陰暗面、傳統觀念的桎梏，

甚至是對生死命題的模糊認知；而如是行文視角，總有令人興發不捨與慨歎的閱讀效果，也不無前行代作家如日據下翁鬧的〈羅漢腳〉，以孩童眼光的蓄意構設，傳遞出令讀者情緒爲之低迴的沈甸力道。例如，作者在〈茶和酥糖〉裡訴說兩兄弟在父親的墳前，面對天人永隔而無以名之的憾恨與迷惘，利用上下學途中，只藉由茶水與酥糖，以最純眞的方式，在父親墓前表達思念，並且企盼重新獲得親情的滋潤。在故事結尾，描繪兩兄弟在鄉間道途上因夕照而拉長的影子，給予讀者相當深刻的閱讀感染力。

〈榕樹下〉則有作家企圖顚覆傳統婚姻觀念的經營，同時也呈現了「童養媳」這種特殊的婚嫁風俗，而且故事更進一步地反映了在社會轉型時期父權的式微趨向，開始出現對傳統家族中長輩權威的挑戰，新時代的思想與觀念，已使家庭的權力結構逐漸產生變化。有趣的是，在整篇小說裡，竟然幾乎完全不存在母親的角色。然而，雖說以孩童的理解能力，實未能參透整個事件的癥結所在，但是當長輩意欲主導阿慶與童養媳阿秀「送作堆」時，阿秀淌在土地公面前的眼淚，所爲何來？其主觀意願爲何？男方阿慶的無意早婚觸動她的悵然？抑或是早已心有所屬？因爲在整篇小說裡始終未見男女主角互動的情節安排，所以如是懸念也持續至終，稍微降低了故事情節的說服力。

「童養媳」的題材，也同樣出現在〈簷滴〉故事中，透過主角以回憶的方式，呈現了逃脫這種特殊婚嫁風俗束縛的過程，不但造成殘缺的悲劇，也在日後堆積了五味雜陳的感慨。而此類題材的書寫，也顯示了鍾肇政對此行之有年，卻是封建落後而有違人情之常的慣習作法，所表達的人道關懷。

發表時間稍晚的〈大崁崁的嗚咽〉（1965）裡，以全知的觀點去剖析家庭悲劇的成因，呈現繼母蠻橫現實的題材，但其內容似乎是以1958年的〈柑子〉爲故事原型，傳遞了相同的家庭問題糾葛。不同的是〈柑子〉以第三代孫子幼稚的眼光，以若隱若顯的筆法，暴露了「後母」角色的刻薄寡恩，但都同樣富含寫實意味與鄉土氣息。

上述作品皆少有「鋤禾日當午，汗滴禾下土」的農民辛勤形象與場景，但農村社會裡種種自然與人文景觀，卻清晰躍然於文字之間。其中〈夕照〉一篇，也應是此時期作家反映當時台灣農業現實較爲具體的例子；透過男主角誠心誠意，對已成殘疾的女主角不離不棄的表白中，可以看到男主角北上參加「酪農訓練班」講習，決計投入酪農業生產牛乳，並且也同時進行農產

品的品種改良，話語之間，躊躇滿志：

> 我的蕃薯新種就可以成功了。改良的梨子也要下種了。牛會支持我
> 的研究和試驗，我會做一個好農人的。我們台灣，不，我們全國都
> 是，農業很需要改良。我有許多事情可做呢。〔註70〕

　　顯示作者對農業改良與轉型的積極態度，亦見作家的鄉土關懷，然而，小說語言中所謂的「改良」，是呼應農業政策，抑或是對於農業漸居劣勢的提點批評，則在有限的文本中，並不容易見其端倪，但是畢竟「以農業培養工業」的工具性角色，使得台灣農業在1960年代已經開始呈現萎縮的現象，卻也是歷史的真實。

　　鍾肇政其人與其作品創作備受肯定，除了側重鄉土意識與人道關懷的書寫外，其「大河小說」《濁流三部曲》與《台灣人三部曲》也成就了台灣文壇的地位，而且，更為人所稱道與崇敬的，即是對同時代或年輕作家的協助與提攜，鄭清文即是其中之一。

　　獲獎無數的鄭清文曾表達：「鍾肇政先生鼓勵和協助文友寫作和發表，不但年輕人，比他年紀大的也一樣受惠。我的第一本書的出版，便是他奔走促成的。」〔註71〕由是一例，即見鍾肇政在台灣文壇所造成的深遠影響。

　　創作取材廣泛的鄭清文，在1960年代涉及農村書寫的作品，當與年少時期桃園原鄉的農事操作經驗有關，應是作家創作此類故事的題材與背景來源；鄭清文曾自敘：「我每次回鄉下，除了駛牛的工作，幾乎所有的農事都做過。播田、刈稻不必說，我還做過拗稻子和踩稻頭的工作」〔註72〕，然而，雖然作家因為過繼給舅父而有了不同的人生發展，後來成為銀行職員，但是對於鄉土，或可言是對原鄉農村的眷戀與記憶，卻似乎伴隨其作品而時常顯現。

　　鄭清文所書寫的農村題材作品，可以從中揀選出多樣的故事氛圍，有冷酷無情的〈我的「傑作」〉，亦有愚昧封建的〈又是中秋〉，但是也有樂觀積極的〈吊橋〉，縱然面貌不一，但其中具有的共同點，即是或多或少都反映了1960年代台灣社會處於轉變時期的現實。

〔註70〕鍾肇政：〈夕照〉，收入鍾肇政：《輪迴》，以上引文參見「台灣客家文學館‧客家文學作家群‧鍾肇政」。上網日期：2013.6.1，網址：http://cls.hs.yzu.edu.tw/hakka/author/_zhao_zheng/default_onlin.htm
〔註71〕鄭清文：〈偶然與必然——文學的形成〉，為《鄭清文短篇小說全集‧別卷——鄭清文和他的文學》序文，(台北：麥田，1998年6月)，頁17。
〔註72〕語見鄭清文：〈偶然與必然——文學的形成〉，頁3。

　　故事也包含了「童養媳」題材的〈我的「傑作」〉裡，農家子弟接受完整美術教育後，由台北帶著美學素養與「藝術是生命」的執著回到農村準備擔任教員，得空也協助農事，於是打井水、踏水車、刈稻等農事操作順理成章成為故事情節，但面對依傳統將與自己「送作堆」的「童養媳」阿治，骨子裡雖排斥如是婚俗，但卻以「結婚」為前提，連哄帶騙地讓其順從己意完成裸女畫作，在面對母親的質疑時，雖理曲卻氣壯：「我不這麼說，她怎肯讓我畫？我必須畫她，為了藝術什麼都可以犧牲的，甚至連我自己的生命。」〔註73〕盲目地將追求藝術至上的理念化成偏執的行為模式，導引整個故事的悲劇走向。

　　鄭清文的主要情節安排，是讓畫作陰錯陽差地曝光在村人眼前，遂而在尚屬傳統保守的農村社會裡，掀起了巨大的風暴，阿治因而投水自盡，主角也遭阿治兄長槍擊而雙腿截肢。但是，如是驚天巨變卻在鄭清文冷調的筆法裡，藉由主角「但我一點也不感到傷心，因為我還有兩隻手呀」〔註74〕的漠然，以及對於造成悲劇的畫作，以及悲劇本身，諷刺地自詡為「傑作」的表態中，給予讀者瞠目結舌的閱讀反應，與反覆思量的低迴效果。

　　故事裡亦可見到在時代轉型中，教育的普及與年輕一代觀念的轉變，或許也由於西方文化的傳布流行，眼界始開，但在有限的資訊所提供的有限的視野裡，給農村社會原本純樸封閉的民風帶來的衝擊，卻顯得殘忍而無情，這似乎是作者的創作意圖。不過，一如鄭清文所表示的，對於文字的運用，「我最珍視『節制』兩字」〔註75〕，將解讀的空間留給讀者，卻成功以擅長的樸實平淡筆觸，經營了迭起的波瀾。無怪乎長年觀察鄭清文作品的許素蘭，認為作家常採取「客觀呈現」（showing）的敘述方式，較少運用「主觀講述」（telling）的手法，除了受到俄國作家契訶夫（Chekhov）秉持「情節再重大的事情，只須輕輕地提到」，不渲染的寫作原則啓發之外，也深受海明威（Hemingway）「冰山理論」的影響，所以：

　　　　因為「節制」與「含蓄」，鄭清文的小說，相對地隱藏了許多等待讀
　　　　者挖掘的思想內容，也壓抑了許多原本糾結激盪的情感波動。小說

〔註73〕鄭清文：〈我的「傑作」〉，收入鄭清文：《鄭清文短篇小說集・卷1——水上組曲》，頁48。
〔註74〕同註73，頁52。
〔註75〕鄭清文：〈我的文學觀〉，收入《鄭清文短篇小說全集・別卷——鄭清文和他的文學》，頁235。

內容思想的含蓄隱微，對於讀者而言，是閱讀的挑戰、思考的震盪，也是鄭清文小說魅力之所在。情感的壓抑、節制，則一方面凝聚鄭清文小說的內在張力，另方面也彰顯了鄭清文小說，冷靜、客觀的「證人立場」，表現出內容與形式的一致性。〔註76〕

然而到了〈又是中秋〉，鄭清文對於主角內心的深層意念流轉，在文字敘述上卻似乎又顯得繁複，作者以主角第一身的觀點，時而化身為阿生，時而易位為阿巧，非常細膩地呈現男女主角的心思的百轉千迴，將「斷掌」為農村青年男女所帶來的悲劇，在形成結局前的過程中，安排步步的推演，幸福終究犧牲在守舊的封建認知下。但是，其中阿巧陷入瘋癲之後的意識，卻失卻了敘述，在閱讀感受上，似乎有所不足，設若能以類似魯迅「狂人日記」，或近如鍾肇政〈中元的構圖〉一般的呈現，或可強化整篇小說敘事觀點的完整性。若總括上述作品的風貌，也誠如葉石濤所言：

> 從鄭清文的一些較早期的小說裡，我們容易嗅得出過去農業社會悠揚、昇平的氣氛；這時期的幾篇小說反映了農業社會裡的封建性風俗習慣所損害的人性；如迷信、愚昧、窮苦等的悲劇。〔註77〕

葉石濤所指，當是諸如上述作品的內涵，然而，來到〈吊橋〉裡，鄭清文雖也取材農村社會，但是卻未見上述所謂的「迷信、愚昧與窮苦」，而相對地呈現了進步、開化與昂揚，甚至是對友情與愛情的禮讚謳歌。

一起由初中畢業，兩個氣質脾性幾乎完全相仿的農村青年，同樣年少失怙，同樣繼承耕地，但是也同樣懷有繼續升學的強烈渴望，於是相約輪替，一人先負笈他鄉，另一人留下耕種兩份田地，並且對未來寄託了無限的期許；甚且在年輕女子的介入，也未有三角戀情的糾葛，統在豁達的互信互諒中獲得圓滿結果，三人所表現的成熟人格與明亮開朗的個性，殊屬少有。故事情節毫無悃恨恨懟，故事場景宛若架設於美好的烏托邦。「吊橋」代表的若是人生歷程裡有待突破的瓶頸與關卡，則三人都在歷經挑戰後而成功跨越，如是主題，在鄭清文同時期作品中，也相當稀有。

〈吊橋〉發表於 1966 年，正是台灣由農業經濟型態為主的社會，漸漸

〔註76〕許素蘭：〈藝術家素描——鄭清文〉，以上評介與引文，見「財團法人國家文化藝術基金會·第九屆國家文藝獎得主·鄭清文」。上網日期：2013.06.15，網址：http://www.ncafroc.org.tw/Content/award-prize.asp?ser_no=41&Prize_year=&Prize_no=%A4E&prize_file=Prize_Desc

〔註77〕葉石濤：〈論鄭清文小說裡的「社會意識」〉，收入葉石濤：《作家的條件》，頁100。

轉變爲工商業社會的過渡關鍵年代，「以農業培養工業」與「出口導向」經濟政策執行至此際，已然使農村社會受到極大的衝擊；高雄加工出口區即是在這一年設置，而農業持續受到「擠壓」的不僅是產業經濟效益，更有農村人力的流失，土地改革留下的問題未能完全解決，耕地面積也因爲繼承方式而越見狹小，〈吊橋〉裡的兩位「小農」實俱爲典型。所以，或許鄭清文賦予故事樂觀進取的精神主軸，是與台灣經濟起飛之際的活潑動能與時代氛圍有直接的關係，然而限於作品的篇幅，並不容易援以探究其創作主題的取捨與動機。

　　鄭清文關於農村題材的書寫，若要追尋相關台灣農民堅毅而樂天知命的素樸形象，則應是至其長篇小說《峽地》，方始見到完整地呈現；但是，鄭清文的諸多小說創作，本非著力於此，雖然，作家也曾經被冠上「鄉土」二字。

　　「鄉土」當然不等同於「農村」，齊邦媛認爲鄭清文持續不斷的創作累積，已然「相當翔實地描繪出台灣人最眞實的面貌，是最『純粹』的鄉土文學作家」，而鄭清文的「鄉土書寫」本就題材廣泛，「鄉土」所指當是台灣本土諸多面貌的眞實呈現，「農村」只是其中之一。齊邦媛並且也認爲鄭清文「似乎從未熱衷遵循任何時期的『政治正確』路線，構思下筆甚少局限」〔註78〕，這由作家至今豐厚的創作中可以得到印證，甚而在相關台灣文學發展的品評論述裡，從也無人能對鄭清文加以論斷而界定流派。不過，鄭清文在 1970 年代以後持續有相關農村社會題材的創作，也將會在後續章節中，繼續解讀。

　　而 1960 年代的李喬，則由「蕃仔林」出發，揉合自身幼年成長與生活經驗，述說苗栗大湖偏遠山區的客屬族群，於日據末期的掙扎求生，極度寫實地呈現了山村生活景貌，飽滿鄉土風味。讀者在作家早期小說作品〈阿妹伯〉裡，可以得知其成長過程裡堪憐的處境：

> 對於父親，在我十二歲以前，只是個模糊的影子。因爲光復以前，他被關在監獄的時間，好像比在家裏多。我們住在苗栗山地，一個叫做「蕃仔林」的地方，那是日本政府限定的住所；如果父親要離開指定的行動範圍，就得事先報告。〔註79〕

作家出生於 1934 年的，童年時光幾乎都在戰爭時期度過，葉石濤對作家

〔註78〕以上引文，見齊邦媛：〈新莊、舊鎮、大水河——鄭清文短篇小說和台灣的百年滄桑〉，鄭清文：《鄭清文短篇小說全集・總序》，頁 3～10。
〔註79〕李喬：〈阿妹伯〉，參見「台灣客家文學館・客家文學作家群・李喬」。上網日期：2013.6.26，網址：http://cls.hs.yzu.edu.tw/hakka/author/li_qiao/default_onlin.htm

的出身背景，則有補充的記述，指出李喬的父親在日據時爲抗日分子，曾被捕入獄多年，出獄後「限制居住」在蕃仔林，接受「主七佃三」的苛刻條件，造林種薯，生活的悲苦可說達到筆墨難以形容的地步〔註80〕。所以，源於如是殖民者及地主雙重壓迫的悲苦生活，想必在幼年的李喬心中，留下深刻的記憶，促使其於日後著意勾勒一系列關於「蕃仔林」故事的後殖民書寫，同時也是日據末期台灣歷史記憶的重建，所以在〈竹蛤蛙〉故事裡，讀者可以見到作家化身故事中年幼的主角，因爲質疑與怨懟，所發的不平之鳴：

「爲什麼我們種的樹，算是他們的？」

「他們的土地嘛！我們什麼都沒有！我們替他們種，將來，十棵我們分三棵！」

「我們分得太少！」

「這沒辦法的呀！」媽很不耐煩。

「那我們走嘛！不要在蕃仔林好了！」

「不能走的，你爸被『限制住所』，不得離開蕃仔林太遠。」〔註81〕

苛刻高傲的地主更是無視於阿漢（主角父親）一家愁苦，常假借巡視名義閒暇時上山踏青休憩，卻任佃戶在戰爭時期配給無多的窘迫中，依然必須忍氣吞聲地殺雞備宴招待地主：

記得在「五月節」過幾天，難得爸在家裡。頭家來了，媽抓不著小公雞，爸一聲不響，把正在孵蛋的母雞拖下來宰掉。爲這個，媽還流了眼淚。因爲蛋窩裡失去雞媽媽的蛋，敲開來一看：十二個都是已經長了毛的死小雞！〔註82〕

如是仰人鼻息的偏斜業佃關係，即使是在日據末戰爭時期物資極度缺乏，仰賴配給的日子裡，亦只能將苦水望肚裡吞，印證前述所謂的「悲苦」。

1960年代李喬系列關於「蕃仔林」的小說題材，除了上述的〈阿妹伯〉與〈竹蛤蛙〉，還有〈鹹茱婆〉、〈山女〉與〈蕃仔林的故事〉等，而對這些作

〔註80〕參見葉石濤：〈論李喬小說裡的「佛教意識」〉，收入林瑞明、陳萬益主編：《台灣作家全集‧短篇小說卷‧戰後第二代：3‧李喬集》（台北：前衛，1993年12月），頁333。

〔註81〕李喬：〈竹蛤蛙〉，參見「台灣客家文學館‧客家文學作家群‧李喬」。上網日期：2013.6.28，網址：http://cls.hs.yzu.edu.tw/hakka/author/li_qiao/default_onlin.htm

〔註82〕同註81。

品的閱讀策略，本書嘗試以 1969 年發表的〈哭聲〉小說故事主軸，藉由主角阿福和阿青探勘「鷂婆嘴」的登山路線，而回溯上述諸多小說作品的內容，循其脈絡或可探究李喬兒時居住地「蕃仔林」的一切，追尋作家成長經歷與文學創作的交互為用，以及所呈現的作品內涵，一如黃小民的分析：

> 以此呈現日治末期，當時飽受身體與精神欺凌真實人民的生活，雖然小說中的情節有虛有實，作者以寫實的筆法，寫出至極的人間苦難，若不是透過李喬的筆，如何能感受曾經有一個被遺忘的苦難之地……寫下的是被人間之愛徹底遺忘的一個地方，一群無法掙脫苦難之網的人們……〔註83〕

首先，〈哭聲〉裡簡介了「鷂婆嘴」，是一塊矗立於蕃仔林山上的的大巖石，狀似展翼下撲的老鷂鷹。由「下蕃仔林」往上爬五十分鐘陡坡，來到位於山澗「橫坑」兩旁的「上蕃仔林」，再爬登一條「閻王崎」，大概花上四個半鐘頭，才能達到「鷂婆嘴」〔註84〕。但因為「好幾個上一輩人上去之後，就沒有再回來」而形成禁忌之地，也由於在「每個晴朗的黃昏，最後一道夕陽盤旋在鷂婆嘴的片刻間，還有月色美好的晚上，從那高山頂巔上，有時會飄下一縷幽忽淒厲而哀切的哭聲」〔註85〕，遂成神秘而詭譎的鄉野奇談。

阿福和阿青兩個山村農民，因為殖民政府的徵調，不日將遠赴南洋，在此行生還機率不高的黯然情緒中，竟轉而激越地決定相偕探勘禁地。故事裡藉由阿福眼中的阿青傳遞出：「多可惜哈！好好一個莊稼漢！」的典型農民，卻必須因為殖民母國大東亞共榮圈的美夢，而遠赴異域作無謂的犧牲。

兩人首站即來到山村的信仰中心——「伯公廟」祈福，在廟裡遇見的阿妹伯，即是〈阿妹伯〉故事裡的主角，一個滯留於此山村的廣東汕頭男子，在〈阿妹伯〉裡對敘說故事的男孩（作家）啟蒙之初有許多導引，並藉由民族意識的吐露以及與甲長的肢體衝撞，表現了阿妹伯抵拒殖民體制的剛毅個性。

而「伯公廟」正也是另一篇小說〈蕃仔林的故事〉中主要的場景，福興嫂因丈夫戰死南洋，遂發癡癲成為村民口中的「騷媼」，與同樣癡傻的阿安仔

〔註83〕黃小民：《歷史的謊言‧虛構的真實——李喬的創作與思想研究》（台北：中國文化大學中國文學研究所博士論文，2012 年），頁 67。

〔註84〕參見李喬：〈哭聲〉，收入林瑞明、陳萬益主編：《台灣作家全集‧短篇小說卷‧戰後第二代：3‧李喬集》，頁 21。

〔註85〕同註84。

之間的曖昧事端，即由此處開展。在故事裡最使人幾乎無法竟讀的描寫，即是村民因糧食嚴重短缺，竟然挖起已經遭掩埋發臭的病死豬屍，加以烹煮並與野狗爭食的畫面，林瑞明就曾指出，「台灣作家描寫貧窮與飢餓再也沒有比李喬更令人怵目驚心的了」〔註86〕，當是入裡的評介。

追阿福和阿青爬上「上蕃仔林」，在「阿漢叔的茅屋」旁略做休息時，〈竹蛤蛙〉與〈阿妹伯〉裡的阿漢一家人的境遇與作家自身成長經歷，故事情節與人物旋即又歷歷在目。

等到兩人攀爬上蕃仔林最遠最高的一家──「林阿槐的房子」，則〈山女〉小說故事又浮現眼前。略帶癡傻的阿春，因為丈夫阿槐被徵調，無以獨力撫養兩個孩子，兒子為了覓食不知潛藏山中何處，前來索討米糧的鹹菜婆卻撞見其未著褲子的女兒，又沒好氣地發現阿春家只吃生蕃薯，不僅無法生火，竟連鹽都沒有，甚至阿春為了補綴褲子，因無多餘衣褲只能光著下身，致使本欲前來索討被阿槐借走的兩碗米的鹹菜婆，只能悻悻然回轉，然而，卻也終究心生不捨，惦念著他日給送些鹽。如是至情至性的流露，文字不著繁複修飾，卻深深觸動人心。作家筆法於此臻於完熟，甚至僅是藉由對話的安排，就足令情節迭宕起伏，包含鹹菜婆的心境轉折，小說語言極其素樸卻又富含張力。

另外，帶出〈山女〉故事內容的鹹菜婆，亦即是小說〈鹹菜婆〉的主角，是越過海峽前來尋夫卻也滯留於此的「唐山」人。孤苦無依，卻拿手醃製鹹菜，「在我們上莊下莊，家家稱讚；她也到處送人。我想，這就是被人喊作『鹹菜婆』的緣故吧？」〔註87〕這樣一位村婦，卻因殖民政府糧食配給制度，為了在山洞儲藏米糧而不慎失足重傷不治；無一不顯得蕃仔林的悲劇似乎不斷上演，正所謂「天地不仁，以萬物為芻狗」。而綜合上述小說的故事內容，意識及作家構設發自「鵁婆嘴」的「哭聲」，應非是鄉野奇談，而是整個山村居民，同時也是台灣住民因受苦難而發的悲戚嗚咽吧？

其實阿妹伯、鹹菜婆等人物，〈山女〉、〈蕃仔林的故事〉與〈哭聲〉等短篇故事情節，後來都置入了李喬足堪傳世的的扛鼎力作，即所謂大河小說的《寒夜三部曲》第三部「孤燈」之中，只是情節人物稍作改動而已，亦可視

〔註86〕林瑞明：〈愛恨分明的大地之子──李喬集序〉，收入林瑞明、陳萬益主編：《台灣作家全集・短篇小說卷・戰後第二代：3・李喬集》，頁 11。
〔註87〕李喬：〈鹹菜婆〉，參見「台灣客家文學館・客家文學作家群・李喬」。上網日期：2013.6.27，網址：http://cls.hs.yzu.edu.tw/hakka/author/li_qiao/default_onlin.htm

爲李喬對於日據末期後殖民書寫的總成。

　　此外，值得一書的是 1967 年的〈那棵鹿仔樹〉，小說內容呼應 1960 年代台灣社會轉型時期的時代現實面貌，彼時農村社會開始實施土地重劃，老農阿石財扎根土地躬耕數十寒暑，「銜霜耐雪，蒔田割禾，捏屎挑尿，流汗出血，把阿剛兄弟姊妹養大，是夠苦了」〔註 88〕，但終究不敵時勢所趨與兒女們的勸說，縱使百般不捨，但終究賣掉了一生相依的耕地，隨子女移居城市。然而，「被迫」離開田地的老農心境，始終無法忘卻對田地的情感，重回故鄉時在恍惚夢境中竟與田地對話，並概括承受來自「耕地」的埋怨：

> 「阿石財！你好狠心，把我們賣掉了，自己跑到城市享福啦！」
>
> 「唉唉！是，是不得已哪！」
>
> 「哼哼！貪心的傢伙！你不念三四十年交情？」
>
> 「不得已呀！實在……」
>
> 「不得已？你熬過從前千斤納地主七百斤租，等到三七五減租的好處，十年後變成你自己的啦！自耕農，豐衣足食，缺甚麼？可是你不滿足，你，賣了我！」〔註 89〕

　　除了強調老農對田地無以忘情的眷戀之外，李喬更在小說故事中，鋪張誇飾風俗民情與濃郁的人情味，書寫意圖明顯地是欲與工商社會的疏離，造成強烈的對比，而歸結於「人親土親」的傳統鄉土意識。其實，在李喬諸多鄉土氣息豐富的作品裡，如是農夫與田地緊密關係的摹寫，與農民意識的闡發，在離開「蕃仔林」故事之外，〈那棵鹿仔樹〉是相當鮮明突出的例子，而於同時期的 1960 年代，亦見鄭煥、鍾鐵民等援筆揮灑相同的感懷，直至 70 年代的洪醒夫、宋澤萊等，復又見到類似題材的延續。

二、農民意識的深化追尋──鄭煥與鍾鐵民

　　與鍾肇政同年，同屬客籍作家的鄭煥，其文學活動大抵由 1956 年起，直至 1970 年代初期，此後便淡出了文壇。鄭煥以農民爲題材的創作，主要集中

〔註 88〕李喬：〈那棵鹿仔樹〉，參見「台灣客家文學館・客家文學作家群・李喬」。上網日期：2013.6.28，網址：http://cls.hs.yzu.edu.tw/hakka/author/li_qiao/default_onlin.htm

〔註 89〕李喬：〈那棵鹿仔樹〉，參見「台灣客家文學館・客家文學作家群・李喬」。上網日期：2013.6.28，網址：http://cls.hs.yzu.edu.tw/hakka/author/li_qiao/default_onlin.htm

於 1960 年代，也是此一時期農民小說產出較豐的作家。鄭煥出身於農家，畢業於農林學校的背景，曾經躬耕田畝的經歷，以及其獨特經營的文學意象，因而小說所呈現的風貌，也自成特色。

鍾肇政序鄭煥《崩山記》時，曾指出作者對於筆下的農民形象，是「出色當行」的書寫，是「真正的農夫」：

> 我說真正的農夫，是土生土長，生於泥土，長於泥土，工作於泥土，
> 也即將死於斯土葬於斯土的農夫，而不是透過知識分子的眼光所觀
> 察、所體會，而後所塑造出來的那種農夫。〔註90〕

雖然鄭煥同樣也歷經跨越語言的障礙，而能以純熟的中文於 1956 年發表第一篇創作後，漸次在作品裡描繪出「真正的農夫」，源於利用農閒時到漢學堂習讀《三字經》、《論語》等功課，並閱讀《紅樓夢》、《三國演義》等小說所奠定的基礎，並且，復加以妻舅鍾肇政的協助與鼓勵〔註91〕，使鄭煥步入台灣文壇，並以農民與鄉土的書寫，受到矚目。

1965 年第一本小說集《長崗嶺的怪石》出版，其中日據殖民經驗的後殖民書寫名篇——〈渡邊巡查事件〉，描寫在台灣農村裡作威作福卻又猥瑣乖張的日本警察，一如楊逵、蔡秋桐等戰前農民小說作家極力譏諷的形象，讀者應是不感陌生；但鄭煥對此書寫對象則是更加予以醜化，情節的安排更顯極端，讓渡邊巡查因酒後行為嚴重失序，竟爾當著孩子的面強要與妻子行房，致使其妻事後因羞憤而槍殺渡邊，繼而飲彈自戕作為故事結局，當是鄭煥早期作品中頗為令人震撼的創作。然而在同樣具有殖民經驗書寫的〈餘暉〉，則悲憫地關照勤勉的台灣農民，雖然跨越了不同時代，擺脫了殖民束縛，但卻仍是擺脫不了天災與人禍的侵逼。

鄭煥小說集中的同名小說——〈長崗嶺的怪石〉，則應是鄭煥農民小說創作裡，對其心目中農民形象原型的塑造起點，以及農民依存土地、強烈表達農民意識的定調之作，兩者導引著作家相關農民題材書寫的小說創作內涵。閱讀〈長崗嶺的怪石〉，發現鄭煥刻意清晰露骨地讓貧瘠的土地，成為農民無奈面對的困窘現實：

> 這真是一塊貧瘠得可以的土地。……廣袤的高原，平坦的略帶斜坡

〔註90〕鍾肇政序《崩山記》一文，見鄭煥：《崩山記》（台北：文華，1977 年 10），頁 1。

〔註91〕參見鄭煥：〈我的惡補老師〉，《幼獅文藝》第 25 卷第 4 期（1966 年 10 月），頁 45～50。

的全沒遮攔的土地。那好似人家的屋頂，當豪雨降下來的時候，什

麼也留不住，沖下去，沖下去，沖得乾乾淨淨。……乾淨得連農作

物都長得不好，就算相思樹吧，種下去後也得等好幾年才長到齊人

高，彎彎曲曲的，毫無旺盛的氣象。〔註92〕

　　面對即使貧瘠但卻是世代守候的土地，雖然「只要風調雨順，這幾坵田總會長出稻谷，那也是一家人賴以生存的依據」，但是歷經「三年一小旱，五年一大旱」〔註93〕的天災摧折，長年與貧窮的搏鬥也漸呈無奈劣勢之後，奮鬥的意志與對土地的認同不堪磨損，故事的主角阿隆伯也來到了面臨抉擇掙扎的時刻。

　　閩南族群由於在移墾時期的早到，佔有肥沃易耕的平原，而貧瘠的山地或丘陵，常是台灣客家族群無奈的選擇，但客觀環境的挑戰，卻也體現了其堅韌的族群性格。彭瑞金從堅毅的特性予以分析，客家族群在貧瘠山坡地上賴以存活的優勢，憑仗的即是勤勉的勞動，懷抱的是「莊嚴的生存方式的信念」，並且指出：

渡台客家人，由於移徙時間較晚，普遍失去地利，無論墾與殖都必

然付出加倍的力氣和辛勞，倚仗的便是刻苦耐勞的族性，客族作家

以人與土地的關係所闡釋的生活觀，肯定勞力神聖的價值觀，無異

是族魂的再現。〔註94〕

　　設若以此角度解讀客屬作家，由鍾理和、鍾肇政以迄鄭煥、李喬等對於自身族群在台拓墾土地的敘述脈絡，當可明晰見其所欲發凡的精神底蘊與篳路藍縷的斑斑血淚，厥後李喬的長篇《寒夜三部曲》，當是最深刻完整的體現。

　　然而鄭煥此際的農民小說，也同時相應呈現了1960年代中期以後，台灣由農業社會轉型為工商業社會的變遷，雖然經濟急遽成長，但農業所得卻持續低迷不振，導致農村勞動人力日漸外流，小說裡阿隆伯的兒子阿清夫婦也擋不住時勢所趨與現實所迫，毅然決定離開耕地：

阿清是個道地的莊稼漢，素貞也是做工做慣了的，它們兩口子到街

〔註92〕鄭煥：〈長崗嶺的怪石〉，收入彭瑞金主編：《台灣作家全集·短篇小說卷·戰後第一代：7·鄭煥集》（台北：前衛，1991年7月），頁255～256。

〔註93〕同註92，頁256。

〔註94〕彭瑞金：〈從族群特性看客家文學的發展〉，收入彭瑞金：《台灣文學探索》，頁146。

上，打算做零工過日子，聽說那裡蓋房子的人越來越多起來，是不怕沒有工好做的。〔註95〕

不過鄭煥在這個故事裡，所欲強調的是農民對土地的執著眷戀，於是藉由阿隆伯心中隱藏的秘密，即是來自祖父在怪石處臨終的斷續遺言，諄諄吩咐子孫道：「不要離開土地……長崗嶺終會變成富庶之地……終會得到幸福和快樂」〔註96〕，以之為小說的訴求主題，一如彭瑞金所言：「不離開土地的、終會得到幸福快樂」〔註97〕的作品象徵意義。但是平心而論，故事裡「怪石」所代表的意象卻顯得模糊，而堅守土地終究得到水庫與大圳的滋潤，敘事動機也似乎顯得牽強離奇與刻意為之。至於阿隆伯聽聞髮妻願意陪他同留土地後的興奮與感動，則有如下的描繪：

> 「阿娥，原來妳也沒打算離開這裡！妳沒打算離開我！妳已決心跟我繼續受苦！」他把粗壯的巴掌搭在她瘦弱的肩頭上，猛力地搖了幾搖。老伴兒也望著他，眼眶濕潤了，一顆顆的淚珠沿著黝黑而多皺的面頰流了下來：「跟你，已經受過一輩子的苦啦，乾脆再受幾年吧，直到回轉老家！」〔註98〕

至此鄭煥雖然清晰地傳遞了對土地堅定依戀的農民意識，但著實也令讀者覺得露骨而失真，詫異於老農夫妻之間出人意表的情感表達方式，類此種種難免都予人說服力薄弱之感，小說架構也顯得不夠嚴謹。到了 1968 年的〈毒蛇坑的繼承者〉，故事裡父親一角，與〈長崗嶺的怪石〉的阿隆伯同為人父，同為世代都在山地裡拓墾耕種的辛苦農民，但差異卻在於選擇要離開土地，另謀生路，雖然：

> 他到外面未必有謀生的信心，只是他已過於疲憊了，他一生勤儉，結果貧窮並沒有離開過他，而晚年給他的竟然還是很重很大的打擊。〔註99〕

〔註95〕鄭煥：〈長崗嶺的怪石〉，收入彭瑞金主編：《台灣作家全集‧短篇小說卷‧戰後第一代：7‧鄭煥集》，頁254。

〔註96〕同註95，頁271。

〔註97〕彭瑞金：〈試論鄭煥作品裡的土地、死亡與復仇〉，收入彭瑞金主編：《台灣作家全集‧短篇小說卷‧戰後第一代：7‧鄭煥集》，頁275。

〔註98〕鄭煥：〈長崗嶺的怪石〉，收入彭瑞金主編：《台灣作家全集‧短篇小說卷‧戰後第一代：7‧鄭煥集》，頁261。

〔註99〕鄭煥：〈毒蛇坑的繼承者〉，收入彭瑞金主編：《台灣作家全集‧短篇小說卷‧戰後第一代：7‧鄭煥集》，頁238。

　　故事呈現是以農校畢業的兒子的視角，對於父親的決定本是不置可否，因為兄長「阿明哥給雨傘節咬斃，固然是我們立下決心離開毒蛇坑的原因之一，而黃龍病給我們柑仔園帶來的災難，也確確實實推動了這個計畫」〔註100〕，對照〈長崗嶺的怪石〉裡阿隆伯堅守世襲土地的農民意識，在此卻由母親一角所取代，「媽可不贊成，她十分不贊成，她的理由很簡單，她說我們已經住慣了，是『祖公業』，只要勤奮耕耘，吃的總不成問題，再者，賣給了別人，別人還不是一樣的討食法？」〔註101〕透過陳述如是根深蒂固的價值觀，也再次凸顯鄭煥的創作意識取向。

　　另外，〈毒蛇坑的繼承者〉刻意「展露」了鄭煥農林學校科班出身的專業知識，對黃龍病防治的方法研究，敘說內容頗為瑣碎而令人感到些許不耐。主角在態度轉變後，表達堅決的意志的方式，卻如口號般讓文氣僵化：「我要留下來，我要設法勸慰父親，我要設法去征服黃龍病，設法去撲滅毒蛇窟，做一名頂天立地的生產者」〔註102〕，反而弱化了小說的藝術美感。

　　上述著力書寫農民意識的作品，雖有頗多值得補強之處，然而論者仍對於鄭煥塑造的農民形象給予肯定，這一點如前引鍾肇政的認同，後有如彭瑞金認為其筆下的農民「堪稱與土地的關係是水乳交融的，也是最樸素的」〔註103〕，不僅「原味十足」，而且在農事的描寫上「自然流露」，是「戰後第一代作家中，最純粹最專注於寫農民的農民作家」〔註104〕，這對於鄭煥早期作品而言，應屬中肯的批評。

　　鄭煥除開專注農民形象營造的筆觸外，其創作中大量相關「蛇」象徵的小說主題，卻在鄭煥後期的作品裡，佔有一定的比例，其中最具代表性的篇幅，當是充滿詭異氛圍與鄉野奇譚色彩的〈蛇戀〉，由於〈蛇戀〉的主題奇詭，故事情節也挑戰讀者的閱讀經驗，所以其中雖有客家山歌對唱的描寫，但顯得與鍾理和筆下充滿活潑生機的美好韻致大相逕庭，宣洩而出的近於情慾的挑逗與溢流，已然並非單純的農民小說素材，也不再是素樸的農民與土地的故事了。雖然，作家後期作品已漸漸離開農民的書寫，但是，鄭煥在1960年

〔註100〕同註99，頁237。

〔註101〕同註99，頁239。

〔註102〕同註99，頁251。

〔註103〕彭瑞金：〈試論鄭煥作品裡的土地、死亡與復仇〉，收入彭瑞金主編：《台灣作家全集・短篇小說卷・戰後第一代：7・鄭煥集》，頁277。

〔註104〕同註103，頁275。

代的台灣農民小說發展過程中，卻也是無從忽略的代表性作家。

　　不同於鄭煥後來選擇離開農村移居台北城，也停止了創作，1960 年代另一位典型的農民小說家鍾鐵民，則是在台北完成學業之後，即回到美濃，並且不曾遠離。鍾鐵民創作歷程起步相當早，或許源於父親鍾理和的影響與自身長年深受痼疾所煎熬，而淬煉成了早慧的文學心靈，1961 年 21 歲時即發表第一篇小說〈四眼與我〉，1965 年 25 歲即有短篇小說集《石罅中的小花》出版，卻也在病魔與求學乖舛過程的雙重折磨下，於 1960 年代的十年裡，艱辛卻豐富地完成創作生涯的第一階段，可堪是「身窮詩乃亨」的寫照，困窒愁苦益發著述。

　　鍾肇政對於始終與鍾理和緣慳一面深表遺憾，於是對於《文友通訊》時期的文友之子，失怙且病痛纏身的鍾鐵民，自是多所鼓勵；根據記錄可知，在 1965 年鍾鐵民就讀師大國文系的寒假期間，就曾寄住桃園龍潭鍾肇政的宿舍，鍾肇政並且每日與其一同寫作〔註105〕，足見庇護提攜之情。

　　1960 年代的台灣文學作家與作品，論者指稱為本土「農民作家」或「農民文學」者，除了鄭煥外，當屬鍾鐵民最具代表性。鍾鐵民依循父親農民小說的創作路數，作品富含鄉土氣息，並接續父親的美濃原鄉書寫，克紹箕裘。

　　綜觀鍾鐵民眾多農民小說作品，比之父親則援用了更多視角不同的活潑敘事觀點，對於農村社會取材的範圍也更為廣泛多元，自是有相異於鍾理和之處，展現了人子意欲有所突破的企圖心。

　　其中，故事取材對象相同，將「阿煌叔」易名為「阿乾叔」的〈竹叢下的人家〉，活脫是鍾理和〈阿煌叔〉故事的展延，小說起始也構設了幾近雷同的發端，更是可以輕易辨識。雖然「阿煌叔」一家苟延殘喘的情狀，在鍾理和筆下已然是極端淒涼悲慘，但至鍾鐵民以孩童相形稚嫩的視角觀之，卻更有著怵目驚心，令人不忍卒睹的呈現。阿乾嬸過世後幾近橫屍於地的慘狀，一雙兒女在旁卻依然自顧煮食如昔：

　　　　「妳爸爸在睡覺？」我問阿菊。她笑笑回答我：「是我媽媽呢！」

　　　　「為什麼把頭都蓋起來？冷嗎？」

　　　　「不！」阿菊攪動鍋子，這是真的鍋子和鍋鏟了。

〔註105〕參見鍾鐵民編、方美芬增補：〈鍾鐵民生平寫作年表〉，收入林瑞明、陳萬益主編：《台灣作家全集・短篇小說卷・戰後第二代：11・鍾鐵民集》（台北：前衛，1993 年 12 月），頁 262。

> 「你要不看我媽媽？」阿財古傻傻地笑著問我。他走近草席邊，我
> 也跟了前去。我看見阿財古掀起的被單裏阿乾孀的臉。塌塌的鼻子
> 幾乎全沒入腫起來的面頰裏去了。眼珠灰灰的，從深深的小縫裏瞪
> 著天看著，散亂的頭髮交纏著頭頸。那黃黃的牙齒特別的觸目驚人。

> 「死了呢！」〔註 106〕

人間至慘莫此爲甚，也幾近毫無親情的流露，一切皆因阿乾叔夫妻的頹廢困頓，一味只是抱怨「做了整輩子的零工，做不春光。……」〔註 107〕不僅四體不勤，還無視於一對兒女任其自生自滅，以最原始的方式在竹叢下如野人般覓食苟活。相對於一同戲耍的孩童而言，鍾鐵民卻也套著童言童語，竟爾欣羨阿菊姊弟倆的無拘無束：

> 阿乾叔和阿乾孀似乎從來就不管阿菊和阿財古。他有時上工有時睡
> 覺，其他什麼都不知道。阿乾孀則依舊靜坐著看地面。阿菊阿財古
> 也從來不提他們的爸爸媽媽。我覺得他們比我自在得多了。〔註 108〕

當然，如是「童趣」，唯有更顯令人鼻酸的感傷，但同時也將鍾理和故鄉系列裡〈阿煌叔〉的故事，做成更完整的書寫。除了〈竹叢下的人家〉一篇作品外，1970 年代長篇的《雨後》與父親《雨》的承繼關係，亦是相當明顯，這兩者或許都不無緬懷紀念之意。

鍾鐵民早期作品，似乎相當熱中臨摹孩童視野的敘事模式，處女作〈四眼與我〉，以及後續的〈阿憨伯〉、〈雄牛和土蜂〉、〈敵與友〉等，也均以此模式爲故事鋪陳，小説故事張力因此收致一定的效果；透過未諳世事的童稚眼光，總能投射最直接純眞的感受，同樣的，傳統農村社會裡成人世界的虛偽、荒謬與無謂爭端的愚蠢成因，也無所遁形。

頗爲令人訝異的是發表於 1962 年的〈帳內人〉，鍾鐵民以 22 歲的青年，未經婚姻生活，卻對傳統大家庭裡，夫妻間相處的細緻幽微之處，有著深刻的心裡描繪，令人驚豔。這理應是源於扎實的農村成長經驗，與諸多近身觀察的耳濡目染，亦見作家敏銳的心思。

鍾鐵民生於東北瀋陽，7 歲回到故鄉，年少時僅有短暫工作與求學離開美濃 6、7 年，終其一生可以説都在美濃度過，如是貼近農村的生活與觀察，

〔註 106〕鍾鐵民：〈竹叢下的人家〉，收入林瑞明、陳萬益主編：《台灣作家全集・短篇
　　　　小説卷・戰後第二代：11・鍾鐵民集》（台北：前衛，1993 年 12 月），頁 111。
〔註 107〕同註 106，頁 107。
〔註 108〕同註 106，頁 103。

加以對原鄉土地的眷戀之情，使其作品的風貌，形成相當純粹的農民小說。因此，作品不乏對傳統農民形象的具象描寫，〈阿憨伯〉應具有代表性。主角阿憨伯雖狀似舉止癡傻，但是：

> 他照管著在我們村子北面小坡上的一大片果園，那是他祖上傳下來的。一年到頭，他把園子整理得有頭有緒，一根野草也看不見，園子四周圍著高高的竹籬笆，籬笆裏面種著荔枝、龍眼、芒果、楊桃和石榴等，長得又高又密。〔註109〕

勤懇樸質，延續諸多農民小說前行代作家的農民形象，表露了深刻的土地與農民意識。但是，隨著時代嬗變，工商經濟活動的逐步發展，鍾鐵民筆下新一代的農夫，也相應時代變遷而有不同的反應。〈菸田〉裡的阿壬，在出身、愛情與選擇離開土地另謀出路的多重糾葛下，也一如鄭煥筆下選擇出走的農民一般，在在顯示隨著大環境的轉變，農民為求安身立命已經可以有不同的選擇，同時顯示了工商發展對農業社會的擠壓，農村社會結構漸次改變，故事具有鮮明的時代寫照。小說中將辛勞的菸葉種植諧音為「冤業」，並且順利透過小說人物的話語，叨叨絮絮描繪細膩，卻令人不覺繁瑣地加以表達——「把菸葉叫做冤業，可不是沒道理的」：

> 從做苗床到種菸，那樣不是把人當作牛使？就說移植後的照管吧！白紗帳子白天掛起晚上收下，或半夜三更下幾滴雨，慌慌張張又要鑽進苗床撐起來，怕蚯蚓把苗根鑽鬆，又怕土狗仔將菸葉咬破，日夜不住要巡視，到葉子有巴掌大了才可以種植。菸畦一行行用尺量，用線牽，澆水，把腰彎到站不直。然後呢，中耕培土，施肥，捉蟲噴藥，沒有一天不往菸行裏鑽。菸兒長到齊胸高了，開始三五天一次地斷芯拗芽，這才是最惱人的工作。就算菸葉燻乾了！也還得壓製，撿選、分等、包裝，全家老少都沒閒著。〔註110〕

能夠如是鉅細靡遺，涵蓋菸葉種作的諸多細節，足見作家身在農村、了然農事的充分體現，亦凸顯了農事操作的艱辛無奈：「菸葉的辛辣，癆病鬼多了，沾上葉子上露水的倒了，因噴農藥自中毒的也不少，誰說不是冤業呢？」〔註111〕

〔註109〕鍾鐵民：〈阿憨伯〉，收入林瑞明、陳萬益主編：《台灣作家全集‧短篇小說卷‧戰後第二代：11‧鍾鐵民集》，頁13。

〔註110〕鍾鐵民：〈菸田〉，收入林瑞明、陳萬益主編：《台灣作家全集‧短篇小說卷‧戰後第二代：11‧鍾鐵民集》，頁39～40。

〔註111〕同註110，頁40。

然而，辛苦的務農所得，卻逐漸不敷生計，比不上工人或城市小本生意的利得，農村生活相對匱乏的事實，已然普遍發生在台灣農村社會之中了。

此外，鍾鐵民農民小說裡，對傳統禮教吃人的議題亦有所著墨，〈送行的人〉關懷傳統父權意識下，女性角色所受到的桎梏與壓迫，屈從於次等地位無從擺脫支配與附屬的關係，最終以死為解脫的悲劇，明顯地具有對父權社會價值判斷的批判。而〈分家〉是台灣農民小說中，前此少見的題材，也是台灣歷經土地改革耕地所有權重新分配後的普遍現象，鍾鐵民於此篇小說裡反映了如是現實，並且贊成以此順勢化解兄弟鬩牆與妯娌紛爭，似乎顯得理性而自然：

> 分家，這很自然。我們都不是小孩子了，而且都有一群自己的兒女，
> 利害相關，裂痕早就存在。只是有老人家在上面維持著不教破裂罷
> 了。〔註112〕

但是，台灣農業也因為土地繼承與分割愈細，而導向以小農經濟為主的不利發展，已如前文時代背景的討論，復加以「以農業培養工業」的政策，傳統家族「分家」繼承產業的情形，於彼時視為自然，或是不得不的選擇，卻均使台灣農業的日後發展，產生了局限，這想必也是作家始料未及的問題。

故事〈籬笆〉以鄰居因細故導致紛爭交惡為題材，以農民阿鳥哥為主角第一人身的角度敘事，在有限的篇幅裡，仔細描繪了順著山坡開闢建構的田園：

> 太陽已經到西邊的竹尾了，涼風吹得竹子吱吱哀叫，望下去一級級
> 的石階一樣的田園，正長著茂義青翠的莊稼，薑、山芋、山椒和蕃
> 薯。它們看得多快多好啊！吃一夜露水長大一寸，不多久都要變成
> 花花綠綠的鈔票了。想想就夠開心！再下去山底牛車路是塊較陡的
> 斜坡，枯黃的野草顯出了深冬的淒涼。我們那四條牛正悠悠地在啃
> 著草，樣子是那樣的自然和寫意。〔註113〕

但是，綜觀通篇小說阿鳥哥素樸淺白的口吻，加以比對上述文字——

〔註112〕鍾鐵民：〈分家〉，引文見「台灣客家文學館‧客家文學作家群‧鍾鐵民」。上
網日期：2013.6.13，網址：http://cls.hs.yzu.edu.tw/hakka/author/zhong_tie_min/
default_onlin.htm

〔註113〕鍾鐵民：〈籬笆〉，引文見「台灣客家文學館‧客家文學作家群‧鍾鐵民」。上
網日期：2013.6.15，網址：http://cls.hs.yzu.edu.tw/hakka/author/zhong_tie_min/
default_onlin.htm

「枯黃的野草顯出了深冬的淒涼」與「樣子是那樣的自然和寫意」，卻可以發現作家過多的修辭，造成了小說語言的難以統一。不過，如是田園風光的呈現，卻也附帶地呈現了客家農民移墾的「典型」，反映了客屬族群在移墾時期的後到，只能選擇丘陵山地為耕地植栽的艱辛。

應鳳凰認為，鍾鐵民出身農家、成長於農家，寫作的題材總不離熟悉的鄉土，因此，「腳踩的土地才是他創作的源頭活水」，而在 1960 年代現代主義風潮下，也是其創作生涯的第一階段裡，堅持而沈默地成就了一定的成績：

> 這十年盛產期，台灣主流文壇卻是吹著「西風」，正是「現代主義文學」、「存在主義思潮」風行的年代。地理上遠離中央，主題上非都會而是農村，住南部鄉下站在雙重邊緣上的鍾鐵民，卻是題材集中地，默默寫著一系列眼中所見所感的農民小說。他寫憨厚的農民，悲歡交織的農家生活。〔註114〕

真實地貼近了 1960 年代的台灣農村社會，尤其是美濃地區客屬族群，不僅記錄了其純真原味，並且呈現了台灣社會在轉型時期的衝擊下，所產生的反應及其改變。進入 1970 年代後，鍾鐵民的農民小說創作產量驟減，直至 1970 年代末始見系列關懷農村教育問題的作品出現，又見其題材選擇的擴大轉變，下文將持續解讀。

三、別出一系的鄉土眷戀——黃春明

1966 年 10 月，加入《文學季刊》的黃春明，創作風格自此開始進入轉變的階段，陳芳明指出，在「現代主義的麻疹出過之後，黃春明從此就開始致力於鄉土小說的撰寫」〔註115〕，所以，作家於 1960 年代的作品，最為台灣文壇與廣大讀者關注與樂道的，即是於 1967 至 69 年間，陸續在《文學季刊》所發表的〈青番公的故事〉、〈溺死一隻老貓〉、〈看海的日子〉、〈兒子的大玩偶〉等短篇以及中篇〈鑼〉，一系列關於社會底層小人物的鄉土書寫，李瑞騰指出：「這些膾炙人口的作品，奠定了黃春明作為一個優秀小說家的地位」，並且認為：

> 黃春明以悲憫同情的胸懷來看待在泥土上生活的小人物，寫出他們

〔註114〕應鳳凰：〈鍾鐵民：守護大地的小說家〉，《自由電子報‧自由副刊》（2011 年 9 月 7 日）。上網日期：2013.6.5，網址：http://www.libertytimes.com.tw/2011/ new/sep/7/today-article1.htm

〔註115〕陳芳明：《台灣新文學史》，頁 401。

在社會變遷中的調適問題，寫出他們以一種簡單的信念面對複雜人
世乃至命運的酸甜苦辣。〔註116〕

　　所謂小人物面對社會變遷的調適問題，即是當時台灣社會正值轉型的時
刻，工商業社會逐漸成形後對舊有農業社會的生活形態、人群關係、土地意
識與傳統觀念產生了影響與擠壓，此際作家開始回頭審視人與土地的關係，
一如前述陳芳明所言的在地化書寫；雖然黃春明發表這些作品之際，已然遠
離宜蘭身在台北，但是其作品所呈現的細緻語言與明晰的鄉土氣息，卻在
1960年代後期，牽引了讀者的目光與關注，清新的風格在彼時文壇備受矚
目，並且在進入70年代鄉土文學運動時期，「鄉土文學」一詞，似乎就伴隨
著黃春明其人與其作品，甚至被標舉為「鄉土文學」的典律。

　　究其實黃春明相關宜蘭的在地鄉土書寫，於1960年代實則已然完成，進
入70年代以後的作品，小說中的鄉土人物都來到了城市，成了「油漆匠」，
或在美軍醫院裡啃咬「蘋果的滋味」，一如王禎和筆下的「小林」來到了台北，
在地的鄉土情懷，隨著社會的變遷，轉換而成現代／傳統、城市／農村與工
商／農業夾縫中的無奈鄉愁，在這狹小的台灣島上，竟然也上演一齣齣離鄉
背井的悲喜劇目。

　　1967年的〈青番公的故事〉，確實可以歸之為典型的農民小說，對於農民
意識與土地的價值意義，是黃春明作品中最為明確執著的表達，故事裡對土
地所流露的情感，透過七十多歲青番公的叨絮話語，娓娓道出了農民與大自
然搏鬥的艱辛過程，無異於述說了台灣先民從移墾時期以降，如何拓墾土地
的滄桑歷史。

　　小說中在宜蘭臨靠濁水溪（蘭陽溪）的「歪仔歪」，每一次洪水來犯，農
民胼手胝足開墾整理的耕地，都要遭受大水沖毀而成為滿佈石塊沙土的荒
地，但卻屢見農民堅忍不拔地重新挺起腰桿：

重建這種石頭荒地為田園，確是一件十分艱難的工作，但這並不是
歪仔歪人第一次的遭遇，前人來這裏開墾的時候，就一直和這裏的
洪水搶土地，後一代的人同樣的有堅強得能夠化開石頭的意志和勞
力。〔註117〕

〔註116〕李瑞騰：〈筆尖所及正在社會的脈動上——我看黃春明的小說〉，收入楊澤編：
　　　　《從四〇年代到九〇年代——兩岸三邊華文小說研討會論文集》，頁249。
〔註117〕黃春明：〈青番公的故事〉，收入黃春明：《青番公的故事》（台北：皇冠，1985
　　　　年8月），頁108。

　　而年輕時的青番公，甚至於因為洪水而慘遭家毀人亡，但是農民們一次一次地噙著淚水滴下血汗，屢仆屢起，雖然「後來洪水曾經再連續來了好多次侵擾這個地方，而歪仔歪人的意志，和流不完的汗水，總算又把田園從洪水的手中搶回來。現在每一塊田都變成了良田了。」〔註 118〕如此，我們方得以理解，在黃春明另一篇作品——〈溺死一隻老貓〉裡，當傳統農村即將面對現代文明的入侵時，故事主角阿盛伯會「沒有考慮的且驕傲的」表示：「因為我愛這一塊土地，和這上面的一切東西」〔註 119〕，在其話語中所蘊含的樸拙卻堅定的意念。如是強調根植於土地的奮力求生與深切眷戀，嗣後也由後起的洪醒夫繼承，書寫於彰化的在地鄉土，接續並且深化如是農民小說題材。

　　老來的青番公，欣慰地接受曾經以生命拓墾維護的土地所給予的回饋，在故事裡不僅驕傲滿足地迎接即將到來的豐收，並享子孫乖巧，與兒媳的貼心孝順，幸福滿溢。但是青番公念茲在茲的，唯有企盼著要小孫子能延續香火兼含土地，所以時刻不忘傳授心法，孜孜不倦：「記住，麻雀是鬼靈精的，以後不要說稻草人，應該說兄弟。做一個好農夫經驗最要緊，你現在就開始將我告訴你的都記起來，將來大有用處。」〔註 120〕，然而，細心的讀者在青番公對孫子叮嚀的話語裡，卻也不免能察覺其所流露的淡淡失落：

> 記住：以後聽到稻穗這種沙聲像驟然落下來的西北雨時，你算好了，
> 再過一個禮拜就是割稻的時候。千萬不要忘記，這就是經驗，以後
> 這些田都是要給你的。他們不要田。我知道他們不要田，只要你肯
> 當農夫，這一片，從堤岸到圳頭那邊都是你的。做一個農夫經驗最
> 重要。阿明，你明白阿公的話？〔註 121〕

　　「他們不要田。我知道他們不要田」，道出了時代轉變下農村社會所受到的擠壓與農村勞力外流的趨向，彼時農村的年輕族群已不再樂意把耕田土，而嚮往五光十色的都市，時興進入工廠或加工出口區，而〈青番公的故事〉發表的時間（1967 年），就正值 1960 年代的台灣經濟型態開始轉型的時期，青番公輕細的唱嘆，卻也是代表著農民意識漸趨淡薄的時代趨勢。不過，整體而言，〈青番公的故事〉一篇帶給讀者的感受，總泛著滄桑歷盡後苦盡甘來

〔註 118〕黃春明：〈青番公的故事〉，收入黃春明：《青番公的故事》（台北：皇冠，1985
　　　　年 8 月），頁 109～110。
〔註 119〕黃春明：〈溺死一隻老貓〉，收入黃春明：《青番公的故事》，頁 139。
〔註 120〕同註 118，頁 98。
〔註 121〕黃春明：〈青番公的故事〉，收入黃春明：《青番公的故事》，頁 97。

的溫煦，洋溢樂觀積極的生命態度，對土地執著的傳統價值觀，顯得自然而順理成章。

　　我們得以相信，這也是因為作家基於一份眷戀土地的情懷，小說對於田園景觀的描繪，始能如是細膩且引人入勝。在清晨時分的田壟間，若是不曾身歷其境，應當無法興發如是的譬喻：

> 一層層薄薄的輕霧像一匹很長的紗帶，又像一層不在世上的灰塵，
> 輕飄飄地，接近靜止那樣緩慢而優美的，又更像幻覺在記憶中飄移
> 那樣，踏著稻穗，踏著稻穗上串繫在珠絲上的露珠，而不教稻穗和
> 露珠知道。〔註122〕

　　前行代農民小說作家無從尋覓類似筆法，後起之秀卻又揚棄修飾而直抒胸臆，黃春明的美學技巧，於此顯見現代主義的流風所及，富含美感卻也自成風格。相對於清晨的黃昏描繪，來到〈甘庚伯的黃昏〉裡，農村自然景觀的描寫卻又運用了寫實的筆調：

> 他遠遠地看到自己的花生園，看到自己的家，也看到小屋頂上碩大
> 的落日。當他們站了一會兒慢慢滑下堤防的這一邊，夕陽卻從小屋
> 頂上跳上前面的苦楝樹梢。他們仍然默默地走，而落日已從樹梢落
> 到樹幹，顯得比剛才看到的還大，好像他們越走近了它。〔註123〕

　　「黃昏」明顯譬喻了甘庚伯的風燭殘年，但導引著甘庚伯父子回家方向的落日，正也是象徵農業發展的漸趨沒落，與農村社會的日益蕭索。即便如此，作家卻仍是積極撿拾老農勤勞樂觀的一面，在小說裡甘庚伯擁有四分多地的花生園，光是除草工作，即使是年輕力壯的農夫也必須忙上五六天，然而一個「孤獨的老年人」面對這樣的田地：

> 整年夠他除草、施肥、驅蟲害、收穫、翻土、播種等等忙個不停。
> 而這些農事，都得弓著身子賣力。所以早幾年前就叫六十多歲的老
> 庚伯，變得彎腰駝背。也因為這些無法教他停息的農事，使他不為
> 其他事情傷感，並且在他那枯乾了的臉上，也經常因收穫、播種、
> 發芽、開花、結實等等的一串生機的現象，逗得泛起笑紋來。〔註124〕

　　從文字中得以發現，作家藉由甘庚伯泛起的笑紋裡，意欲傳遞樂天知命

〔註122〕黃春明：〈青番公的故事〉，收入黃春明：《青番公的故事》，頁 113。
〔註123〕黃春明：〈甘庚伯的黃昏〉，收入黃春明：《鑼》（台北：皇冠，1985 年 8 月），
　　　　頁 134。
〔註124〕同註 123，頁 113〜114。

不懷憂懼的農民意識,但是兼之長年要照護南洋歸來卻發瘋的兒子,畢生積蓄也因四處投醫而散盡,甘庚伯枯乾臉上的笑紋,卻又教人不捨;作家對於小說人物形象與處境的構設,文字力道輕重恰到好處,毫無閱讀的情緒壓力。而當村民們議論紛紛,討論甘庚伯兒子阿興的病況時,小說語言處理得更是生動而精準:

> 「阿興瘋得久囉!」
>
> 「十年都有吧!」
>
> 「十年?」甘庚伯一邊替阿興結草繩,一邊拉高聲音說:「二十五、六年囉!」
>
> 聲音又降得很低,「十年!」像是受了委屈似的,又像是計較少給了他什麼。〔註125〕

甘庚伯長年付出的心力以及吞嚥的苦楚,本是冷暖自知,不容易落入言詮的百感交集,作家卻能曲盡奇妙地加以釋放,顯見黃春明駕馭文字的高明能力。

發表於 1971 年的〈甘庚伯的黃昏〉,似乎也代表著黃春明 1960 年代在地鄉土書寫的終結,其後小說創作題材的選取,於 70 年代也因應時代而開始有所轉變,呈現台灣社會在面對外來經濟與文化勢力,甚至是政治勢力刺激的語境,徐秀慧認為黃春明是受到時代問題意識的影響,而充分反映在作品的創作意識上:

> 從關懷小人物在台灣經濟轉型中的「人性尊嚴」的問題,轉向反思台灣歷史在美、日帝國政治與經濟殖民陰影下,關於主體性的「國族尊嚴」的問題,雖然仍一貫以小人物的存在處境作為他關懷的對象,但其中呈現對台灣民族文化的主體性的國族焦慮,卻披露了第三世界文學的民(國)族難題。〔註126〕

反映國族「尊嚴」與「主體性」的斷傷與焦慮,於 1970 年代初期發表的短篇〈蘋果的滋味〉與長篇《莎喲娜拉・再見》堪為代表,不過已然溢出了相關農民小說的討論範圍,因為那同樣也是「小林」到台北以後的故事了。

〔註125〕黃春明:〈甘庚伯的黃昏〉,收入黃春明:《鑼》(台北:皇冠,1985 年 8 月),頁 122。

〔註126〕徐秀慧:《黃春明小說研究》,(台北:淡江大學中國文學研究所碩士論文,1998 年),頁 23。

齊邦媛曾以抒情的筆調，在歷數產出在 1960 年代中、後期及至 70 年代初期，諸多前鄉土文學時期小說作品的主題與人物時，有這樣的描寫：

> 這幾年來，我心中總有一幅台灣文學景象，最先入目總是一片綠油油的農村。黃春明的甘庚伯和青番公坐在那裏講他們既陳舊又新鮮的故事；憨欽仔提著生了青青銅鏽的破鑼走過；王禎和那輛抬不起頭的老牛拖著破車緩緩走過，小林背著小布包由這裡往台北走去；陳映眞的將軍族已早離田園。〔註127〕

齊邦媛所勾勒的這一幅文學景象，正也說明了小說作品反映了台灣社會的變遷，因爲得之於寫實主義的落實與深化，使小說作品的敘說與台灣社會的發展，在同一個系統脈絡裡，相映而成平行線，讀者藉由小說閱讀而得以觀照現代台灣的歷史演化，以及農村社會的變異。齊邦媛並且認爲，或許是源於接受了黃春明在《鑼》的自序裡的陳述：「他們善良的心地，時時感動著我。我想，我不再漂泊流浪了。這裡是一個什麼都不欠缺的完整世界。」而留下深刻印記，所以委婉道出：「大概是這些人物『善良的心地』這個印象使我意識中的農村染上永恆的春天的色彩吧」〔註128〕。

準此，可以說明黃春明小說語言的高度藝術技巧與清晰的文學意象，是如何以濃郁的鄉土氣息與親近土地的在地書寫，極致發揮文學作品所能引發的共鳴效果，以及文學反映現實的力道，甚至是緣此而產生的邊際效益，論者在考察農民小說歷時性的發展過程裡，便得以擷拾如是落英繽紛的素材，佐之以見台灣農村社會所經歷的滄海桑田。

〔註127〕齊邦媛：〈霧漸漸散的時候〉，收入齊邦媛：《霧漸漸散的時候》，頁225。
〔註128〕以上引文，見齊邦媛：〈霧漸漸散的時候〉，收入齊邦媛：《霧漸漸散的時候》，頁225。

第六章 1970年代——農民小說的轉變

第一節 外交內政的多重挑戰與農村經濟的瓦解崩壞

　　1970年釣魚台事件對中華民國在台灣而言，儼然成為國際客觀局勢轉變的警訊，隨後美國開始嘗試與中共進行「關係正常化」，但國府持續堅持「漢賊不兩立」的意識型態立場，終致失去了聯合國席次，也接連失去許多邦交國，而國際地位的邊緣化，外交面臨極度困境，台灣彷彿又遭逢1950年代初期的危勢，直至1979年美國與中共建交，台灣的外交處境，可謂經歷風雨飄搖的十年。而其間島內原有政治生態也受到衝擊，社會集體意識也產生蛻變，國府在台的威權體制逐漸受到挑戰，新興知識分子與崛起的中產階級，面對困窘局勢，表達追求開明政治的呼聲，與實現民主體制的思維，也在蔣經國為了順利接班的準備工作中，有了突破的缺口，要求社會改革以及政治參與的訴求，也逐漸見諸輿論。

　　1970年代台灣工業快速發展，出口暢旺，城市興起，工商業社會已然成形，雖然面臨石油危機，但卻在十大建設進行下擴大了內需市場，使台灣經濟發展急遽提升，但由於農工政策執行的失衡，小農經營的局限性，農業生產效益無法提升，以及農產價格受到抑制等原因，致使農業所得偏低，工商業持續吸納來自農村的資源與剩餘勞力，農民所得與農村經濟低迷不振，農村人力趨向於老化甚至是婦女化，在台灣整體經濟結構轉型後，產生了更為傾斜的變化。而農會功能不彰，產銷制度沈痾難解，政府諸多農業對策也都無法產生效用，加以工業擴張後對土地的需求與污染，不僅致使土地商品化，農地休耕或廢耕的面積也逐日擴大，傳統的農民意識，以及土地改革後所昂

揚的農本主義，都已漸漸流失殆盡，同時也使台灣農村社會又再次產生結構性的改變。

一、國際外交地位的孤立與島內政治生態的改變

　　1970 年，美國準備把美軍二戰時所佔領，包含釣魚台在內的琉球群島交予日本，日本便開始驅逐來自台灣的漁民，以宣示管轄權，諸般舉措引發旅美台灣留學生的抗議，組成「保衛釣魚台行動委員會」，質疑美日私相授受，並以「外抗強權，內爭主權」為口號，要求政府應該力爭主權；同時，國內輿情也紛表憤慨難平，展開抗議行動與口誅筆伐，並且帶來後續的諸多效應。

　　雖然，釣魚台事件爆發後直至今日，島嶼歸屬問題依然懸而未決，並屢屢成為西太平洋海域衝突的肇因，但回首當年海內外保釣運動的勃發，卻似乎如同徵兆一般，預見了台灣在 1970 年代即將面對的連串嚴峻考驗：外有國際客觀局勢演變的衝擊，而內有政治生態結構與社會集體意識的蛻變，可謂波瀾起伏。

　　自從韓戰爆發後的二十年時間裡，台灣對外關係與國際地位主要是仰仗美國的支持，不僅位列以美為首圍堵共產主義的戰略陣線之上，而且持續保有聯合國安理會的席次；而對內則行使絕對優勢的一黨威權統治，貫徹「反共復國」以為基本國策，並以民主自由為名取得國際社會的認同，以維繫政權的合理性與正當性。

　　但是到了在 1970 年代的初期，首因美國歷久未能自越戰泥淖中抽身，復由於中共與蘇聯交惡，與第三世界的崛起，原本對於共產主義的圍堵，本質上是意識型態對抗的全球戰略，也隨著國際情勢的轉變，業已來到修正的時刻，朝向多元結構與外交務實取向發展做調整，所以美國開始嘗試與中共進行「關係正常化」的連結，一如前文所敘，而且進一步考量使其取代「中華民國」在聯合國安理會常任理事國的席次，但同時也保持「中華民國」在聯合國大會的會員國身分，意欲促成所謂的「雙重代表權」，然而嗣後的發展，即便未必盡如華府的主觀意願，但卻對台灣的中華民國政府在內政外交兩方面都產生了重大的影響。

　　1971 年 7 月，美國國務卿季辛吉（Henry Alfred Kissinger）密訪中共會晤周恩來，發表聯合聲明朝向正式外交關係邁進，美國此舉影響了許多國家的態度，明顯地表現在當年 10 月份聯合國大會第 2578 號所謂「排我納匪」案

的表決通過，由中華人民共和國在聯合國裡合法取得了「中國」的席位，並獲得國際社會的承認，且由於「中華民國」與「中華人民共和國」雙方都堅決反對以「雙重代表權」形式並存於聯合國，形格勢禁，所以中華民國政府退出聯合國終究成爲事實，而美國總統尼克森（Richard Milhous Nixon）也於1972年2月正式訪問中國，奠立了日後建交的基礎。

　　職是之故，台灣不僅因爲喪失聯合國會員的身分，而連帶失去在國際上主權國家應有的諸多權利之外，邦交國也相繼遠離，一如彭懷恩指出，多數國家承認中共時，往往接受中共的立場，並對在台灣的中華民國「撤銷承認」，如是作法乃是囿於對傳統國際法的認知，因此，任何第三國都只能在兩個都「宣稱代表中國」的政治體系中，擇一而承認，而這承認是「排它性承認」，不可能魚與熊掌得兼。〔註1〕

　　所以，1972年9月日本承認中華人民共和國，與台灣的中華民國斷交，即是具有指標性「排它性承認」的典型，而這樣的發展，不只是嚴重衝擊台灣的民心士氣，而且接連失去邦交國，也讓台灣似乎又落入1950年代初期風雨飄搖的危勢之中，二十年來雖局限於台灣島上，但站在反共立場而相對穩定的國府政權，此際重又面臨險峻的考驗。國際社會的現實如此，加以政府毫無彈性的立場，更使得外交漸入困境甚至是孤立的地步：

> 平心而論，七十年代中，中華民國所遭逢的外交困境並不是外交政策的執行部門效能的降低，也非不能體察國際局勢的變化，而是在堅持基本國策之不可變性下，無法把對外關係和內政問題作某種成度的區分，造成對外政策缺乏彈性調整。特別是處於相似分裂情勢的德國、韓國都相繼採取彈性政策，並不排斥第三國承認敵對的對方，建立外交關係。〔註2〕

　　如是作繭自縛，故步自封，實良有以也，當時的總統蔣介石只能藉由「莊敬自強、處變不驚」的口號告籲國人，意欲凝聚民心激發士氣。外交困境導致國際地位的邊緣化，迫切的危機意識使得自釣魚台事件所萌發的民族主義思潮，在聯合國席位終究遭中共所取代之後，日益激昂；同時也伴隨台灣恐將遭中共收編的疑懼，認知「反共復國」的目標顯然也已遙不可及，因此逐漸出現台灣必須於中華人民共和國之外，成爲一個主權獨立國家的主張，而

〔註1〕　參見彭懷恩：《中華民國政治體系的分析》（台北：時報文化，1983年1月），頁20。

〔註2〕　同註1。

台灣的知識分子也開始強調本身主體性的追求﹝註3﹞，這也是促成內政上一定程度改革的部分原因。

回首來時路，設若當局的決策能及時掌握國際情勢變化，適時把握國家主體性認同的契機，善用民族主義勃發的可用民氣，因勢利導並以更大的幅度調整政治體制進行開明改革，營造命運共同體同舟共濟的團結意識，不僅有助於鬆綁「二二八事件」以降糾葛的省籍情結，進而或能構築全新的國族想像，鎔鑄而成嶄新的格局，再憑藉出口貿易的經濟榮景與後續十大建設擴大內需市場的建設，台灣自當在經濟實力的基礎上，以更純粹獨立的政治實體而屹立於世亦未可知，族群問題也當不至於累積糾結，迄今一仍治絲益棼。

而在外有國際局勢與外交困境的危機壓迫，同時內在台灣社會型態也已然轉變的事實中，國府遷台二十載的威權體制，至此際已並非是不可撼動的鐵板一塊，追求開明政治的呼聲與民主思維的強化，也是知識分子面對困窘局勢，經過深層反省與思考後表達的訴求，開始多方面挑戰威權統治的合理性。

畢竟，時勢所趨與情勢所迫，當局素來為威權體制的正當性所架設的目標已然流失，「反攻復國」的國策不能不有所修訂，以鞏固政權的持續性：

> 1971年10月中共排我入聯合國後，國民黨威權統治的反攻復國總目標，受到嚴重挫傷，必須轉變威權統治的目標方向，才能維繫。這一轉向是從國家的統一（國家層次）轉至社會安定與經濟繁榮（政策的層次）。總目標的轉向動搖到過去制度化及正當化的基礎，如以往實施的非常體制，就無法堅持原有的正當性，而不能不有所放鬆。﹝註4﹞

於是，威權統治模式轉型成為所謂的「柔性」威權體制，而指標性的「放鬆」發展，當可以蔣經國的作為與《大學雜誌》的鳴放為例。上引所謂「社會安定與經濟繁榮」的政策層次上，應屬蔣經國著力進行的「十大建設」最具代表性，除了使台灣經濟在石油危機中得以逆勢成長，也終於在「反攻」、「中興」等標的之外，首見大規模以台灣本土為考量的經濟建設。

其次，蔣經國與《大學雜誌》的積極建言，也有直接的關係。江宜樺指

﹝註3﹞ 參見薛化元：〈台灣民主化的發展與「一個中國」架構〉，收入薛月順編：《台灣1950～1960年代的歷史省思：第八屆中華民國史專題論文集》，頁90。
﹝註4﹞ 胡佛：〈現代威權體制的轉型與民主化：總體的概觀〉，收入胡佛：《政治學的科學探究（四）政治變遷與民主化》（台北：三民，1998年1月），頁25～26。

出，雖然文人論政的熱潮在1971年《大學雜誌》改組以後，民主政治的理念終又獲得再度成長的機會，但卻是與「國民黨權力接班的情勢發展息息相關」。蔣經國欲借力使力掃除國民黨保守派勢力，並塑造開明的形象，所以鼓勵《大學雜誌》的領導群大鳴大放〔註5〕，促使《大學雜誌》除了刊載保釣運動消息並加以評論之外，並且積極討論了「中央民意代表全面改選」、「保障基本人權」、「照顧工農福利」、「改革文官體系」等各種務實的政治社會議題。1972年蔣經國擔任行政院長之後，推動增額中央民意代表的選舉，不再死守所謂的「法統」，雖然並非全面改選，但如是改革卻也可以解讀為是對知識分子群體論述的呼應，但同時也替台灣政治場域裡方興未艾的「黨外」反對運動，擴建了在國會裡的實質平台。

然而，雖然論政風氣已開，以往威權體制下的禁忌避諱似乎也可加以挑戰，但是威權體制僅是「柔性」轉型，本質依舊，所以《大學雜誌》這一波持續兩年的文人論政熱潮，就在警備總部於1973年2月開始進行的「台大哲學系事件」中結束，而校園裡學生的保釣運動也在整肅行動後，僅留下詭譎的浪花，雖然至今仍餘波蕩漾。

《大學雜誌》除了在內政方面提出「中央民意代表全面改選」的改革訴求之外，也提出「照顧農工福利」的呼籲，頗為令人關注，這應是由於觀照本土主體性的視角使然，江宜樺認為《大學雜誌》對農工福利的重視，一則反映社會中本土派菁英的切身感受，另外也可以看到「社會正義」已逐漸成為台灣知識分子接受的認知：

> 不僅呼籲政府發展農民福利事業以縮短貧富差距、實施農民健保以
> 改善窮人之困境，並且要求政府設法保障農產品價格、照顧勞工（尤
> 其是礦工）的傷殘問題、以及允許勞工成立自主的工會。〔註6〕

這趨勢與台灣社會的急遽轉型有莫大的關係，工商業經濟大幅提昇，出口貿易暢旺，在農業社會之外造就廣大的就業場域與勞工階層，而新興知識分子源於新時代下的養成與生活經驗，在關注本土主體性時，自然不能無視於工商業快速發展下的社會傾斜，以及農工弱勢階層的處境，進而籲請政府之於農工政策的制訂與施行，能提升對社會整體「公平正義」的重視，所以本土派菁英的崛起後對本土關懷顯然是順理成章，並在公共論壇中佔有一席之地。

〔註5〕參見江宜樺：〈台灣民主意識的變遷與挑戰〉，收入黃俊傑、何寄澎主編：《台灣的文化發展：世紀之交的省思》，頁133～134。

〔註6〕江宜樺：《自由民主的理路》（台北：聯經，2001年9月），頁297。

　　就《大學雜誌》作觀察，自 1968 年創刊以迄於 1971 年改組擴充之後積極提出改革建言，其成員皆並存有本省與外省的新興知識分子，創立者張俊宏與陳鼓應即是不同屬性的鮮明典型，論者或有以「大學雜誌集團」名之，並且根據成員之省籍屬性，指稱《大學雜誌》集體論政時期，即是反映了「本土」與「外省」知識分子，在此時期的論述指導地位上，已經開始呈現消長的趨勢：

> 1971 至 1973 年的知識分子改革運動，預示了外省籍知識分子的文
> 化及政治權力的主導性地位逐漸隱退，本土化的力量開始漸次浮
> 現。〔註 7〕

　　前者所謂「外省籍知識分子」的主導性地位逐漸隱退是否即由此時間點開始，自有討論空間，但是本土中產階級確實已見崛起，要求社會改革以及政治參與的訴求，卻正是進入 1970 年代以後明晰的發展。

　　台灣中產階級形成的基礎，奠基於經濟的發展，與 1950 年代土地改革以及 60 年代台灣經濟加速資本主義化過程，有著直接與間接的關係〔註 8〕，而在 70 年代以後開始登臨台灣政治與文化等場域：

> 台灣中產階級的形成，是 1970 年以後，尤其在 1975 至 1980 年之間，
> 大量增加，而在社會結構上比例遽增。據若干研究的估計，中產階
> 級約佔 25% 左右，精確數據並不盡重要，何況階級身分、客觀標準
> 與主觀認同並不一致，重要的是中產階級確實形成，並且成為一股
> 重大影響力。〔註 9〕

　　這股重大的影響力，擴及政治、經濟、社會、文化等各層面，而其中若干本省籍的菁英人士也因為蔣經國的本土化策略而躋身中央政府，逐漸得以參贊機要。蔣經國出任行政院長以後，大力起用新一代本土政治菁英，謝東閔、林洋港、李登輝、吳伯雄、高育仁、邱創煥等，盡皆依序入列，足見政治氛圍的變異與威權體制的「柔性」轉型。

〔註 7〕 以上論述，參見王杏慶（東方朔）：〈《大學雜誌》與現代台灣——1971 至 73
　　　　年的知識分子改革運動〉，收入澄社主編：《台灣自由民主的曲折歷程——紀
　　　　念雷震案三十週年學術研討會論文集》（台北：自立晚報社，1992 年 11 月），
　　　　頁 376。

〔註 8〕 參見徐正光：〈中產階級興起的政治經濟學〉，收入蕭新煌主編：《變遷中台灣
　　　　社會的中產階級》，（台北：巨流，1989 年 9 月），頁 37。

〔註 9〕 張曉春：〈中產階級與社會運動〉，收入蕭新煌主編：《變遷中台灣社會的中產
　　　　階級》，頁 180。

其實在此之前本省籍人士並非全然與政治絕緣，由於地方自治的施行，位處基層的地方派系早已各據山頭，已如前文所討論，這不僅是源於國府對地方派系的妥協，也與國府政權在台灣試圖建立的正當性有直接的關係：

> 在戒嚴的黨禁下，允許台灣人民選舉地方層級的公職人員，以培育本地人民對國民黨政權的支持。這種「革命民主」的規劃，為國民黨在台灣的統治建立了一個相當鞏固的基礎。一方面滿足了黨內重整的要求，更重要的是爭取台灣人民對政權正當性的支持。〔註10〕

但是隨著時移「勢」異，社會型態的轉變與外交的困境，都在在使得新時代裡崛起的中產階級，已然無法滿足於現有政治參與的層級，而積極地想要藉由選舉躋身國會殿堂。觀察 1970 年代本土中產階級崛起的過程，與反對運動也顯得亦步亦趨，誠如盧建榮所言，台灣從 1975 到 1979 年止，是「本土性反對運動的拓展期」〔註11〕，而此時期誠然是自從國府接收台灣後實施戒嚴體制以來，在威權統治下，台灣社會於政治層面上堪稱最為風起雲湧的一個階段。

1975 年 4 月 5 日，蔣介石病故，蔣經國順利地「世襲」為國民黨領導人，但卻也即刻面對國內外接踵而至的挑戰。以國內政治局勢而言，社會經濟快速變遷下，對政治場域已然造成了實質的推擠，胡佛認為明顯的趨勢就是「新的政治反對勢力開始出現在選舉的舞台」：

> 因為快速都市化、教育普及和一般物質生活條件的提升，敢於公開挑戰國民黨政權正當性的反對勢力，乃有越來越多的潛在支持者。此一發展在 1977 年的地方選舉時達到頂點，一個稱作「黨外」的鬆散結合的反對團體，在該次地方公職人員中大有斬獲。〔註12〕

1977 年五項地方公職人員選舉，包含縣市長、縣市議員、省議員、台北市議員與鄉鎮市長等選舉結果，「本土性反對運動在以『黨外』名義做全省串聯之下，不但在席次上贏得漂亮（4 席縣市長和 15 席省議員），而且在得票率

〔註10〕　胡佛：〈現代威權體制的轉型與民主化：總體的概觀〉，收入胡佛：《政治學的科學探究（四）政治變遷與民主化》，頁38。
〔註11〕　參見盧建榮：《分裂的國族認同：1975～1977》（台北：麥田，1999 年 2 月），頁 45。
〔註12〕　同註10，頁 73。

上締造了近 33%的選票」〔註 13〕，泛稱「黨外」的反對勢力雖然在黨禁桎梏下無法組成政黨，但卻已見組織雛形，聲勢漸長，要求政治民主的合理性與正當性的呼聲亦漸高張，並且獲得越來越多的民眾認同，開票過程中發生的「中壢事件」，未嘗不是反對運動勢力已經取得民眾支持的具體例證，而當局在此事件中並未採取武力鎮壓與逮捕，則不啻是對「黨外」持續參與政治民主改革的鼓舞。

1978 年中央民意代表增額選舉時期，「黨外」的反對勢力更形積極拓展，在競選過程中藉由全島串聯，統合而成民主勢力的後援會，為各地候選人助選，並且成功地把競選的過程，轉化成一種群眾運動，進而在戒嚴體制裡的威權統治之下，築基建構民主意識，除了合理化對民主的要求之外，更擴大了本土意識的群眾基礎。

但是與此同時，蘇聯繼 1977 年入侵阿富汗後，於翌年 4 月扶植親蘇聯的政權，如是擴張的作為使得美國大感威脅，於是更加速地進行與中國建立正式的外交關係〔註 14〕，在現實的外交取向與美國自身利益的考量下，美國總統卡特（James Earl Carter, Jr）終究在 1978 年 12 月 16 日，無預警宣布將於 1979 年 1 月 1 日起正式與中國建交，並與台灣的中華民國斷交，且廢止共同防禦條約並將準備從台灣撤軍，這對台灣政局與民心再次形成巨大的衝擊。蔣經國除了對美國承認「匪偽政權」提出嚴重抗議外，同時下令停止增額中央民意代表的選舉，而此舉則連帶扼殺已現蓬勃發展的反對勢力，也埋下了翌年「美麗島事件」的肇因。

美台斷交，相對於當局一貫以美國為忠實友邦的宣導灌輸下，舉國頓生遭到背叛的錯愕與憤恨，即刻激發愛國與反美的複雜情緒，當 1978 年 12 月 27 日美國副國務卿克里斯多夫（Warren Christopher）至台灣時，在機場外遭到蛋洗的新聞畫面，至今猶歷歷在目。依據楊志弘的田野調查統計，發現當時台灣民眾的情緒反應，興發民族意識與懷抱憂懼心態者兼而有之，在獲悉「美國與中國建交」消息後，受訪者表達「遷怒憤恨，徬徨無措」情緒者佔有 43.82%，但內心感受是「面對現實，理智應對」者，也達到 48.21%；前者在受訪時則大致表現憤怒、哀傷、茫然，對未來感到惶恐，覺得被「犧牲」、

〔註 13〕 參見盧建榮：《分裂的國族認同：1975～1977》（台北：麥田，1999 年 2 月），頁 45。

〔註 14〕 參見李筱峰：《台灣史 100 件大事（下）》（台北：玉山社，1999 年 10 月），頁 106。

「拋棄」，甚至激動哭泣；然而後者幾達半數的受訪者，卻主張「團結」、「自強」、「支持政府」，同時期許政府在政治、經濟、外交各方面能大力革新，突破逆境以開創新局。〔註15〕

　　若援依上述調查結果加以解讀，似可發現國內民眾從 1970 年代初期以降，面對台灣在迭遭打擊的外交困境下，雖漸趨陷於孤立，但是在心態上不至於全然絕望，甚至轉化而為追求改革的動力。

　　1979 年 1 月 1 日，中國與美國正式建交，全國人大常會發表《告台灣同胞書》，內容除了宣布停止對金門「單打雙不打」的砲擊，並提出兩岸應該「通商、通郵、通航」的「三通」呼籲，開始對台灣進行「和平統一」的統戰策略，相對的台灣當局則採取所謂「不接觸」、「不談判」、「不妥協」的「三不」立場以為因應〔註16〕。兩岸之間已然由軍事對峙，轉化成為政治意識型態的分庭抗禮。

　　反觀國內政治氛圍，增額中央民意代表選舉的停止，也成為「黨外」反對勢力逐漸走上街頭的成因之一，在集會遊行尚被禁止的年代裡，一再挑戰威權體制，終於在 1979 年 12 月 10 日「世界人權日」當天，爆發了「美麗島事件」（或稱「高雄事件」），是為「二二八事件」之後，國府接收台灣以來規模最大的一場民眾示威運動，也是戰後台灣社會運動的重要轉捩點。由於事件受到國際矚目，1980 年進行所謂「美麗島大審」的審訊過程，因而充分經由媒體披露，對台灣社會造成的影響，誠如李筱峰的描述：

> 許多過去因大眾傳播媒體的自主性受限，而無法讓廣泛民眾接觸到的政治訊息與見解，都經由這次的軍法大審與新聞報導，呈現在台灣民眾之前，提供了台灣民眾「腦力激盪」的機會。這次的軍事大審，無異給台灣民眾帶來了一次印象深刻的「政治教育」。〔註17〕

　　而且，在事件中遭到逮捕的盡皆為黨外政治領導人物，事件的演變與後續發展，更是對台灣在進入 1980 年代後的政治生態，影響至鉅而深遠。

　　從海外保釣運動到喪失聯合國席位，及至中美建交（台美斷交），由《大學雜誌》集體論政到「中壢事件」，而至於「美麗島事件」，台灣雖是主權獨

〔註15〕楊志弘：《台灣傳播體系在社會面臨危機時的早期運作及媒介功能之研究》（台北：國立政治大學新聞研究所碩士論文，1980 年），轉引自彭懷恩：《中華民國政治體系的分析》，頁 20。

〔註16〕參見彭懷恩：《中華民國政治體系的分析》，頁 40。

〔註17〕李筱峰：《台灣史 100 件大事（下）》，頁 115。

立的政治實體，但卻在國際社會裡，因為外交策略的偏執而屢遭掣肘，同時國內施行威權的戒嚴體制，也無以再對透過選舉崛起的反對勢力，在政治場域裡予以有效的壓制，1970 年代的台灣著實經歷翻騰的十年，但卻也歷此而即將呈現嶄新的蛻變。

二、農村社會的急遽轉變與土地意識的漸次流失

時至 1970 年代初期，面對農業發展始終呈現疲弱不振的頹勢，當局也開始積極謀求因應的對策，從 1970 年國民黨在二中全會將農業改革列為重要議題，提出「現階段農村經濟建設綱領」開始，政府部門也相繼採取一系列試圖促進農業發展的措施，顯見問題的迫切性。時任農復會主委的沈宗瀚於 1971 年提出的論文中，即對於經濟建設計畫中「以農業培養工業」的長期失衡走向，「含蓄」地提出檢討的呼籲：

> 今後的工商業與服務業之發展已不能再如過去一樣依賴農業部門提供其所需資源及農業的剩餘勞力，其繼續發展所需之資本，必須由其本身籌集供應，而不能再依賴農業部門的支助。因之，過去以農業資源支應非農業部門的有效政策，對於今後的發展已不適用，需有新政策以應今後所需。〔註18〕

但是，工商服務業之所以能夠持續吸納來自農村的資源與剩餘勞力，原是肇因於政策執行失衡，導致農產價格受到抑制與農業所得偏低，雖然農業資源支應非農業部門的策略，已經因為時移事異而不再適用，但是若未能提升農業生產效益，擴大投資規模，農民所得與農村經濟則將依然持續低迷，而台灣急遽轉型後的工商經濟發展，也還是會繼續蠶食農業部門的規模。其中，農民所得偏低即是造成農村勞力持續流失的最直接成因，所以，鄭詩華認為，1970 年代初期政府諸多的努力，即是務求農家與非農家所得能夠取得平衡的作為：

> 到了 1970 年代，台灣的經濟急速發展，但一方面在農業兼業化、農地利用降低、農地轉用等問題接踵而至的情形下，農工間之工資差異使得農家與非農家所得之差異擴大。因此，政府為了台灣農業的發展，農家與非農家所得之平衡，實施了所多措施。〔註19〕

〔註18〕沈宗瀚：〈台灣農業發展政策之蛻變〉，收入沈宗瀚：《農業發展與政策——沈宗瀚博士論文選集》（台北：商務印書館，1975 年 12 月），頁 14。
〔註19〕鄭詩華：《台灣農業經營之問題與對策——兼論日本的經驗》（台北：豐年社，

　　然而若是觀察政府在 1970 年代推行的系列農業政策內容，則明顯可以發現其階段性的轉變，繼 1972 年頒布「加速農村建設九大重要措施」後，1973 年制定「農業發展條例」與「糧食平準基金實施保證價格計畫收購稻穀辦法」，1975 年頒行「農業發展條例施行細則」，在 1978 年又推行「提高農民所得加強農村建設方案」，並且公布「農業機械化基金促進農業全面機械化計畫」等〔註20〕，其趨勢乃由積極謀求改善農業生產條件，而跌落至消極制訂保護農民的補償性措施，如是演變，即可見察農業發展所面對的複雜難題，始終未能覓求有效的解決途徑，所以甚至到了 1980 年代初期的 1982 年，竟爾仍然還有「提高農民所得加強基層建設方案」的提出，足見冰凍三尺的積重難返。

　　農業收益降低與農村勞力流失，其實是惡性循環下的結果，根據當時行政院《農漁業普查結果初步報告》結果可得知，至 1970 是年底，農村社會裡每戶從事農業人口數就已經在逐漸下降之中，農家裡雖然並非整戶轉業至非農業職場，但在農家就業人口中，「以農業為專業之人口平均年齡為 41 歲，以非農業為專業之人口平均年齡為 27 歲，顯示留在農業者多為中年，不易轉業，流向都市工商業者，多為青年」〔註21〕，所以農村人力老化甚至是婦女化的趨勢，正反映了台灣整體經濟結構在轉型後所產生的傾斜變化。

　　值得一提的是，1973 年 10 月中東爆發第四次以阿戰爭，石油輸出國組織（OPEC）為了打擊以色列及其盟友，於是實施石油減產與禁運，此舉引發全球性的石油危機，油價上漲直接衝擊了工業的發展。台灣在如是石油危機之中，農業竟爾扮演維持社會及經濟局面穩定的角色，陳希煌指出，雖然當時於 1973 至 1974 年間，台灣工商業陷入不景氣的狀態，但是經濟窘境卻由農業部門賴以概括承受，扮演了調節的角色：

> 此時農業部門乃承擔起維持經濟穩定，引導我國經濟發展渡過難關的責任。尤以工廠裁員期間，農業部門容納眾多回流的勞力，對安定社會及穩定經濟基礎的貢獻很大。〔註22〕

這也充分說明了台灣農業生產存在著基礎穩固的事實，並且尚能在 1970

　　1992 年 1 月），頁 17。

〔註20〕參見吳田泉：《台灣農業史》，頁 387。

〔註21〕沈宗瀚：〈台灣農家兼業的趨勢〉，收入沈宗瀚：《農業發展與政策——沈宗瀚博士論文選集》，頁 156。

〔註22〕陳希煌：《台灣農業經濟問題之探原》（台中：稻香，1988 年 10 月），頁 55。

年代初期發揮其功能性。而於此同時，甫任閣揆的蔣經國，在石油危機與外交困境的雙重考驗下，在 1973 年 12 月 16 日提出十大建設計畫，除了試圖以大量公共投資提振內需市場，並且改善經濟結構以因應未來發展，卻也附帶解決台灣自 1949 年以降，源於「反共復國」策略導致台灣本土基礎建設不足的問題。

如是，在十大建設計畫進行過程中與完成後，使台灣雖身處石油危機與國際經濟蕭條風暴中，卻反而加速地促進了景氣的復甦，而且對於台灣經濟與社會，產生了廣泛而且深遠的影響，不僅從原來的輕工業轉而發展鋼鐵、石化等重工業，台灣經濟發展與社會結構也再度轉型。但是，蓬勃的工商業吸納了更多的農業勞動力，交通建設更致使城鄉貧富差距益復拉大，工業建設也提高對土地的需求，所以擴大內需市場造就顯著的經濟榮景背後，其實農業又無奈地再度受到了擠壓與侵蝕。

隨著工商經濟發展的轉型與提升，農業面臨勞動力不足，僱工費用增加，肥料、農藥等農用品價格也持續攀升，盡皆墊高了農業生產的成本致使經營日趨困難，但是農產品的價格，卻在平抑物價以提供有利的工商生產環境政策導向下，始終被迫維持在「合理」的範圍內，依據統計數字顯示，1975 至 1978 年間，一般物價批發價格上漲 9%，消費品零售價格上漲 16%，但是農產品價格卻反而下跌 7～10%，如是，到了 1978 年，農家每人全年所得，僅達非農家 64%的地步〔註 23〕，顯見城鄉之間，所得與生活水準差距均日漸擴大，亦見政府於 1970 年代初期即爲力求維護農業發展，所施行的諸多振衰起敝的措施，卻始終未能取得預期效果的事實；至此，黃俊傑甚且以「農本主義崩潰」加以形容 1970 年代的台灣農業發展面向，指出不僅只是農業經濟日漸崩壞，傳統農業社會其中所蘊含的文化意義與價值觀，也隨著「工商社會的功利心態使勤儉純樸的美德日漸式微」〔註 24〕，而面臨瓦解。

1970 年代台灣農業發展的急遽傾頹，究其因素容或有千緒萬端，然以下就幾點面向作考察分析，其衰微之因或亦可加以梳理。

首先，因爲受到工業化經濟發展的影響，台灣農業已經不再是傳統農業的模式，農業的生產與農民的行爲活動，已然與工商業發生了密切聯繫，賴

〔註 23〕 參見蔡宏進：《鄉村發展的理論與實際》（台北：東大，1983 年 3 月），頁 77 ～79。
〔註 24〕 黃俊傑：〈農本主義的崩潰及其社會文化意義〉，收入黃俊傑《台灣農村的黃昏》（台北：自立晚報社，1988 年 3 月），頁 133。

文輝指出其中關鍵之一，在於農民在從事農業生產的過程中，因為科學文明與技術的進步，生產要素除了土地與勞力之外，已經大幅提高對農業生產用品工業的仰賴〔註 25〕，復加以城鄉之間的距離，產銷模式與運輸配售均因地理位置而迥異於過往，所以農業生產的經濟效益，也必須重新評估計算：

> 非農業人口相對地大量增加，使一切農產品的銷售，均有賴於農產加工業和農產運銷業的直接承購。至此，農民與工商業發生了密切的關係：農民生產力和所得的提高有賴工商業界供應物美價廉的生產用品，並對農民的生產物品付出合理的價格。〔註 26〕

求諸工商業界供應物美價廉的生產用品，包括肥料、農藥、生產機具等，並對農民生產的農產品付出合理的價格，這裡所點出的要義，即是降低農業生產的成本，並同時提高農產品的價格，如是方足以使農業在台灣社會經濟結構變化下，因應人口集中於都市產生的糧食需求與城鄉距離，所必須付出的包裝、貯存、運輸等成本，同時也能滿足農民的所得。

但是一如前文所述，台灣農地在經過土地改革並由於繼承分割的傳統，自耕農所擁有的耕地日漸狹小，演成小農經營的局限性，無法藉由大規模生產以降低生產成本，加以工商業發展的擠壓，農業經濟很難出現高度的擴張，鬱積成痼疾，農民所得自然也無從提高：

> 經濟高度成長期以前的個別、小規模的複合經營，已經不能達到提高農民所得的目的。因此，唯有擴大經營規模，導入大型農業機械以追求農業生產的「規模經濟」。〔註 27〕

政府雖然一再推動農業機械化建設以期擴大農業的「經濟規模」，卻因為耕地狹小零碎而受到限制無法順利推展，這也是一般農戶所得難以提高的重要成因。有鑑於此，有識之士遂提出「第二次土地改革」的建議，如王作榮即早於 1969 年就以「宜著手籌畫第二次土地改革」為題撰文，呼籲從第一次土改的「分配土地所有權」之後，隨著整體經濟環境的改變，應該要進行以「提高農業生產力」為目的的第二次土地改革〔註 28〕，而諸多相類從的意見，

〔註 25〕賴文輝：〈農企業與農業發展〉，收入余玉賢主編：《台灣農業發展論文集》（台北：聯經，1975 年 9 月），頁 352。

〔註 26〕同註 25。

〔註 27〕鄭詩華：《台灣農業經營之問題與對策──兼論日本的經驗》，頁 34。

〔註 28〕參見王作榮：〈宜著手籌畫第二次土地改革〉，收入王作榮：《台灣經濟發展論文選集》（台北：時報文化，1972 年 8 月），頁 172。

也都是著眼於現代農業發展規模應該相對擴大與機械化的需求。

其次，政策上傾向工商業發展的追求，相較於對農業發展的漠視輕忽，也是重要的因素，這一點或許可以藉由蔡宏進的觀點，認爲「上階層決策人士的阻礙性心態因素」所形成的兩層障礙加以說明。

蔡宏進認爲障礙之一，是源於決策人士與農民之間的「生活與心理差距」，而其成因的分析，簡言之，即是決策者缺乏對農民設身處地的同理心；另一層即是「經濟成長至上的想法」所形成的障礙：

> 主張經濟成長至上的決策者，常把農業發展看爲與工業發展相剋相
> 爭，也認爲謀經濟成長必須強調工業而非重視農業。甚至也有進而
> 視都市建設遠比鄉村發展較爲合理與經濟者。〔註29〕

決策者對於國家經濟發展所認定的取向，一如諸多開發中國家的發展模式，本亦無可厚非，但工商發展與農業生產實不可輕易偏廢，尤其是在以農業爲傳統經濟活動，面積卻不大的台灣島上，農地極易遭受擠壓侵逼，除了考量農民的生計之外，更應慮及糧食自給率的維持，以防受制於人而陷入危機。

同時，追求工業發展與環境生態的保護，常是背道而馳的，除了農地非農用的情況日益嚴重之外，在 1970 年代對於所謂「環保意識」仍位於懵昧未知的階段時，污染問題卻已然悄悄地侵蝕了農業生產的園地。

林俊義指出，政府對於各種公害防治的法律，如廢棄物清理法、水污染防治法及空氣污染防治法，均於 1974、1975 年間才完成立法，但是相關施行細則、檢驗分析人才與設備等，都尚處於起步籌備的階段，然而工業發展排放廢水，卻早已經造成了灌溉水的污染，對農業的影響至鉅。根據記錄，1974 年全島有 13.7%的耕地，由於水污染造成廢耕或減產，1976 年更增至 14.1%〔註30〕，工業發展對農業的侵蝕更見一樁，顯見農工失衡發展的事實。

並且，由於農藥及化學肥料的大量不當使用，對土壤也造成一定的污染，其中影響最深的，應是化學肥料的濫用，在經過農作物吸收後剩餘的硫酸、石灰與鹽分，逐漸使土壤的生產機能降低，導致化肥的使用將與日俱增〔註31〕，形成惡性循環的不斷縈迴，土地資源戕害日深，不僅農地的單位面

〔註29〕 蔡宏進：《鄉村發展的理論與實際》，頁 28～29。

〔註30〕 參見林俊義：〈台灣公害問題〉，收入楊國樞、葉啓政主編：《當前台灣社會問題》（台北：巨流，1979 年 2 月），頁 296。

〔註31〕 同註 30，頁 298～299。

積生產量難以增加，農業成本也因此將持續墊高，如是，務求農民收益提升則無異於緣木求魚，更遑論農業生產的永續經營。

　　另外，除了農村勞力老化的趨勢外，若是依照廖正宏的觀察，則農村流失的勞動力與外移人口的屬性，多屬青年與高教育程度者，那麼，對農業的經營，也將造成雙重損傷：

　　　　第一、老年人比較保守對於新品種新技術的採用往往持懷疑觀望的
　　　　態度，以致影響新農業技術採用的速度；第二、教育程度低的人對
　　　　於採用新的耕作技術在能力或效果上較受限制，因而影響新農業技
　　　　術的推廣，降低農場經營效率。〔註 32〕

　　由此視角觀之，若是新的農業技術無由導入，舊有的農業生產格局無法突破，甚而造成發展停滯，則農業政策上即便有促進生產的良方，也未能有效解決問題而挽救日漸衰敗的農業經濟。

　　再者，1950 年代起，推動農業與農村社會發展重要角色的地方鄉鎮農會，其所應具備的功能性，也在逐步降低之中。

　　若依據 1974 年修正公布的「農會法」作觀察，其開宗明義第一條即明訂：「農會以保障農民權益，提高農民知識技能，促進農業現代化，增加生產收益，改善農民生活，發展農村經濟為宗旨。」〔註 33〕但是隨著台灣政經環境錯綜的變遷之後，半官方半民間性質的農會，卻背離了確保農民福祉的目的與原則，身為地方基層農業組織，實際運作的模式，並未能站在農民的立場替農民發聲，轉而變成僅僅是農業政策執行推動的角色〔註 34〕，甚且淪為地方派系的禁臠，政黨勢力的基層椿腳：

　　　　農會組織的運作目標已完全轉向，長期被執政黨（按：指國民黨）
　　　　地方派系把持操縱，作為選舉的政治資本外，更嚴重的是選任人員
　　　　之樹立門戶，互爭意氣，只知派系利益，而罔顧一般農民的權益。

　　〔註 35〕

　　1970 年代台灣農業漸成夕陽產業，農會委實必須負擔部分責任，並且難

〔註 32〕　廖正宏：〈鄉村人口外移對台灣農村的影響〉，收入楊國樞、葉啓政主編：《當
　　　　　前台灣社會問題》，頁 191～192。
〔註 33〕　參見吳田泉：《台灣農業史》，頁 438。
〔註 34〕　蕭新煌：〈台灣地區農業政策的檢討與展望——事實和解釋〉，收入朱岑樓主
　　　　　編：《我國社會的變遷與發展》，頁 511。
〔註 35〕　同註 33，頁 447。

辭其咎，就漠視農民權益部分而言，其中農業產銷管道被壟斷把持，甚至是剝削等長期存在的事實與陋習，同時也是農民所得無以提高的重要因素之一，但置身地方基層的農會，理應更能了解問題的癥結所在，然卻任積弊長留，而未見有所積極作為。

　　以上乃就造成台灣農業衰微的內部因素加以羅列探討，至於 1970 年代台灣日漸遭到限縮排擠的外交空間與國際地位，竟爾也連帶衝擊了國內農業經濟的發展。除了農產品因為成本提高而喪失競爭力之外，也肇因政府在外交政策上「無謂」的堅持等因素，致使台灣的邦交國逐年遞減，加上石油危機後國際經濟衰退，貿易保護主義高張，於是包含農產品在內的外銷管道遂漸遭阻滯。讓數字說話，如彭作奎就其所觀察的統計資料分析發現：

> 自民國 59 年（1970）開始，我國農產品貿易由順差變成逆差，且逆差金額在民國 69 年（1980）高達 12 億美元左右，促成我國農業對外依賴度之增加，更使得國內農業生產受到國際農產品行情之影響加深而產生若干供銷不協調的現象。〔註36〕

　　顯見在 1970 年代整個十年的時間裡，由於台灣農業外銷的漸陷困境，進而影響國內農業生產體系的紊亂，除了農民缺乏獲取農產資訊的媒介，屢見一窩蜂搶種的情況發生外，外國農產品的輸入，就消費層面而言，也具有更多樣的選擇性，導致國內農產品滯銷情況時有所聞，農民血本無歸，而且，艱難的外交處境甚至對農業部門衍生出進一步的威脅：

> 農產品的外銷會因為我們的國際關係不夠廣闊、不夠良好，往往會受到限制。另一種影響是，我們常為極力改善與其他國家的關係，因此在農產品的貿易上不得不稍作遷就與讓步，結果就會對我們內部所生產的農產品有負面的影響，也就會影響農業推廣工作的成效。〔註37〕

　　為避免在國際社會與外交空間上的孤立，政府將開放外國農產品的輸入，視為外交談判的籌碼，於是田園的農產品竟爾成為俎上魚肉，這與政府積極想要改善農業發展環境的努力，是相互矛盾背道而馳的。

　　國外農產品輸入的持續增加，國內產銷模式等諸多問題未能有效改善，

〔註36〕彭作奎：〈台灣農產品價格水準變動及對農業生產政策之含意〉，收入毛育剛主編：《台灣農業發展論文集》，頁481。
〔註37〕蔡宏進：《鄉村發展的理論與實際》，頁 249。

內外交相侵，再次形成「穀賤傷農」的農業蕭條，而對照工業發展的繁榮，帶給農民的無疑是強烈的相對剝奪感，務農維生成為貧寒淒苦的代稱，離農就工甚而放棄耕地的情形越見普遍，休耕的農地也日漸擴大，無怪乎 1979 年有所謂「提高農民所得加強農村建設」的方案提出，三年後的 1982 年旋即又有「第二期提高農民所得加強基礎建設」的繼續開辦，但在 1984 年卻還是有「加速基層建設增進農民福利方案」的實施〔註38〕，前後對照，農業經濟的欲振乏力，是顯而易見的。

　　從 1960 年代中期以後，雖然工商業的急遽發展，推動台灣經濟大幅躍進，但農業生產藉由糧食供應做出對整體經濟的貢獻之餘，便因上述種種主客觀因素的影響，而走向於異質傾斜的發展，傳統農民意識開始形成轉變，農民之於土地的關係，在 70 年代也就產生了顯著的變化：

> 民國四十年代的台灣農民一般言之仍具有相當濃烈的傳統性，土地
> 對它們而言是生死以之的安身立命之所，農業對它們而言更是一種
> 生活的目的，兩者都充滿了「神聖性」。但是到了民國六十年代以後，
> 土地與農業的「神聖性」逐漸消逝了，農業只是一種謀生的手段，
> 許多農民把土地視為商品，兩者都充滿了「世俗性」。〔註39〕

　　過往農民小說裡，對此「神聖性」的農民意識與土地觀念，也多所崇贊，但經過時代變遷，假若從事農業已經只是一種謀生方式的選擇，且當整體客觀環境的趨勢未能改變，及至瓶無儲粟的現實壓力亟待解決時，被迫離開耕地另謀營生，或變賣土地以求生存，所謂的「世俗性」，在生活無以為繼之時，也都具有合理的正當性了。

　　職是之故，1970 年代鄉土關懷論者與鄉土文學作家及其提倡者認為，台灣是以犧牲農民和工人為代價，才得以實現經濟的快速成長，但是農工階層卻並未分享到經濟繁榮的果實〔註40〕，所以，1970 年代以後台灣農村社會的異質變化，乃持續為小說創作所關注，同樣隨之反映歷史嬗遞的脈絡，也呈現了不同的書寫語境。

〔註38〕參見蕭國和：《台灣農業興衰四十年》，頁 44～45。
〔註39〕黃俊傑：〈台灣農村的黃昏──西部農村訪問紀實〉，收入黃俊傑《台灣農村的黃昏》，頁 73。
〔註40〕參見蕭阿勤：《重構台灣：當代民族主義的文化政治》，頁 144～145。

第二節　西化運動的反詰與鄉土意識的關照

　　台灣的社會意識，在保釣運動激起的效應以及外交遭逢的危機下，激起民族主義的勃發，知識分子不僅開始反詰以美國為主的西方文化滲透，批判崇洋媚外與反對西化，進而懷抱回歸鄉土的熱忱，將關懷的視野拉回，重新審視踏實的鄉土，深入挖掘現實追求社會改革，並對台灣的主體性進行反省與思考。而自獲得美援以後，雖帶來政治安定造就經濟成長，但也使台灣淪為經濟與文化雙重附庸性的角色，隨後在跨國經濟持續的入侵下，也引發知識分子自我檢討與覺醒的聲浪。同時，1970年代台灣在工商業快速成長下，醞釀積累的各種社會問題也慢慢浮現，勞資問題、環境汙染等現象，也使得社會主義理念中反映批判的力道，逐漸加深，因為整體社會所發凡的「鄉土動能」，正導領著文化與社會論述朝向新的方向，就在威權體制開始呈現鬆動的時刻，不同的意識型態也就獲得了突破的缺口。

　　經濟快速發展所獲致的成果背後，農民和工人付出了極高的代價，但在「經濟奇蹟」的榮景之下，農工階層與偏鄉區域並皆未能共享富足，經濟起飛後造成的貧富差距、農村凋敝等社會問題，也是1960年代末至70年代初開始出現「鄉土文學」的背景；而鄉土關懷論者與鄉土文學作家，在回歸鄉土熱潮下與發掘現實的理念中，所表現的具體方式即是透過文學創作去反映挖掘，於是，社會寫實的文藝思潮躍居於文壇主流，揚棄現代主義的虛無與個人內心探索，欲以文學創作進行社會改革，主張文學必須反映社會，而如是傾向本土關懷的社會寫實手法與內容，終於激盪第二次鄉土文學論戰的發生。雖然論戰裡的諸多論述，較多的是意識型態的表達，偏離文藝美學層面的探討，然而文學反映論也透過如是文學辯證，獲得了強調。同時，在回歸鄉土的浪潮與鄉土文學論戰過程中，「鄉土意識」中代表本土的「台灣意識」也逐漸加重，並在1970年代終了前，逐漸形成了轉移與深化。

一、批判崇洋媚外的民族意識與回歸鄉土現實的國族想像

　　1974年，隸屬官方的中央電影公司在當局策略性指導下，推出電影「英烈千秋」，以抗日名將張自忠將軍英勇犧牲的壯烈故事為題材，締造轟動的票房，而電影之所以廣獲各界迴響，其社會背景因素當與連串的外交困境打擊民心士氣有直接的關係，且由於1972年9月日本宣布與台灣政府斷交，電影情節也提供了宣洩仇日民族情緒的管道。因為「英烈千秋」取得預期的

效益，中影公司遂陸續開拍了「八百壯士」、「梅花」、「筧橋英烈傳」等抗日戰爭片，也都獲得成功賣座〔註41〕，則其時社會氛圍，可以想見。

釣魚台事件、退出聯合國、台日斷交以及後續的邦交國漸次流失，1970年代種種打擊紛至沓來，對台灣社會產生的影響，似乎也呈現出兩極化的效應，有如蔣勳的觀察，他看到這一時期台灣文化的趨變，乃是源於這外交上的壓力，而形成為「70 年代台灣地區中國人心態活動最重要的輻射中心，正面地或負面地對這一壓力所產生的各種反應」，且正負兩面的反應不僅形成鮮明的對照，甚至是相互拉扯：

> 一方面有人越是急著取外國籍，越是急著把財產轉置國外，越是不
> 擇手段地求取暴利；另一方面就會有人更激烈地抨擊崇洋媚外、更
> 急切地呼叫熱愛鄉土，更狂猛地向特權與黑暗勢力挑戰。〔註42〕

對於前者所謂負面的反應表現，即是當時社會輿論加以批判的「牙刷主義」者，這些人之中不乏政府官員與企業主，藉由特權先將家人與資產轉移國外，若真遇危急，自己往口袋裡插把牙刷即可逃逃遠走，明哲保身；國難當頭，板蕩之際未必盡能辨識忠奸，但僥倖之人，則屢見不鮮。

後者所謂正面的反應，則是批判崇洋媚外與回歸鄉土，這當是外交困窘的危機意識與盟友背叛的憤恨情緒下，新興勃發的民族主義所欲奮力表達的意識型態，並且開始反詰長期接受以美國為主的西方文化滲透，甚至是「全盤西化」的主張，然而就在拔劍四顧的同時，卻旋即意識到國族所在唯剩實地腳踏的台灣，於是知識分子的視角經過翻轉後，自然將視野拉回，重新審視鄉土。所以，批判崇洋媚外自然與反對西化相結合，而回歸鄉土則以關懷的心緒，深入挖掘現實、反映現實，並追求社會改革。

台灣社會受到外交失利的衝擊後，興發民族主義、批判崇洋媚外與反對西化等知識分子的諸多反應，當可以《中國論壇》雜誌的論述為代表。

在所謂「大學雜誌」論政集團分裂之後，延續自由主義香火的的《中國論壇》於 1975 年 10 月創刊，採取「溫和批判」立場，是「標榜自由主義與國家現代化的政論性刊物」〔註43〕，但在 1976 至 1977 年分別出現諸如以「從

〔註41〕中影股份有限公司‧官方網頁上網日期：2013.12.20，網址：http://www.movie.
　　　　com.tw/Home/index.php?option=com_content&view=article&id=50&Itemid=53
〔註42〕蔣勳：〈灌溉一個文化的花季〉，收入尉天驄主編：《鄉土文學討論集》（台北：
　　　　遠景，1978 年 4 月），頁 39～40。
〔註43〕參見江宜樺：《自由民主的理路》，頁 298～299。

崇洋媚外到民族意識覺醒」、「知識分子與崇洋媚外」、「我們的社會和民族精神教育」等為題的文論〔註 44〕，亦可藉以清楚見出當時部分知識分子的意識型態。

其中尉天驄〈我們的社會和民族精神教育〉一文中認為，隨著聯合國事件、國際經濟的大動盪，以及越戰的結束，不僅讓人看出歐美的缺點，也開始對西方文化採取批判的態度，領悟到台灣自身的困境，唯有自救才能救人，所以台灣正朝著「回歸民族本位的方向」進展，同時認為 1970 年代如是民族本位的回歸，是對 60 年代西化運動的否定和修正〔註45〕，因而也開始將眼光聚焦於台灣本土：

> 在台灣我們看到廣大的群眾每天在日曬雨打之下從事生產和建設，
> 也看到成千上萬的戰士枕戈待旦地犧牲奮鬥，面對這些人，我們才
> 發現真正的民族力量。今天的事實如此，過去的歷史也必然一樣，
> 讓我們在這些人中，去發掘真正的民族歷史和力量吧！〔註 46〕

新興的民族主義精神，以及如是回歸鄉土的訴求與台灣主體性的關注，當可回溯保釣運動激起的效應，觀察肇始於青年學子的社會關懷行動，以理解其發展脈絡。

因為囿於限制與禁忌，當時學生無法實際參與政治，於是參與保釣運動的激昂乃轉化落實為社會服務運動，成為學生積極參與社會的方式之一，而以台大代聯會發動組成「社會服務團」堪為先聲。熱血青年積極走出校園，從事社會調查工作以為社會服務運動的工作方向，並且在選取的調查項目中，列舉包括農村問題、都市貧民問題、勞工問題、警民問題與選舉問題〔註47〕，除了政治改革議題以外，幾乎皆為工商業蓬勃發展下弱勢族群的處境關懷，同時也凸顯底層社會所積累存在的問題。對現實的關切與進行社會服務，便成為學生表達民族主義與愛國情緒的主要形式，同時也引發廣大迴響，各大學校園也紛紛成立社團起而效法。

〔註 44〕 上述篇章收錄於尉天驄主編：《鄉土文學討論集》，3～27。

〔註 45〕 參見尉天驄：〈我們的社會和民族精神教育〉，收入尉天驄主編：《鄉土文學討論集》，頁 25。

〔註 46〕 同註 44，頁 27。

〔註 47〕 1972 年由台大代聯會發動組成「社會服務團」，號召台大學生利用寒假期間，深入社會基層調查，藉以發掘當前迫切的社會問題，並將調查所得彙編成報告，試圖向政府當局提出建言。參見楊素芬：《台灣報導文學概論》（台北：稻田，2001 年 9 月），頁 92。

　　1970 年代台灣社會在工商業快速成長下，社會急遽變遷的過程中，醞釀積累的各種社會問題也漸次浮現，這已如前文的論述，諸如農業勞動人口大量移向工商業，農村社會已經形成相對弱勢的階層等，但人口漸趨密集的城市，卻也同時叢生不同的社會問題，而在工業高度發展下，除了勞工問題之外，甚且衍生有環保及公害等新興的弊病，在在都成為關懷社會的目光焦點。

　　除了大學社團外，1975 年 7 月 14 日起，《中國時報》「人間副刊」推出「現實的邊緣」專欄，開始刊登作家親訪寫作並搭配照片影像，圖文並茂極具震撼力的報導文學作品，露骨地反映各類型台灣社會「邊緣」的現實，一時蔚為風潮：

> 「現實的邊緣」專欄推出後，掀起一股報導文學熱，因為報導文學
> 正是文字工作者介入社會最有效的形式，這和七○年代外交衝擊後
> 所呈現普遍關懷台灣的取向是不謀而合的。〔註48〕

　　其引發共鳴的不僅只是因為文字搭配圖像的感染力，而是有著近於社會主義思想反映陰暗現實面的意識，以期呼籲追求公平正義的進步改革，並且衍生出尖銳的社會批判。從 1960 以迄於 70 年代，台灣工業化程度日益加深，但也同時伴隨貧富失調、勞資不均、環境汙染等負面發展，所以值此回歸、關懷本土的社會動能激盪之際，社會主義理念中反映批判的力道，遂逐漸加深。

　　若以宏觀的視野觀照歷史，台灣社會的發展，當可理解韓戰後由於武力與經濟的雙重「美援」，有效地鞏固了國府在台實施威權體制的基礎，讓國府不僅成功切斷 1930 年代社會主義思潮，又因為「土地改革」的成功與「農業培養工業」的策略運用，使得台灣社會在朝現代化蛻變的過程中，竟爾意外地順利，呂正惠如是觀察：

> 在從封建社會轉型到現代社會的過程中，世界上一切的國家或者地
> 區，不論程度的強弱，總會產生一些跟社會主義有關的運動或理念。
> 像 1949 年至 1970 年左右的台灣這樣，幾乎是在一種絕對「無菌」的
> 狀態下進行「現代化」的，近代世界史上可能是絕無僅有的。〔註49〕

〔註48〕1972 年由台大代聯會發動組成「社會服務團」，號召台大學生利用寒假期間，深入走近社會基層調查，藉以發掘當前迫切的社會問題，並將調查所得彙編成報告，試圖向政府當局提出建言。參見楊素芬：《台灣報導文學概論》（台北：稻田，2001 年 9 月），頁 98。

〔註49〕呂正惠：〈台灣為什麼沒有人民的藝術？〉，收入呂正惠：《戰後台灣文學經驗》，頁 171。

　　但是，當社會發展失衡，外交困境持續低迷，以及後蔣介石時代政權接班問題等交織揉合的景況下，均使得威權體制有趨於鬆動與軟化的傾向，同時知識分子也開始檢視台灣經濟繁榮發展的表象裡，除了美援帶來的政治安定造就經濟成長效益之外，還有日本跨國企業的登堂入室，台灣所謂的「經濟奇蹟」其實是成就在美、日經濟的附庸地位上，王拓更直接以「經濟殖民主義」的惡劣本質爲名，指摘美、日對台的「經濟侵略」：

> 原來穿軍裝拿武器侵略中國的日本人，卻換上一身裝扮，穿著西裝、提著 007 的皮包從新又進入台灣，開始對台灣進行另一種目的——經濟的侵略。台灣就這樣在美國與日本的經濟殖民主義下，以廉價的勞工與農產品換來了一定程度的經濟成長與繁榮。〔註50〕

　　美、日的資本與技術長期滲入，造就了開發中台灣的經濟成長，但舶來的「蘋果的滋味」，顯然未必完全甘甜的事實，也爲小說家所揭露，加以反省前此的「西化」意識，與輿論此際所聲討的「崇洋媚外」，都可視之爲是對台灣社會淪爲美、日文化的附庸的自我檢討。陳映眞也認爲，台灣社會居於「文化精神上對西方的附庸化，殖民地化——這就是我們三十年來精神生活突出的特點」，而之所以有此「文化殖民地」的喟嘆，乃是肇因於「我們整個實際社會生活就是籠罩在別人強勢的經濟支配下的緣故。我們附庸性文化，只是社會經濟的附庸化的一個反映而已」〔註 51〕，如是看法揭開了跨國經濟入侵下造就附庸性經濟與文化地位的事實，而這些自我檢討與覺醒的聲浪，顯然已經衝破過往的壓抑，也突出了過往處於時代邊緣的聲音，在回歸鄉土的動能中，蔚成潮流。

　　於是在社會文化裡，開始看到了素人畫家洪通，聽到了陳達吟唱月琴伴奏的「思想起」，朱銘的雕刻帶來驚豔，林懷民「雲門舞集」的創立，以及所謂的「校園民歌」傳唱流行於市井，就在一般民眾尋求各級棒球迷獲世界冠軍以強化民族自信情緒之外，這些諸多文化再生運動的企圖，廖咸浩便認爲是台灣社會正在尋找一個「新的身分」，雖然其身分定位並未必要與中國身分拮抗，但卻絕對是要根植於台灣本身的經驗，所以「鄉土主義的修正原本並

〔註50〕 王拓：〈是「現實主義」文學，不是「鄉土文學」〉，收入尉天驄主編：《鄉土文學討論集》，頁 109。

〔註51〕 陳映眞：〈文學來自社會反映社會〉，收入於陳映眞：《孤兒的歷史、歷史的孤兒》，頁 9。

無意挑戰官方表面所宣示的中國民族主義論述」：

> 在 70 年代初期，台灣經歷了一連串的轉變，最後形成了一個新的文
> 化。這些文化再生運動可以都涵蓋在「鄉土動能」（nativist impulse）
> 的大標題下。有趣的是，這樣一種情操一方面試圖從西方對文化生
> 產的主宰中搶救真正的「中國的」聲音，另一方面也試圖把官方的
> 中原中心意識型態予以修正。〔註52〕

這樣的視角，見出整體社會發凡的「鄉土動能」正導領著文化與社會論述朝向新的方向發展，摒除一味追尋西化的偏頗，並且著重在植根於台灣，而發展出新型態的鄉土情懷。

其實，台灣社會在戰後經歷二十多年的歷史進程中，由於當局一貫而強勢的教育體系與威權統治下，大中國的中原中心意識，對戰後嬰兒潮的世代，早已形成普遍的認知，而各級學校教科書中相關台灣本土的內容比例極低，國族想像所投射的江山萬里，卻永遠是在海峽的彼岸卻緣慳一面，感受雖有隔閡，但絕大多數的新世代，於此際泳入回歸鄉土熱潮的起心動念中，實未必有揚棄大中國意識的意圖，而是先行擱置想像來自長江水與海棠紅的「鄉愁」，踏出腳步貼近台灣這塊土地，扎實地感受真正成長的原鄉，並且看見土地上的諸多面貌，這種種表態本緣於「危機意識」所產出的民族主義思想，並未揚棄國府運用圖文所架構出來的國族意識，只是加深了對台灣鄉土的關懷層面。

蕭新煌對此也有清楚的層次分析，其認為緣於當時面對台灣處境的「危機意識」，而激發了知識分子的民族主義，同時在孕育出真實的社會關懷之際，已然也隱含了「台灣意識」在內，但由於它是以「中國意識」為張本，所以在這個大原則之下，「台灣意識」也獲得知識分子普遍的認可：

> 有理由可以這麼說，當時知識分子這種對台灣處境的危機意識的確
> 摻雜著「台灣意識」與「中國意識」在內，既為台灣的生存，也為
> 中國的前途，或者更明確的意涵是說為了中國未來的前途，就得先
> 確實的關懷台灣現在的生存問題，在知識分子眼中，這兩者並沒有
> 太多的矛盾和衝突，而是相輔相成的。〔註53〕

〔註52〕廖咸浩：〈合成人羅曼史：當代台灣文化中後現代主義與民族主義的互動〉，收入黃俊傑、何寄澎主編：《台灣的文化發展：世紀之交的省思》，頁99。

〔註53〕蕭新煌：〈當代知識分子的鄉土意識〉，收入中國論壇編輯委員會主編：《知識分子與台灣發展》（台北：中國論壇雜誌，1989 年 10 月），頁 200。

　　民族主義勃發，與保釣運動以及外交困境密切相關，引導知識分子傾向關懷鄉土，而在如是鄉土意識中尚稱模糊的「台灣意識」，與後來所謂的「本土意識」並不類同，更遑論是台獨思維；而當台灣「本土意識」逐漸蔓生，終於糾葛爲「台灣結」與「中國結」的複雜難解，那也應是在 1979 年「美麗島事件」發生，繼而在進入 1980 年代初的「美麗島大審」以後的發展了。

　　所以，此際民族主義勃發後的台灣意識，並不是站在質疑大中國意識的立場，或是挑戰國府在台政權的合法性與否，甚至是興發所謂的「省籍情結」意識，儘管 1970 年代如是的聲音話語也確實存在，但顯然並非系出這一波「鄉土動能」的涵蓋之下。

　　同時，在如是「鄉土動能」的激盪下，回歸的視角也擺脫禁忌束縛，重新去發掘審視台灣的過往，重建歷史記憶，尤其是日據時期台灣人民面對殖民體制的諸多反應與作爲，以此作爲「鄉土」的一種思想類型，而這樣的思想類型，林載爵稱其涵意是「被殖民歷史的審視」：

　　　　鄉土陣線極力推動被塵封的日據時代台灣反抗史的發掘。透過王詩
　　　　琅、黃師樵等前輩的回憶與見證，被視爲禁忌的台灣近代史再度重
　　　　現於世，尤其是黃師樵在《夏潮》上的〈台灣的農民運動史〉、〈日
　　　　據時代台灣工人運動史〉、〈日據時代台灣民眾黨〉、〈台灣工友總聯
　　　　盟的工會活動〉等一系列文章最爲珍貴。〔註54〕

　　而且，林載爵更進一步指出，這些日據下歷史的發掘，於其中特別凸出了「蔣渭水從事民族解放運動的歷史定位與楊逵從事農民運動的歷史意義」，闡明形成台灣殖民地社會性格，以及與帝國主義及資本主義拮抗的的歷史成因，間接也與此際 1970 年代批判台灣經濟附庸角色，或是遭受跨國企業剝削的質疑，而形成了在論述上的接軌。

　　然而，不管是嘗試脫離被西方文化主宰的文化再生運動，或是修正官方的中原中心意識型態，抑或者是覺醒於經濟與文化雙重附庸角色的批判，「鄉土意識」也好，「台灣意識」也罷，活潑出現的諸多論述與表達，其實都可見出與威權體制漸有鬆動不無關係，葉啓政分析道：

　　　　在極權傾向的社會中，當權群體所持有的詮釋體系，無疑的就具有

〔註54〕林載爵：〈本土之前的鄉土：談一種思想的可能性的中挫〉，收入曾健民編：《台灣鄉土文學・皇民文學的清理與批判》，頁 80。

相當的優勢地位，而往往被視為是正統的詮釋路線，文化的發展因此必須以此路線為依歸。相反的，在民主傾向的社會中，理論上來說，當權群體所持有的詮釋體系就不若極權社會者那麼具有絕對的權威性，經常地受到挑戰，因而不時會加以修正。在此環境下，文化的發展就比較多元具有彈性。〔註55〕

而當蔣經國欲以開明作風順利完成接班時，極權與民主傾向的天平，似乎具有此「起」彼「落」的契機，《大學雜誌》論政之風，即是代表性發展，台灣政體自此雖未必即朝向民主化邁進，但是絕對的強勢權威體制，於此際都開始接受挑戰，往昔遭受抑制的批評聲音，也都漸次突圍而出，如「買辦經濟」與「殖民經濟」等質疑標籤，已經可以張貼得理直氣壯了，顯見相對「軟性」的威權體制時代已經來臨。

社會文化上風氣漸開，政治反對運動亦如是。1970年代多元的紛陳論述，使得政治反對運動也在這樣的社會氛圍下，漸次蓄積動力。國府在台灣架構的國族想像，以期強化「反攻復國」政權正當性等諸多作為，雖然還不至於受到嚴厲挑戰，但是黨外反對勢力隨著威權體制的鬆動，而有增強的趨勢，卻是不爭的事實。相較於採取自由主義「溫和批判」立場的《中國論壇》，在同一年（1975）作為黨外政治運動傳播工具的《台灣政論》也創刊出版，後雖被勒令停辦，但《八十年代》雜誌也繼而創刊，反對聲浪屢仆屢起，漸次高漲，直至1979年8月創刊的《美麗島》雜誌，間接導致「美麗島事件」的爆發，黨外反對運動發展方向始又歷經轉折。

上述政治氛圍的嬗變與政治評論的風起雲湧，當是緣於「軟性」轉變的威權體制釋放了出口，然而隨著整體政治、社會局勢的發展，卻也無法否認由國府主導的由上而下的局部政治改良，已然無法滿足新興社會力的要求，同時也無法解決新的社會矛盾〔註56〕，所以，台灣社會多元紛陳的思潮，在1970年代錯綜複雜的客觀背景下，相應於新時代新社會，儼然已有了百家爭鳴的況味。曾健民歸結這一切從保釣運動、大學雜誌論政、民間藝術熱潮以迄於鄉土文學論戰，甚至是漸趨積極的黨外政治運動等，綜合構成了1970年

〔註55〕葉啟政：〈三十年來台灣地區中國文化發展的檢討〉，收入朱岑樓主編：《我國社會的變遷與發展》，頁140。

〔註56〕參見曾健民：〈民眾的與民族的──鄉土文學論戰的精神與七〇年代思潮精神的再確認〉，收入曾健民編：《台灣鄉土文學‧皇民文學的清理與批判》，頁117。

代的社會新思潮的內容：

> 它是台灣社會在反共戒嚴體制下和依賴美日「獨裁下經濟發展」過程中，逐漸成形的台灣式資本主義社會所必然內含的政治、經濟、文化各層面的矛盾，在七〇年代的內外政經複合危機中日益深刻化顯露化，因而在社會各領域產生了各種反省與批判運動，在交互影響中，形成的異於其他年代的社會思潮。〔註57〕

　　援此綜觀構成了1970年代的社會新思潮的內容，統總涵蓋了來自社會、政治、經濟、文學、藝術等各層面的訴求與蛻變，交織而成的立體多元的面貌，而積極傾注目光取材鄉土的文學創作取向，同樣也是隸屬於這個社會新思潮的一環，則文藝美學的主張與追求，自然也與時俱進地隨思想潮流所趨，反映了社會的現實，而匯入了時代大河的主流之中，澎湃洶湧。

二、反映現實的創作取向與第二次鄉土文學論戰的意義

　　觀照本土主體性的視角，俯視腳跟下原鄉土地的現實，如是回歸鄉土的社會思潮，是1970年代初期的時勢所趨，而共為社會、文化等多數層面所接受，激發出鄉土的關懷與本土主體性的追求，雖然主要的成因是肇始於外交困境的危機意識，但後續效應卻是分歧多元的；同時，文學作品與作家，也在這股熱潮中，扮演了吃重的角色。陳正醍對於這股回歸鄉土熱潮中的幾個面向與其影響加以分析，概括立論地相當精準：

> 對台灣前途命運的關心因而觸發「民族／鄉土」意識的高漲；以及含有社會改革意識的、對社會大眾生活的關心，因而形成的「鄉土」取向；還有就是對一向過度模仿西方文化的風氣的反省，因而產生的對傳統文化的再評價等。集中地表現為「回歸鄉土」熱潮的這種七〇年代初期的社會思想和文化潮流，不僅直接促成了大家對鄉土文學的關注，而且間接地造成了鄉土文學論戰。〔註58〕

　　上述所謂「鄉土」取向的關心視角，落實於文學創作場域之中，即是挖掘、產出具體反映生活現實的作品，以此凸顯「民族／鄉土」意識，而以「鄉土」為名，逐漸被以「鄉土文學」為屬性與定義所指稱的文學作品，也風起

〔註57〕同註56，頁121。
〔註58〕陳正醍著、陳炳崑譯、曾健民校訂：〈台灣的鄉土文學論戰（1977～1978年）〉，收入曾健民編：《台灣鄉土文學‧皇民文學的清理與批判》，頁131。

雲湧於當代的社會、文化氛圍裡，而登臨台灣文學場域中，不管是舊有作品的發掘，或是新興的創作，均成爲眾所矚目的文學題材類型，尤其是小說作品。

「鄉土」之名義，前行代研究者，早已經對此提出許多的論述與界定，雖然各種不同內涵的定義本身，容或未能獲得普遍性的滿足，但此階段所謂回歸現實的「鄉土」，一如前文的討論，與 1970 年代初期所勃興的民族主義與自覺意識緊密相關，則理應是存在一定的共識。然而，民族主義所投射的「鄉土」情懷，卻也已經在外交漸失依憑與反攻機會渺茫的現實轉變下，從遙望海峽另一端回頭傾注在腳下的台灣土地，1949 大江大海翻騰後的鄉愁，至此時也已然如同王德威所言，產生了「位移」，同時也間接「點明了國族法統的今非昔比」〔註59〕。所以「鄉土文學」在1970年代廣泛被接受並蔚爲風潮的蓬勃發展，其實也正代表著從台灣主體性出發，逐步開啓新的、在地的國族想像，翻轉了持續二十多年來國府在台灣所建構的中原意識大敘述，而有著其意識型態的象徵：

> 在「故鄉」與失去的中原已逐漸合爲一義的年月裡，黃春明、王禎和等人的嶄露頭角，以及楊逵、鍾理和等人的重被發掘，實在暗示了「故鄉」的所在不必僅定於一。「台灣」的鄉土之得「出現」，也再次說明原鄉神話何曾只是有關地形地物的追認而已。它更是個充斥意識型態動機的人爲佈置，代表不同價值、意識系統的角逐場地。

〔註60〕

如是思考脈絡，已經說明了「鄉土」一詞所代表的意涵，不僅只是作爲文學創作中架設背景的取材範疇而已，更代表著相異於1950年代反共懷鄉的書寫語境，所投射的標的不同，更有著思念與關懷的差別，甚而是反映現實的入世用心。

1970 年代的台灣，經濟快速發展所獲致的成果，農民和工人付出了沈重的代價，在蓬勃的工商業背後，農工階層與偏鄉區域並皆未能共同享有富足，於是乎鄉土關懷論者與鄉土文學作家，在回歸鄉土熱潮下，所表現的具體方式之一，即是反映現實的文學創作類型，蕭阿勤分析戰後「鄉土文學」

〔註59〕王德威：〈國族論述與鄉土修辭〉，收入王德威：《如何現代，怎樣文學？》，頁163。
〔註60〕王德威：〈原鄉神話的追逐者──沈從文、宋澤萊、莫言、李永平〉，收入王德威：《小說與中國》（台北：麥田，1993年6月），頁260。

出現於 1960 年代末、70 年代初的背景，正是因為「經濟起飛、都市化、以及勞動力組成的改變，造成 1960 年代財富分配不均、農村凋敝和勞雇關係等社會問題逐漸嚴重」〔註 61〕，所以，除了報導文學因為人間副刊「現實的邊緣」專欄因而興盛之外，就屬小說體裁是最受到矚目的文類，作品題材廣泛地反映了 1970 年代以後台灣社會在偏頗變化下的現實，而「農工同源」的人力資源，攜手為經濟發展供給了廉價的農產與密集的勞力之後，其所處的境遇，便成為小說家娓娓敘說的故事，形成反省甚或質疑的作品精神，而藉由寫實風格傳遞出反映現實的批判力道，於是乎 1970 年代的鄉土文學便與寫實主義論述緊密地結合，而呈現了鮮明的書寫語境，而其創作典型一如蕭阿勤的俐落描述：

> 典型的鄉土文學作品，通常描寫鄉下人和小鎮居民在經濟困頓下的艱難處境。鄉土文學的故事場景經常是工廠、農村、漁港或某個日漸凋敝的城鎮，幾乎所有主角都出身卑微。這些作品也通常運用社會下層民眾的對話，不過這些對話是用「國語化」的福佬話來陳述。
> 〔註 62〕

如是鄉土文學的典型，讓人不禁回顧 1930 年代日據下，黃石輝透過〈怎樣不提倡鄉土文學〉一文中的命題——鄉土文學應該為誰而寫、應該寫什麼？揭櫫文藝創作應該是反映台灣社會現實的書寫，是「以勞苦群眾為對象去做文藝」的理念：「你總須以勞苦群眾為對象去做文藝，便應該起來提倡鄉土文學，應該起來建設鄉土文學。」〔註 63〕，其後更有郭秋生呼應黃石輝「鄉土文學」的主張，並且標舉「台灣話文」，主張用漢字來表達台灣話，建立文言一致的書寫文字，而使「台灣話文」與「鄉土文學」運動合流，是為台灣文學發展過程中第一次的「鄉土文學論戰」，同時也引領日據下新文學小說家，廣泛地朝向在書寫語言中置入「台灣話文」的趨勢，其中賴和作品的轉變即是鮮明的例子，如是風潮，與此際 1970 年代的「鄉土文學」流風，存在著高度類似的面容。

除了作品的典型特色外，小說故事塑造的人物「典型」，似乎也一併回到 1930 年代社會主義思潮蔓延時的寫實創作理念，同樣表現了盧卡奇（Georg

---

〔註 61〕蕭阿勤：《重構台灣：當代民族主義的文化政治》，頁 138。
〔註 62〕同註 61，頁 145。
〔註 63〕黃石輝：〈怎樣不提倡鄉土文學〉，收入中島利郎編：《1930 年代台灣鄉土文學論戰資料彙編》，頁 4。

Lukács）所謂創造「典型」（type）人物以及敘述其行為，去凸顯整個現實社會中的各種關係脈絡的敘述模式，忠實地反映社會「整體性」（totality）的種種對應與矛盾，這已如前文的分析。而以日據下受害最烈的農工階層為對象做書寫，最能代表整體殖民地多重壓迫剝削系統下的典型，輕易地暴露殖民體制的偏頗，甚而是傳遞無產階級鬥爭的意識。

　　而結合社會主義與寫實主義的創作理念與方式，雖未必先驗性地存在1970年代鄉土文學作家的創作意識中，但是為農工階層與偏鄉區域代言的的作品面貌，卻同樣具有發掘問題，洞悉造成社會問題矛盾性的作用，並且勾勒出台灣社會在經濟急遽建設下的失衡發展。所以王德威認為，「鄉土小說也紀錄了台灣因經濟成長、政治挫折所帶來新的社會結構劇變」，所以聚焦鄉土、表現鄉土意識主題的作品，其「原鄉的主題不只代表作家們尋根的欲望，也成為一批判、檢討『中央』政經措施的文學符號」〔註64〕。撫今追昔，兩相對照，雖異代不同時，但卻存有著高度類似性，無怪乎邱貴芬認為，1970年代的鄉土文學，「接續了台灣日治時代新文學的左翼傳統，『庶民關懷』成為小說創作的一大重點，經濟結構中的階級剝削重新成為重點」〔註65〕，李豐楙更從社會學的觀點看重小說家對社會問題的發掘與洞見：

> 在台灣的市鎮、農村裡，作家如同一些有良知的社會學家，關心整個社會結構的改變，及其中所存在的問題癥結，只是在形象化藝術中，小說人物的動作及其意識較需用心解讀，才能發現文學家的敏銳觀察，使他們擁有對社會問題的洞見。〔註66〕

　　如是看待小說家與小說作品，當然是從為人生而藝術、反映現實的寫實主義創作理念，而以文學職責的角度加以界定，暫且不論藝術創作取向是否陳義過高的詰辯，但是整個台灣社會的變遷動盪與台灣文學場域的交互作用，卻是再清楚不過了，陳芳明這樣看待當時文學反映社會的創作潮流──「在這個階段，升格成為全新的美學原則」〔註67〕。所以雖然黃春明、王禎

〔註64〕王德威：〈原鄉神話的追逐者──沈從文、宋澤萊、莫言、李永平〉，收入王德威：《小說與中國》，頁261。
〔註65〕邱貴芬：〈翻譯驅動力下的台灣文學生產──1960～1980現代派與鄉土文學的辯證〉，收入陳建忠、應鳳凰、邱貴芬、張誦聖、劉亮雅合著：《台灣小說史論》，頁249。
〔註66〕李豐楙：〈台灣鄉土小說中的社會意識變遷──60、70年代鄉土小說的主題：貧窮、命運與人性〉，收入龔鵬程編：《台灣的社會與文學》，頁183。
〔註67〕陳芳明：《台灣新文學史》，頁526。

和處理卑微「小人物」的作品,在 1960 年代末期出現,尚顯得波瀾不驚,但卻在進入 70 年代以後捲起千堆雪,加上台灣文學歷史的追索下,楊逵、鍾理和等人作品的出土,繼有王拓與楊青矗的嶄露頭角,後有洪醒夫與宋澤萊等人的亮相登台,持續追問造成台灣底層社會現實問題的成因,在在都與 1970 年代的客觀環境氛圍緊密相關,呂正惠更是直接點出了鄉土文學作品裡,實具有「左翼色彩」的意識型態:

> 到了七○年代中期,鄉土文學已經具有了明顯的左翼色彩,強調文學的社會功能與階級性,揭發台灣經濟發展中所隱含的殖民地性格與階級剝削問題。這樣的意識型態,限於當時的政治環境,雖然不能講得過份明白,但也昭然若揭了。〔註68〕

若是以這樣的角度加以觀察,則 1970 年代鄉土文學的普遍主題與小說人物的典型塑造,自當是呈現了彼時經濟發展導致社會失衡的真實,也代表知識分子的人道關懷存心,同時也是積累壓抑後的流洩。因為,文學本是時代的產物,呼應特定時期的社會意識,以寫實主義風格為弱勢的農工族群發聲,而所批判的指陳對象,即是偏差的政經措施與跨國企業所染指而成的「殖民經濟」,同時,也是針對 1950、60 年代伴隨美援(元)而來的現代主義文藝思潮。

1972 年關傑明掀起現代詩論戰,1973 年發生的「唐文標事件」,對於現代詩批判的猛烈砲火,事實上已經宣告了對西化的反詰,正式地搬上了檯面,文學藝術的追求與美學主張已然在回歸熱潮下,**轉趨為本土現實與外來虛無**的頡頏,由現代詩論戰開啟先聲,最終引爆台灣文學史上第二次的「鄉土文學論戰」,王德威析論其現象:

> 到了七○年代,現代主義已與抄襲西學、自我陷溺以及追求形式等貶詞相互看齊。以階級論出發的陳映真、王拓,以本土論是尚的葉石濤,甚至打著中華文化復興的官方論著,都對現代主義怒目相向。而征服「現代」的良方,端在「寫實」。寫實意味著以藝術反映人生,以人性深度凌駕虛浮形式,以鄉土及民族大義召喚個人回歸。〔註69〕

〔註68〕 呂正惠:〈七、八○年代台灣鄉土文學的源流與變遷——政治、社會及思想背景的探討〉,收入陳大為、鍾怡雯主編《20世紀台灣文學專題Ⅰ:文學思潮與論戰》,頁 274。

〔註69〕 王德威:〈國族論述與鄉土修辭〉,收入王德威:《如何現代,怎樣文學?》,頁 165～166。

對現代主義的功過評判，此際雖針鋒相對但仍未能加以蓋棺論定，但社會寫實的文藝思潮所趨，已經漸成共識而儼然躍居於主流，亟思揚棄現代主義的虛無與個人內心探索，甚而是所謂菁英主義的取向，所以陳映眞、尉天驄、王拓等人戮力要喚醒知識分子的人道關懷，並且以文學創作方式，肩挑起改革社會的責任，於是，王拓乃以〈是「現實主義」文學，不是「鄉土文學」〉爲題形諸論述，即可見端倪，並且力陳自 1970 年以來，「由於客觀環境的刺激和教育下普遍覺醒的民族意識，和普遍提高的社會意識所要求、所期待的，正是這種文學」〔註 70〕，肯定地主張文學要反映社會，也必須反映社會。

1975 年蔣介石去世，翌年毛澤東也過世，宣告了兩岸強人政治的沒落，造神運動不再；在大陸，「四人幫」遭逮捕審訊，文化大革命結束，並著手進行改革開放的規劃；而在台灣，蔣經國展現開明作風運籌接班，兩岸的威權體制似乎都有漸趨鬆動之勢。就在鄉土文學論戰前夕，1976 年楊逵的〈春光關不住〉，改題爲〈壓不扁的玫瑰〉，收入於國中國文課本，是本土文學作家的作品選編入教科書的首例，這一年，楊逵已經高齡 72 歲了；同時，鍾理和也在鄉土熱潮的發掘下，獲致「台灣鄉土文學之父」的殊譽，文學與政治場域的交相作用，在在均有其脈絡可循。然而，突出漸趨「軟性」的威權體制，比較具有本土意識代表性的論述，當屬葉石濤於《夏潮》刊出的〈台灣鄉土文學史導論〉一文，這是繼十餘年前刊於《文星》的〈台灣的鄉土文學〉（1965 年）之後，葉石濤更形具體完整的立論，論文著力於完整架構台灣文學的本土發展系統，企圖明顯。

葉石濤在文中考察台灣獨特的歷史發展脈絡，不但重申台灣文學具有「反帝、反封建」的寫實主義傳統，更標舉了「台灣意識」，以爲台灣作家無從絕緣於他所依存的土地，所以扎根現實的文學創作，反映的便是台灣社會的眞實，甚至於認爲台灣鄉土文學的傳統之所以形成，而且其內容是具有民族風格的寫實文學，就是因爲台灣作家懷抱著「堅強的現實意識」：

> 台灣一直在外國殖民者的侵略和島內封建制度的壓迫下痛苦呻吟；
> 這既然是歷史的現實，那麼，反映各階層民眾的喜怒哀樂爲職志的
> 台灣作家，必須要有堅強的「台灣意識」才能了解社會現實，才能

〔註 70〕王拓：〈是「現實主義」文學，不是「鄉土文學」〉，收入尉天驄主編：《鄉土文學討論集》，頁 119。

　　　　成爲民眾眞摯的代言人。唯有具備這種「台灣意識」，作家的創作活
　　　　動才能紮根於社會的現實環境裡，得以正確地重現社會内部的不
　　　　安，透視民眾性靈裡的悲喜劇。〔註71〕

　　其所謂「堅強的現實意識」，即是「台灣意識」，指涉的定義範圍，其實
就是從台灣本土出發，一如游勝冠所言，是以台灣爲座標所建構的「台灣鄉
土文學論的本土化理論」〔註72〕，若是再回顧 1930 年代日據下第一次鄉土文
學論戰時，黃石輝所提出的「鄉土」，究其實指稱的便是「台灣本土」的事實，
這也已如前文的探討，若於此再加以兩相比較，似乎也呈現如映照的倒影般
彷彿，差異的僅是「鄉土」、「本土」與「台灣」的名實之辯而已。歷史的縈
迴，當眞是持續地進行。

　　然而，「台灣意識」一詞，或多或少都觸動了懷抱大中國中原意識人士的
敏感神經，不管是代表官方的「現代派」，抑或是擁抱大中國意識的「鄉土派」，
但可確定的是，在「鄉土文學論戰」爆發的前夕，葉文發表之後，文壇明顯
地也就感受到山雨欲來的颯然風至。

　　於此不擬詳述論戰的過程，若爬梳 1970 年代「鄉土文學論戰」兩造的矛
盾分歧，或許可以理出千緒萬端，但若是簡約加以概括，則援用彭小妍的角
度，應該是恰當的方式分析：

　　　　就兩派作家本身藝術理念上的分歧而言，基本上是「爲藝術而藝術」
　　　　（現代派）或「爲人生而藝術」（鄉土派）的爭議。這是無論中外文
　　　　學史上，每隔一段期間必然周而復始的辯論，而這類辯論的顯現，
　　　　多半和政經文化轉型或產生危機感有密切的關聯。〔註73〕

　　政經文化轉型與危機感，正是 1970 年代台灣社會所遭逢的試煉，失衡的
社會經濟發展，外交困境的危機，同時也來到威權體制開始鬆動的當口，當
統治階層不能再全面利用論述來宣示權力的合理性時，人民的主體性就漸次
浮現，不同的意識型態就有了缺口，台灣意識遂也就慢慢流洩而出，所以李
豐楙認爲鄉土文學論戰在表面上是對鄉土文學本質的辯論，但其實「也爲文
壇的官方（掌握權限）、在野（爭取權利）兩條路線進行了檢討，它預示了一
個威權統治的即將終結、也預告一種新生力量將迫使多元而開放的社會即將

〔註71〕葉石濤：〈台灣鄉土文學史導論〉，收入葉石濤：《台灣鄉土作家論集》，頁 9。
〔註72〕參見游勝冠：《台灣文學本土論的興起與發展》，頁 305。
〔註73〕彭小妍：〈台灣七〇年代鄉土文學論戰〉，收入宋光宇編：《台灣經驗（二）——
　　　　社會文化篇》（台北：東大，1994，7月）頁 66～67。

來臨」〔註74〕，因此，觀察「鄉土文學論戰」過程裡，就文藝創作理念的層面而言，是無從藉由論辯而獲致妥協共識的，因為這無關邏輯上的是非對錯；綜觀論戰過程中，是其所是、非其所非的諸多論述，對於迥異的美學主張，平心而論在探討的比例上是相對較少的。例如彭歌在論戰過程中，站在檢討「鄉土文學」的立場，就美學主張所提出的意見，不可不謂之中肯：

> 文學作品之能用來作為政治思想、社會主張，甚至宗教教義的傳播
> 工具，古今中外屢見不鮮。然而，這種社會影響並不是評鑑高下的
> 唯一標準，也不是作家心目中的唯一任務。他更關心的，毋寧首先
> 是對作品的忠誠和完美的要求。〔註75〕

反映與批判，本非是文學創作的唯一訴求，文學誠然是藝術的一環，藝術的追求包含眞、善與美，但如是就文學層面所做的討論，在煙硝的論戰過程中，卻逐次淡薄，觀察批評「鄉土文學」的代表性文章標題，從銀正雄〈墳地裡哪來的鐘聲──從王拓的一篇小說談起，兼爲「鄉土文學」把脈〉起，到朱西甯〈回歸何處？如何回歸？〉與彭歌的〈不談人性·何有文學〉，及至到余光中的〈狼來了〉，儘可略窺一二；而在內容上，朱西甯認爲曾被日本割據半個世紀的「鄉土」，懷疑其「對民族文化的忠誠度和精純度如何？」〔註76〕這無疑是又一次露骨地指摘了台灣人民因殖民所背負的原罪，民族意識與國家觀念都同時遭到了質疑；余光中則直接以階級鬥爭工具性的「工農兵文藝」，指控鄉土文學作品的政治目的，甚而有語帶威嚇的「抓頭」云云〔註77〕，多是偏離美學層面的探討之外，而盡是意識型態的表達，甚至是以「非我族類，其心必異」的手法加以畫分，因此，在論戰中對「鄉土派」積極指控的論述心態，蕭阿勤就如是看待：

> 眞正讓這些指控者不安的，與其說是鄉土文學的地域主義，不如說
> 是這些作品對既存社會經濟體系的批判。對國民黨政府而言，這些
> 批判和三〇年代中國左翼作家的批評都同樣有害，理由在於它們挑
> 戰了國民黨的統治權威，尤其是在國民黨政府與中華人民共和國對

〔註74〕 李豐楙：〈台灣鄉土小說中的社會意識變遷──60、70年代鄉土小說的主題：貧窮、命運與人性〉，收入龔鵬程編：《台灣的社會與文學》，頁172。
〔註75〕 彭歌：〈不談人性·何有文學〉，收入尉天驄主編：《鄉土文學討論集》，頁261。
〔註76〕 朱西甯：〈回歸何處？如何回歸？〉，收入尉天驄主編：《鄉土文學討論集》，頁219。
〔註77〕 參見余光中：〈狼來了〉，收入尉天驄主編：《鄉土文學討論集》，頁266～267。

峙的時刻。〔註78〕

其戒心就恍若重新再現國共內戰失敗，國府轉進來台之初，對左翼文學寫實主義的忌諱一般，聞「左」而色變，所以陳正醍認爲，鄉土文學裡受攻擊的「地域褊狹性」實是次要因素，主要因素是針對「鄉土文學的變質」中增強的社會批判性，「是針對富有批判精神的『現實主義』文學的攻擊，甚或是針對強調文學的社會責任的『使命文學』、『社會文學』的攻擊」〔註79〕，這當是入裡的看法。如是，則台灣文學發展歷程中，文學迭受非文學因素的干擾甚至制約，似乎同樣也是不斷縈迴重複的。

楊照從「政治經濟史的解釋」視角觀之，認爲鄉土文學論戰中「鄉土派」眞正想表達的，其實是「從政治經濟衍伸出的公平議題」：

> 「鄉土文學論戰」來自於政治經濟發展的背景，而且，至少從「鄉
> 土派」這邊參與其中的許多人，眞正想表達想討論的，本來就是政
> 治經濟議題，或說，從政治經濟衍伸出的公平議題。〔註80〕

甚而簡約而嚴峻地提出，論戰中有兩個最核心的價值，一個是「現實」，另一個則是「農村」，而「文學」並不在其中，「整理『鄉土文學』這邊陣營的意見，就會發現其眞正的共同關懷，乃在於農村的現實」〔註81〕，農村凋敝現實之所以成爲鄉土文學關注焦點的原因，已如上述，但其所謂兩個核心價值其一是「農村」的見解，卻存在討論的空間，以親上論戰火線的王拓而言，作品乃是以漁村爲背景，楊青矗的小說，就聚焦在工廠裡的勞工身上。儘管如此，如楊照所言，「鄉土文學論戰」最終是偏離文學層面的爭論，卻也是不爭的事實。

蔡明諺也認爲，若以這樣的視角觀察，則論戰眞正的關鍵，從來就不是文學的問題：

> 這場論爭中，經濟和政治的因素（包括認同問題），始終超越文學，
> 而引導著討論的進行。從現代詩論戰到鄉土文學論戰，特別是七○
> 年代後期，所謂「文學」已經變成了抽象的政治隱喻。〔註82〕

〔註78〕蕭阿勤：《重構台灣：當代民族主義的文化政治》，頁 152～153。

〔註79〕陳正醍著、陳炳崑譯、曾健民校訂：〈台灣的鄉土文學論戰（1977～1978 年）〉，收入曾健民編：《台灣鄉土文學‧皇民文學的清理與批判》，頁 167。

〔註80〕楊照：〈爲什麼會有「鄉土文學論戰」？一個政治經濟史的解釋〉，收入楊照：《霧與畫：戰後台灣文學史散論》，頁 211。

〔註81〕同註 80，頁 212。

〔註82〕蔡明諺：《燃燒的年代──七○年代台灣文學論爭史略》（台南：國立台灣文學

　　因此，1970 年代鄉土文學論戰所凸顯的意義，顯然就已經不只是局限於文學藝術上的追尋探究了，恰如 1930 年代的鄉土文學辯證一般，但其差異處，在於政治隱喻投射的對象不同，諸般造成形格勢禁的客觀環境因素也已然轉換，但卻同樣可以發現，兩者在訴求於以台灣主體性出發的意識，每每呼之欲出，導引著台灣作家書寫的方向與創作型態，所以，在鄉土文學論戰過程中，逐漸加重的「台灣意識」，便在政治上 1979 年的「美麗島事件」後，快速轉移深化，由「鄉土文學」再進一步朝「台灣文學」的名義落實，並且象徵了本土政治正確性的文藝創作指南，當然，這是進入 1980 年代以後的發展了。這雖是「後」見之明，但卻也宛然貼近台灣文學發展歷史的真實。

第三節　鄉土意識下的農民小說

　　1970 年代以後在回歸鄉土的熱潮下，台灣主體性的追尋方興未艾，文學場域裡著重於台灣文學歷史記憶的重構工作，也默默地進行著，1976 年張良澤編輯的《鍾理和全集》出版，《吳濁流全集》、《王詩琅全集》也於 1977 年成書，而以台灣歷史發展為敘述軸線的「大河小說」陸續出現，繼鍾肇政的《台灣人三部曲》於 1977 年 1 月連載完畢後，1978 年 1 月李喬《寒夜三部曲》接續開始連載，同年 3 月李南衡《日據下台灣新文學・明集》出版，7 月，由葉石濤、鍾肇政主編的《光復前台灣文學全集》（小說 8 冊）也問世，在此鄉土氣息濃郁的時代氛圍裡，清楚地看到客觀環境的變遷與文學場域的交互作用，一方面藉由回顧，另一方面也透過創作，同步地呈現關懷社會與反映現實的文學精神內涵，作品廣泛地書寫 1970 年代台灣社會低下階層的小人物困境，而「庶民關懷」的創作取向在鄉土意識導引下，除了漁、工場域與諷刺「殖民經濟」之外，觀照農村結構發生質變與農村經濟凋敝的農民小說，或許是此一時期本色當行的創作類型。

　　虛構性的小說摹寫，依憑的是外在客觀環境架設的背景真實，而 1970 年代台灣農村社會與農民處境的真實，是台灣經濟轉型後感受到日益嚴重的「相對剝奪感」，李喬、鍾鐵民與鄭清文等小說家，在進入 1970 年代以後，持續有相關農村社會題材的作品出現，年輕一輩的作家如洪醒夫、宋澤萊、吳錦發、東年等人，也都在這一時期開始追問造成台灣農村社會窮敗的成因，小

館，2012 年 11 月），頁 313。

說題材包含有離農就工、耕地買賣、農商對立、產銷制度、工業污染與農民意識的堅持等，不一而足，但同樣都具有洞見農業發展困境的作用，紀錄了農鄉在工商經濟成長後所受到的侵逼與衝擊，更批判制度失卻公平正義，農鄉成為新經濟結構體中階級剝削的受害者，檢討了國家整體經濟建設策略的偏差，藉由反映現實的具體指陳，形成反省甚或質疑的作品精神，並且勾勒出台灣社會在經濟急遽發展下失衡的面貌，經營出鮮明的書寫語境，同時也呈現著知識分子的人道關懷。

一、工商擠壓與侵逼下的農村浮世繪

1970 年代伊始，急遽發展的工商業，對於務農所得相對偏低的農村社會，持續造成擠壓，不僅吸納農村人力資源，因為工業擴張對土地的需求也日益增加，而在考量提供工商生產環境有利條件，遂在刻意平抑物價的政策導向下，農產品的價格被迫維持在「合理」的低價範圍內，但是肥料、農藥等農用品價格卻持續攀升，且農業勞動力的不足，也導致僱工費用的支出增加，生產的成本盡皆大幅提高，農業經營所得便日趨萎縮，農村經濟也欲振乏力。李喬發表於 1973 年的〈心事〉中，就陳說了農村所面臨的典型難題，人們即使願意待在農鄉，留在耕地，但現實的壓力卻令人卻步：

> 我愛鄉村，我的身上流著祖父、父親那種滿是田園味的血液，可是那
> 四五分水田不可能養活父母和自己三兄弟；更何況我還得結婚生子！
> 大家都說，而事實也是這樣：「沒出息的人才留在鄉下！」〔註83〕

選擇務農營生已經與「沒出息」劃上等號，農村留不住年輕人，絕大多數都亟欲脫離翻掘田土的日子，「甘願夫婦去工廠做工，也不願沒日沒夜地挑水澆糞！」而且「夫婦都上工，比耕兩甲半的上則田收入還要多」〔註84〕。李喬〈秋收〉裡，年輕人甚至勸說長輩，與其雇工割稻，還不如「讓稻穀落掉還划得來！」，訴盡農作所得偏低，與城鄉差距漸次拉大的現實：「媽，您不曉得，阿明他們在外賺回的工資比耕田的利益強多啦！人工太貴，妳——妳弄不清楚的」〔註85〕，不無對老一輩仍只執著於耕種土地獲取報償，昧於

〔註83〕 李喬：〈心事〉，參見「台灣客家文學館・客家文學作家群・李喬」。上網日期：
　　　　 2013.7.28，網址：http://cls.hs.yzu.edu.tw/hakka/author/li_qiao/default_onlin.htm
〔註84〕 同註 83。
〔註85〕 李喬：〈秋收〉，參見「台灣客家文學館・客家文學作家群・李喬」。上網日期：
　　　　 2013.7.29，網址：http://cls.hs.yzu.edu.tw/hakka/author/li_qiao/default_onlin.htm

現實的執拗，而有所埋怨。所以，李喬在〈果園故事〉裡，便藉由一個無心繼續完成農校學業的學生，千方百計要逃離農家的心聲，去凸顯務農對年輕人而言，已如痛苦的夢魘，也是百般不願去承受的重擔：

> 他說：大哥在外經商多年，最近二哥也進工廠了；家裡有一甲多田地，他如果不躲開，畢業後就註定一輩子在家耕種了。〔註86〕

李喬如是內容的小說作品，於1970年代初期陸續出現，深刻地反映了台灣農村社會在工商經濟發展下受到了擠壓與侵蝕。離農就工的人不斷增加，年輕人爭相背井離鄉，只因為農業實在難以盼到真正的春天，及至1978年鍾鐵民的〈祈福〉，透過主角內心的茫然意念，更說明了務農所得的未見起色。在故事中坦言農家雖擁有一定面積的耕地，卻始終沒能擺脫貧窮：「父親耕種七分多的雙季水田，在本鎮有這樣一塊土地的人算是不錯了，但是從他懂事以來，他們家便一直是老樣子」〔註87〕，所以為人父者念茲在茲的，是希望主角能考取大學，畢業後能另覓務農以外的穩定工作：

> 你看你大伯二伯家都有人吃月俸，收入十分穩定，你看人家生活比我們好多少！有一個吃月俸的人，抵得上你耕一甲田，就是教書也有八千多元收入，每個月可以買二千斤乾穀，不要施肥噴藥。我們耕種人家如果有你去吃月俸，那麼我就不必再發愁了。你要好好打拚。〔註88〕

故事情節在在揭露了辛勞務農所得，不僅早已不及一般上班族，甚至是工廠女性作業員的薪資，這實因為逐日墊高的生產成本，吞噬了難以提高的產值，鍾鐵民在〈田園之夏〉裡計算了種稻的投資報酬率：「大家都說水稻是不能再蒔了，算算成本、農藥、肥料、人工和水利費，即使像古家這樣上好的良田，便是有十成的收穫也所得有限，連一個女工的收益都不如」〔註89〕，說明了農家即使擁有上好良田，都已經無法賴以維生；類似的收支損益斟酌，

〔註86〕李喬：〈果園的故事〉，參見「台灣客家文學館‧客家文學作家群‧李喬」。上網日期：2013.7.25，網址：http://cls.hs.yzu.edu.tw/hakka/author/li_qiao/default_onlin.htm

〔註87〕鍾鐵民：〈祈福〉，引文見「台灣客家文學館‧客家文學作家群‧鍾鐵民」。上網日期：2013.7.25，網址：http://cls.hs.yzu.edu.tw/hakka/author/zhong_tie_min/default_onlin.htm

〔註88〕同註87。

〔註89〕鍾鐵民：〈田園之夏〉，引文見「台灣客家文學館‧客家文學作家群‧鍾鐵民」。上網日期：2013.7.25，網址：http://cls.hs.yzu.edu.tw/hakka/author/zhong_tie_min/default_onlin.htm

也出現在吳錦發的〈出征〉裡:「一季稻子收成下來,扣掉農藥錢、肥料錢、人工錢,再納水租田賦還剩下多少?」〔註 90〕,真正所得已是寥寥無幾,一樣都表達了憤恨不平與不解:

> 稻子割得好,一個月勉強賺個二千塊錢,二千塊呀可不是二萬塊,
> 屄──隨便一個女工一個月也賺這兩三倍的工錢,賺這兩千塊還不
> 簡單呢!還得看運氣,一旦稻子稍微有蟲病就要虧本……〔註91〕

農民如是深重的「相對剝奪感」,來自於肥料換穀、產銷制度、小農局限等諸多因素,但追根究底,仍是在於經濟政策的嚴重偏斜,當局對農業發展與農民的漠視,以及長期只著重於「以農業培養工業」策略的後果,一如前文的分析,而為作家所一一暴露。所以,鍾鐵民利用小說裡老農的話語表達沉痛──「我們老的沒辦法了,你們年輕的要出去發展,農村不能留了」〔註92〕,可見農村勞動人口大量流失,本就與農業收益持續低迷互為因果,並且衍而為惡性循環,致使農村人力漸趨老化,這些現象的陳述,在李喬、鍾鐵民、吳錦發等作家的農民小說中,實是屢見不鮮,也是 1970 年代台灣農村社會的凋零寫照。

農作物價格無法攀升,所以當時農村也競相飼養豬隻以為副業,因為具有外銷市場行情,同時配合政府的大力推廣〔註93〕,「飼大豬賺大錢」的口號一時蔚為風行。吳錦發的在〈烤乳豬的方法〉中,藉由豬牯嫂的叨叨絮絮,可見其斑:

> 子女長大了隨他們出去開創自己的天地,他們都是不喜歡種田的,
> 那麼就自己來種,收成不夠人工錢,就自己養幾圈小豬仔來貼補,
> 土地種了幾代人了,總不能說不要就不要……〔註94〕

〔註90〕 吳錦發:〈出征〉,收入高天生編:《台灣作家全集・短篇小說卷・戰後第三代:13・吳錦發集》(台北:前衛,1992 年 4 月),頁 46。

〔註91〕 吳錦發:〈出征〉,收入高天生編:《台灣作家全集・短篇小說卷・戰後第三代:13・吳錦發集》,頁 51。

〔註92〕 鍾鐵民:〈田園之夏〉,引文見「台灣客家文學館・客家文學作家群・鍾鐵民」。上網日期:2013.7.25,網址:http://cls.hs.yzu.edu.tw/hakka/author/zhong_tie_min/default_onlin.htm

〔註93〕 民國 60～68 年間可謂為養豬政策之發展階段;政府不但積極籌設養豬專業區,鼓勵增產,更在 64 年開始辦理種豬登錄及種豬性能檢定,並大幅引進洋種豬,推動三品種雜交生產方式及採用商用配合飼料養豬。見黃清松:〈台灣養豬事業之演變〉,《中國畜牧雜誌》第 27 卷第 8 期(2006 年 10 月),頁 65。

〔註94〕 吳錦發:〈烤乳豬的方法〉,收入高天生編:《台灣作家全集・短篇小說卷・戰

似乎可見農村裡豢養豬隻，於其時當是再自然不過的副業，想必是能帶來一定的收益，得以貼補家用；就在農家紛紛跟進群起仿效之後，終因宣導不足以及產量過剩，也因為產銷制度的不健全，於1979年爆發豬源嚴重過剩及豬價暴跌的危機〔註95〕，鍾鐵民的〈田園之夏〉也適時寫出了反映，並且暗諷了政府輔導單位或農會，對於無法獲知或判讀相關資訊的農民，始終缺乏同理心：

> 古進文想起昨天時報上的一個大標題：「商情充耳不聞，閉門猛養毛豬，如今價賤叫苦不迭，有關單位扼腕嘆。」實不由得他不苦笑起來，像自己和阿吉這些人，只知道耕田就要兼養豬，自古以來便是這樣，想多賺就要多養，誰去為他們打聽商情呢？又到那裏去打聽呢？好好的外銷的路子會斷掉，即使虧本虧得兩眼含淚，卻也仍是莫名其妙。〔註96〕

農民與農村社會感受日深的「相對剝奪感」，即是如此累積下來的。然而，就在「豬」賤傷農重創農村之際，旋即又遭逢第二次石油危機，導致萬物齊漲，當然也包含養豬飼料，但生產過剩的豬隻價格，則是例外，所以在〈烤乳豬的方法〉裡，農民破口大罵了：

> 飼料這麼貴，沒良心的，豬價跌了飼料還猛漲價，說什麼石油漲了飼料不漲不行，那為什麼單單豬價不漲，╳──這些商人，都是在用屁股說話！〔註97〕

農民不願賤價拋售，而讓豬販予取予求，但是價格高漲的飼料卻日復一日啃蝕著農民的生計，於是，農民竟爾鬥氣般地將辛苦圈養的豬隻，放生至野地，任其自生自滅，憤恨地咒罵：「種禾，米落價；養豬，豬落價；╳，我就扛去放生，要衰大家一起衰！」〔註98〕當真也如同鍾鐵民在〈田園之夏〉裡所表達的──「農家做什麼都要碰運氣，運氣好，養豬碰上好價格，種水

後第三代：13・吳錦發集》，頁22。

〔註95〕參見黃清松：〈台灣養豬事業之演變〉，《中國畜牧雜誌》第27卷第8期（2006年10月），頁65。

〔註96〕鍾鐵民：〈田園之夏〉，引文見「台灣客家文學館・客家文學作家群・鍾鐵民」。上網日期：2013.6.13，網址：http://cls.hs.yzu.edu.tw/hakka/author/zhong_tie_min/default_onlin.htm

〔註97〕吳錦發：〈烤乳豬的方法〉，收入高天生編：《台灣作家全集・短篇小說卷・戰後第三代：13・吳錦發集》，頁26。

〔註98〕同註97，頁28。

果也碰上好價格,運氣不好,那是自家倒霉」〔註99〕,所以吳錦發才以〈烤乳豬的方法〉為題,敘說豬牯嫂的嗟嘆與無奈,終將自己疼惜有加的小乳豬,在故事情節中交予兒孫輩宰殺燒烤,以至於傷心欲絕幾近崩潰。如是農民小說內容的構設,當然已非獨反映現實而已,直是批判。

緊接著,吳錦發的〈出征〉故事裡,中年的父親在頹然感到農業無望後,無奈地選擇離開耕地,甚且是遠離家國,積極要跟隨建築公司的工程隊到阿拉伯去打拼,於臨上飛機前夕,藉著酒意,一任長久積鬱的憤恨爆發開來:

> 看看我們這個山坳,這個陰暗沒希望的山坳,我們還留戀什麼?年輕人都走光了,剩下我們這些戇樹頭,還迷信這塊田地可以挖出黃金嗎?銀麼?〔註100〕

所謂「安土重遷,黎民之性」,但農民之所以無奈地選擇遠赴異域,實在是出於中年走投無路,除了出賣勞力的工作之外,又別無一技之長,雖然,曾經仰賴維生的土地,原本是有著那麼神聖的意義:「我如此地安分抓泥卵用心血來灌溉它,是因為我一直相信沒有這塊土地就沒有我,就沒有我的後代,就沒有一切……」〔註101〕素來根深蒂固的土地觀,已然扭曲變異無法再能抱持,傳統的農民意識被摧毀殆盡。在故事最終,作家將被迫流落異域的父親肩上所扛的鋤頭,在意象上幻化成槍枝,竟爾有著如是形容——「威武的形象就像戰士——一位即將出征的戰士」〔註102〕,以此扣緊小說篇名的「出征」,但是,在悲情盡洩的農業輓歌終章裡,「戰士」、「出征」等雄豪語彙,帶來的閱讀感受,實令人有突兀之感,或許小說順理而成章的譬喻,應是由農村戰場上鎩羽而歸的殘兵敗將才是。

究其實,整體台灣農業與農民的潰敗,非兵不利,戰不善,其弊在於整體主客觀因素造成的擠壓與剝奪,實應屬非戰之罪。值得觀察的是,吳錦發在〈出征〉裡,將農業的窮途末路,務農毫無願景可期的窘態,表述得淋漓盡致,甚至是帶著明顯批判意識的創作取向,在鄉土意識高漲的1970年代裡,頗見鮮明的作品特色,甚至藉由老農勃發的火氣,表達了憤慨:

〔註99〕 鍾鐵民:〈田園之夏〉,引文見「台灣客家文學館‧客家文學作家群‧鍾鐵民」。上網日期:2013.6.13,網址:http://cls.hs.yzu.edu.tw/hakka/author/zhong_tie_min/default_onlin.htm
〔註100〕 吳錦發:〈出征〉,收入高天生編:《台灣作家全集‧短篇小說卷‧戰後第三代:13‧吳錦發集》,頁45。
〔註101〕 同註100,頁50。
〔註102〕 同註100,頁53。

你們這些後生仔，你們這些沒血沒目屎的，要滾通通給我滾出去，

田地沒人耕，我老貨仔會耕，會耕死我做鬼也要在這裡。〔註103〕

　　農業與農民遭逢的挫敗，不僅在農家世代之間形成矛盾，甚至牽連年輕人的擇偶問題。除草施肥，日曬雨淋，勞苦挖掘田土卻仍一窮二白的農村從業，已經使得鄉里年輕的一輩，避之唯恐不及，而脫去農村的樸拙進而穿戴城市的光鮮，更令年輕人趨之若鶩，所以李喬〈心事〉裡安排戀人被迫分手的情節，肇因在於女方家長堅決反對女兒與只能耕田養魚，「沒出息」的男方交往，儘管男方新近才購得一口池塘〔註104〕。而在〈歲月如流〉中，李喬也一樣經營了農村這樣窘迫的現實，同時道出了老農婦為人母的忡忡憂心：

兒子的婚姻是她多年來沈甸甸的心事，日思夢想解不開摔不掉的大

結。兩個跨過三十大關的鄉下人，憑一塊祇能種蕃薯的旱田，誰家

姑娘願意來受罪？近年本省工商業發達，生活水準日高，大家都往

都市湧去；看樣子他們得光棍當到底。〔註105〕

　　所以，在1970年代，台灣農村社會裡呈現的各種面向，不僅只是農業經濟日漸崩壞，連帶使得傳統農業社會世代所謹守的價值觀，在受到工商社會的功利心態強勢影響下，也同時面臨瓦解。因此，同樣是為人母對子嗣婚姻的憂心，也萌生在鍾鐵民的〈田園之夏〉，故事裡老母親樂見么兒古進文軍中退役回來後，有心繼承祖業將擴充規模並發揚光大，而在傳統觀念驅使下，更是積極地要為兒子訂下終身大事，以了卻心願。但老母親不解的是，經過多次的介紹和相親，「一聽知古進文留在家裏沒有出去的打算，大都嚇得不敢再談」，簡直是氣壞了老身：

她真不相信社會真的已經改變，憑古家的屋舍田產，憑兒子的人才

相貌，居然會連續遭遇到失敗，而理由全是古進文在家沒職沒業。

家裏兩甲多土地要耕管經營，莫非也是浪蕩無業嗎？〔註106〕

〔註103〕吳錦發：〈出征〉，收入高天生編：《台灣作家全集・短篇小說卷・戰後第三代：13・吳錦發集》，頁47。

〔註104〕參見李喬：〈心事〉，參見「台灣客家文學館・客家文學作家群・李喬」。上網日期：2013.7.28，網址：http://cls.hs.yzu.edu.tw/hakka/author/li_qiao/default_onlin.htm

〔註105〕李喬：〈歲月如流〉，參見「台灣客家文學館・客家文學作家群・李喬」。上網日期：2013.7.28，網址：http://cls.hs.yzu.edu.tw/hakka/author/li_qiao/default_onlin.htm

〔註106〕鍾鐵民：〈田園之夏〉，引文見「台灣客家文學館・客家文學作家群・鍾鐵

可見農本主義的崩壞，傳統農民意識漸漸流失，已然是今非昔比，甚至於農民與土地的關係，或說是土地之於農民的意義，也產生了明顯的變化。1970 年代以後，農業與土地都不再具有「神聖性」了，當農業已不是生活的方式，而只是謀生的手段，自當脫離不了現實生活壓力的比較，而趨向於尋找更好的謀生途徑；土地若已經不再有根植生命的存在意義，則傾向於商品化，也取得合理性，則兩者也都漸趨「世俗化」了。因此，李喬的〈庚叔的遠景〉裡，「收成怎麼好，也比不上論坪賣呀！」〔註107〕語氣顯得理直氣壯，似乎是無庸置疑的認定，若是相較於傳統農業社會的土地意識，如是話語不免令人驚異，挾帶著競逐利益的市儈心態。

再看東年在〈青蛙〉裡的修辭，對於工商業逐日蓬勃後商品化的土地，加以轉化也一併淪為財富的競逐者：「土地也瘋狂起來，不像她一向的寧靜，狂歡地張開懷抱向它吶喊：來吧！來吧！」〔註108〕因為土地重劃與地目變更，耕地成為工業用地或建地，不管是經濟建設下的土地需求，抑或是政客財團攜手的利益炒作，都已經使得農村的耕地大幅地遭到併吞與割據，所以，東年讓故事主角無奈卻帶著悵惘地意識到：

> 我一定要對這片田地開刀，不是從譚的開始就是別的開始，何況我
> 不來的話，別人也會來。我很難說這是社會變遷的強大意志領先，
> 或者單一的個人衝動的向量組合，總之，我們的名目在前者的系統
> 裡是無能自主的奴才，在後者之內則是被迫的鬥獸者。〔註109〕

工商的繁榮、時代的趨勢與人心的不古，交會激盪而成的漩渦，令人身陷其中而無法脫身，同時工業化進程裡所謂的「文明」，也漸次進逼農村社會，東年在〈構不著的圓〉中，以綿密冷酷的現代主義筆調，訴說著這樣的難堪：

> 土地重劃後，河填了，樹林剷除，街市裸露他的妖騷，喧鬧地侵佔，
> 可惡地伸展灰揚的公路，霸道地截斷荷塘和另一頭的城市勾搭，然

民」。上網日期：2013.6.13，網址：http://cls.hs.yzu.edu.tw/hakka/author/zhong_tie_min/default_onlin.htm

〔註107〕 李喬：〈庚叔的遠景〉，參見「台灣客家文學館‧客家文學作家群‧李喬」。上網日期：2013.7.28，網址：http://cls.hs.yzu.edu.tw/hakka/author/li_qiao/default_onlin.htm

〔註108〕 東年：〈青蛙〉，收入高天生編：《台灣作家全集‧短篇小說卷‧戰後第三代：5‧東年集》，頁48。

〔註109〕 同註108，頁48。

後向裏緊縮扼殺的環節。農人紛紛地把祖傳的土地讓給不相干的貪
婪的陌生人，同時，分期地在簽約上出賣他們的子女。〔註110〕

　　對連絡城市與農鄉之間道路的開闢，迺以「勾搭」一詞傳遞作家的鄙夷，不屑於農鄉的淳厚人情與樸拙風物，也隨著貪婪的世情而扭曲變形，小説語言細緻深沈，卻傳遞著作家複雜的感觸；或許，作家也悲憫著因現實環境壓迫的農民，棄守珍視作物回饋所扎根的土地，而任其淪為商業化自由市場的商品，因而，謹守服膺的勤儉、刻苦、堅忍、知命、惜福等根深蒂固的美德，也隨著土地意識的流失，而漸次淡薄，一如作家的語重心長：「土地上原有一些古老的、智慧的可依托的法則和訓誡，我們的祖先遵循且力行地證明祂的珍貴和眞實」〔註111〕，然而時代的巨輪，卻無意聆聽這些微弱的絮語，兀自絕情地持續碾壓這一片雞犬桑麻。當眞是時勢所趨？再看看李喬在〈心事〉裡藉年輕主角離開農村，所表達的無奈：

　　　　這是沒辦法的。這是潮流。青青的山坡地，綠綠的田野，被無數巨
　　　　型會噴煙霧的怪物慢慢吞噬了；這是不可抗拒的宿命發展。我就和
　　　　大群的年輕人一樣，湧進都市，湧進工廠來。〔註112〕

　　代表工業發展的巨型煙囪，已經逐步進逼農村社會的領域，東年就毫不客氣地加以嘲仿：「煙囪像巨大的陽具，躍躍欲試地準備加入對自然的姦淫」〔註113〕，露骨地以玷污女性的暴行，譬喻了農鄉慘遭蹂躪的茫然無助。

　　工商業社會爲農鄉帶來異質的轉變，除了土地世俗化與農業勞動力的流失之外，工廠排放的廢水，也開始污染了耕地的灌溉水源，吳錦發的〈堤〉，對於工業廢水造成耕地嚴重的戕害，應是同時期農民小説作品中最大篇幅的描寫。小説故事娓娓敘説著，自從河岸邊接連建蓋了幾座造紙工廠以後，也就改變了美濃溪的景觀，工業廢水致使溪水不再清澈，因而「窒息了美濃溪的生機」：

　　　　近年來沿著河岸必須靠美濃溪的河水灌溉的農田，農作物常發生
　　　　一些莫名其妙的病害，整片稻子突然地幾天之內就枯萎了；美濃

〔註110〕東年：〈搆不著的圓〉，收入高天生編：《台灣作家全集·短篇小説卷·戰後第三代：5·東年集》，頁29。

〔註111〕東年：〈搆不著的圓〉，收入高天生編：《台灣作家全集·短篇小説卷·戰後第三代：5·東年集》，頁31。

〔註112〕李喬：〈心事〉，參見「台灣客家文學館·客家文學作家群·李喬」。上網日期：2013.7.28，網址：http://cls.hs.yzu.edu.tw/hakka/author/li_qiao/default_onlin.htm

〔註113〕同註111，頁33。

溪,這條美麗的大地的血脈,現在已隱隱然可以聽到她的嗚咽了。
〔註 114〕

　　吳錦發這一篇作品發表於 1970 年代之末的 1979 年,至於此際,農地因爲污染而造成土地休耕或廢耕的面積,已經日趨擴大,前文曾加以論及,作家的農民小說相應現實而發的創作意識,自有其脈絡可尋。

　　縱然,因爲農工的失衡發展,工業持續對農業與農村造成擠壓與侵蝕,台灣整體經濟結構,在急遽轉型後所產生的傾斜變化,使得許多農民與農村年輕人被迫離開耕地另謀營生,或是變賣土地以求財富,但是在小說作品裡,依然存在著堅守土地意識的執著老農,與懷抱熱情與希望新一代農村子弟,不願隨著「世俗性」而沈淪,堅強而樂觀地扎根在土地裡。

　　李喬作品中一再沿用的角色稱謂——「鹹菜婆」,在小說〈秋收〉中,又化身爲兒孫成群的老農婦,一生勤墾於土地,認爲「稻穀無二心,祇有人虧它,它要下田上穀倉,擋也擋不住的」〔註 115〕,所以在整篇小說之中,充滿了鹹菜婆對土地的無限依戀之情,大有重新標舉土地「神聖性」的寫作企圖,但是面對子嗣無意繼續務農,甚至開始求售土地,而自身卻又老耄體衰,對終生依憑的土地遂有著萬般不捨,終至將希望寄託在小孫子阿良身上,期盼孫子能「愛水田,野地,稻穀,青菜這些,好嗎?喜歡它,就像阿婆小時候一樣」:

　　　　在隱約不可捉摸的心的底層,似乎在呼喚叫喊:這是最後的,這最
　　　　後的願望可不許失去。眼前阿良的形象霍地膨脹起來,成爲一個雙
　　　　腳柱地頭蓋頂天的巨人。這是我的小孫子,他一定是一個好農夫的。
　　　　我要造就阿良成爲最好的耕田人。她下最大的決心。〔註 116〕

　　似曾相識的故事主題,在黃春明於 1960 年代末期的〈青番公的故事〉裡已經敘說過,青番公也是企盼著要小孫子能延續土地的耕作,因爲「我知道他們不要田,只要你肯當農夫,這一片,從堤岸到圳頭那邊都是你的」〔註 117〕,而李喬在此也藉由鹹菜婆道出了同樣的心聲,喟嘆著土地意識漸趨淡薄的時

〔註 114〕吳錦發:〈堤〉,收入高天生編:《台灣作家全集・短篇小說卷・戰後第三代:
　　　　13・吳錦發集》,頁 62。
〔註 115〕李喬:〈秋收〉,參見「台灣客家文學館・客家文學作家群・李喬」。上網日期:
　　　　2013.7.29,網址:http://cls.hs.yzu.edu.tw/hakka/author/li_qiao/default_onlin.htm
〔註 116〕同註 115。
〔註 117〕黃春明:〈青番公的故事〉,收入黃春明:《青番公的故事》,頁 97。

代流變；但是不同於〈青番公的故事〉洋溢著樂觀積極的生命態度，〈秋收〉卻泛著悲觀感傷的情緒，即將秋收的一片黃金稻穗，在農村的黃昏裡，顯得落寞淒清。

鹹菜婆基於傳統的認知，無法苟同耕地移挪他用的動機與作法，若就糧食生產與自給而言，這也當是正面的看法，所以在面對子女的勸說時，內心不禁流洩了憤怒與不解：

> 「這是工業時代！工業，唔……」
>
> 知道知道。大家不用吃五穀的時代，吃鋼板，喝鐵釘，然後買大鐵線在二樓的鐵籬笆上吊頸！〔註118〕

細心的讀者會發現，在吳錦發的〈堤〉裡，老農與孫子之間，也出現了高度相似的對話：

> 「阿爸是說現在社會……可是現在工業社會……」
>
> 「工業社會又怎樣？工業社會的人就可以不吃飯，吃鐵釘、吃鐵板就可以生活嗎？騙鬼──。」〔註119〕

〈秋收〉發表於1972年，7年後的〈堤〉有著如是雷同之處，卻也同樣呈現著台灣農業社會在1970年代裡，有著農民意識的堅持，但也存有農家世代之間的矛盾。然而，值得注意的是，吳錦發〈堤〉中固執老農的外號曰「青蕃」，恰如黃春明〈青番公的故事〉裡的主人公，而兩位老農同樣也都歷經開墾土地的千辛萬苦，同樣懷抱根深蒂固的土地意識：

> 阿公是沒唸過書，但是阿公知道有土地就會有希望，以前這裡不都是一大片鵝卵石，我和你阿祖到這裡來開墾，一鋤頭一鋤頭還不是把它鋤成了良田。〔註120〕

或許，吳錦發如是創作，不無具有向前行代作家致意的想法，有著同樣關懷農民意識與農村社會變遷的用心，並傳承著農民小說的創作精神。

至於懷抱熱情投入耕種的新一代農村子弟，也是此時期農民小說出現的題材之一，顯示出雖然農家在遭逢社會變遷與世代交替之際，並非全然是衝突，或變趨於世俗化，仍有堅持傳統價值的精神存在。李喬〈果園故事〉裡

〔註118〕李喬：〈秋收〉，參見「台灣客家文學館・客家文學作家群・李喬」。上網日期：2013.7.29，網址：http://cls.hs.yzu.edu.tw/hakka/author/li_qiao/default_onlin.htm

〔註119〕吳錦發：〈堤〉，收入高天生編：《台灣作家全集・短篇小說卷・戰後第三代：13・吳錦發集》，頁63。

〔註120〕同註119。

本來是想方設法逃離繼承農業的阿雄，後來居然體認及務農才是自己的「本行」，並且不苟同於「湧進都市的那群農村青年，那種盲目的亂闖」〔註121〕，顯然無法接受對潮流的盲從，縱使時代變異至工商業社會，但也未必人人都要往都市進工廠，農業自應有其存在的必要與意義。在〈庚叔的遠景〉裡，年輕的新榮告訴爸媽，自己決定退伍後回鄉「好好經營我們的田」，並提出完善的規劃：

> 「我們的田面積小，種水稻划不來。我想開一口大池塘，養草魚，
> 和塘虱魚；草魚的糞給塘虱吃；另外養些乳牛，牛糞飼草魚。」
> 「大量養豬，以豬糞釀沼氣，沼氣可以導來煮飲，又可以發電。另
> 外我要把剩下的地全種上青菜！」〔註122〕

賦予新觀念，引進新作法，謹守家業，朝設定的願景與理想去努力實踐，這樣的年輕農人，也同樣出現在鍾鐵民的〈田園之夏〉，摒棄了只能成為工業生產線上的作業員一途，淪為機器般操作重複的動作：

> 「我有新的構想。舊的各求自給自足式的觀念必須改除，小農制一
> 定破產。但是我有兩甲多土地，如果我父親讓我放手試驗，我想留
> 在家裏。」他很有信心：「而且自己做主自由自在，總不會輸過在
> 工廠做人家的工人受人管理才對。」〔註123〕

回歸農鄉，扎根土地，同樣也是積極尋求生命定位，建立人生價值的途徑。而相近於此類題材的創作，頗值得一提的是鄭清文於 1979 發表的〈檳榔城〉，小說維持作家一貫難以界定流派的創作風格，但故事卻以農鄉年輕人篤守農業為主軸，兼而涉及逐步拉開的城鄉差距。

故事裡兩位畢業於農業相關科系的同班男女同學，各自出身於農家及城市，女生雖然進入農業學系，但是卻並非興趣所在，直到造訪男同學的農家並且親自下田「踏稻頭」，便處處左支右絀，顯得格格不入，充分說明了唯有

〔註121〕 李喬：〈果園的故事〉，參見「台灣客家文學館‧客家文學作家群‧李喬」。上網日期：2013.7.25，網址：http://cls.hs.yzu.edu.tw/hakka/author/li_qiao/default_onlin.htm
〔註122〕 李喬：〈庚叔的遠景〉，參見「台灣客家文學館‧客家文學作家群‧李喬」。上網日期：2013.7.28，網址：http://cls.hs.yzu.edu.tw/hakka/author/li_qiao/default_onlin.htm
〔註123〕 鍾鐵民：〈田園之夏〉，引文見「台灣客家文學館‧客家文學作家群‧鍾鐵民」。上網日期：2013.6.13，網址：http://cls.hs.yzu.edu.tw/hakka/author/zhong_tie_min/default_onlin.htm

真正親身體驗實際操作農事,方能理解箇中辛苦。無怪乎女生在火車上遙望男同學家園時,會只因屋宇與檳榔樹錯落的美麗景觀而將其名爲「檳榔城」,讀者也可以從男同學的反應,看出話語中的意有所指:「檳榔城,多美麗的名字!那是和某些水彩畫家所畫的農村景色一樣的美麗。但實際上……我倒希望你有機會來看看」〔註124〕,小說語言含蓄欲言又止,但農鄉的景致,田園的風光,呈現在畫家的畫布裡與旅人的目光中,都只能是美麗的外觀,卻無從看見「汗滴禾下土」的辛勞,這也反映了許多人對農鄉浮面而刻板的印象,同時,作家也藉由小說故事,標示出台灣社會在經過工商業發展後,城鄉之間所存在的,實際與無形的距離。

鄭清文這個故事並不是爲農村發聲,或許是要藉由都市人的眼光去觀看農鄉,試圖重新去撿拾傳統農業社會裡,那些誠篤樸實的生活態度,與濃郁溫暖的風土人情,卻已在現代化文明社會中被漸趨遺忘,但作家恪守「冰山理論」的創作理念,使得在海平面下的那一大塊冰山所包覆著的內容,仍有賴讀者去開鑿。但是在小說中,女主角在初初踏到田土時,作家以全知的觀點寫道:

> 她聞到泥土的味道,雖然它不曾聞過,也無法說明,但她知道那是泥土的味道。〔註125〕

略顯突兀的如是話語在此出現,或許作家要暗示的,是我們其實都原生自土地,只因世俗化而忘卻了父祖先輩傳承而下的土地意識,而綜觀以上所討論的農民小說,似乎也都具有如是探索的創作取向。

而當時序來到1970年代終了前夕,回歸「鄉土」的熱潮高峰已過,鄉土文學論戰也已經偃旗息鼓,但這些作品的持續出現,或許是作家們在面對新時代裡的爾虞我詐與冰冷世態之際,回頭觀照傳統農業社會裡孕育而出的價值觀與溫煦的人情,心中所要表達的緬懷與不捨,一如東年的話語:

> 鄉土中他們原會,以血或淚,緊密地連結;離開土地,他們變成散異地甚至於尖銳相對的個體。〔註126〕

〔註124〕鄭清文:〈檳榔城〉,收入鄭清文:《鄭清文短篇小說集·卷3——三腳馬》,頁160～161。

〔註125〕同註124。

〔註126〕東年:〈摸不著的圓〉,收入高天生編:《台灣作家全集·短篇小說卷·戰後第三代:5·東年集》,頁31。

二、農民意識神聖化的鮮活摹寫──洪醒夫

　　1982 年 7 月 31 日不幸因車禍殞命的作家洪醒夫，英年早逝僅得年 33 歲，遺留下來的作品，創作時間幾乎都集中在 1970 年代，而作家極具個人風格的農民小說，發表時間也多是處於 1970 年代回歸鄉土熱潮的時代背景下，設若以常見的台灣文學分期方式觀之，則洪醒夫其人與其創作，足堪爲此一所謂「鄉土文學時期」的代表性作家與典型作品。

　　然而，不同於王拓、陳映真等鄉土文學作家與鄉土文學論者，出身彰化二林農鄉的洪醒夫，雖執著於書寫農村社會面貌與刻畫鄉土人物形象，甚而是農村在社會變遷下所受到的影響，但是作家於盡力描摹「鄉土」之餘，卻未曾參與檯面上的論爭或就鄉土文學創作理念訴諸激昂陳述，或許正如作家的自我剖析，其作品對自己另有意義，僅在於「用平凡的文字把它寫下來，想寫給我的妻子、兒女，以及以後的子孫看，希望他們不要忘了我們的來處，不管將來過得燦然或黯然，都不要忘記」〔註 127〕，見其誠懇卻熱切的創作心路，陳建忠對其作品有如是界定：

> 洪醒夫與七〇年代強調社會意識與民族意識的泛左翼鄉土文學作者最大的不同是，他並沒有像其他作者一樣依賴何種批判性理論來分析鄉土問題，而是「直覺地」、「情感地」意識到這片鄉土的消失，並試圖記錄下這種感覺與記憶，而在有意無意中賦予了其神聖化的價值意涵。〔註 128〕

　　所以，綜觀洪醒夫的農民小說作品，並未表達明顯的社會意識，或是凸顯寫實主義的反映批判精神，也未刻意去對應台灣經濟發展策略下，資本主義漸次形成對農村社會的壓榨，或是探討在時代變遷下，基層小農無以脫離貧窮的成因，僅是一意地專注描繪農民身處於農鄉的種種生活眞實面，甚至是對於農民堅守傳統信念的思考、行爲模式，在小說故事裡近乎「神聖化」地加以推崇，同時也清楚表達了作家本身對農民意識與土地的深切認同感。遍觀作者自述相關小說創作的理念與題材設定，最接近反映社會現實的敘事「動機」，也不過就是：

> 我在農村長大，以後到都市生活一段時日，這些生活經驗就是我的

〔註 127〕洪醒夫：《黑面慶仔·自序》，見洪醒夫：《黑面慶仔》（台北：爾雅，1978 年
　　　　12 月），頁 4。

〔註 128〕陳建忠：〈受難圖──洪醒夫鄉土世界中的苦難與神聖〉，收入陳建忠等：《洪
　　　　醒夫作品學術研討會論文集》（彰化：彰化縣文化局，2003 年 5 月），頁 18。

題材來源。尤其是，我本身生活在農業社會與工業社會轉型的時期，

我願意忠實的紀錄一些事，做這一階段的見證人。〔註129〕

　　然而，從1972年發表〈跛腳天助和他的牛〉以後，至1982年不幸車禍身亡的十年間，洪醒夫的農民小說，應該是戰後台灣文學界書寫農村社會與農民，包含人物形象的塑造與作品語言的運用，堪稱是最精純的作品，葉石濤也認為在戰後除了鍾鐵民以外，洪醒夫「可以說是泥土味最重的農民作家」〔註130〕，可見其展現了相當獨到的個人風格。

　　洪醒夫的農民小說之所以吸引人的原因，應該是在於其說故事的方式，就像是一位鄉里故人，運用最質樸熟悉的話語，娓娓道來的，是一個又一個最具鄉土草根性的卑微人物，在一則又一則最貼近農村的動人故事裡，搬演著洪醒夫所謂「很普遍」、「很平常」的情節〔註131〕，或許是緣於洪醒夫就是來自於這樣的農村，接觸的是這樣的農民，作品因而親切且自然。

　　洪醒夫嘗自敘云，作品中的人物形象，其實都早已深深刻印在腦海中記憶裡，而在寫作時清晰地浮現，並且存在著這樣的印記：

故事的背景大部份在台灣光復後的十幾二十年內，那時一般農民的物質生活都比較匱乏，知識水準也比較低，生活壓力很大，再加上那許多自古以來就輾轉相傳，他們也固執著去維護的愚昧的觀念在那裡作祟，使他們顯得更加窮困艱難，但他們畢竟誠懇、勇敢、強韌的生存下來，而且一代比一代活得更好，更有希望。使我非常關心。〔註132〕

　　如是敘述，便提供了賞析洪醒夫農民小說的閱讀策略，首先在於其所形塑的農民形象，大抵無不呈現了辛勤勞苦，承擔一家老小生計，卻默默吸收一切，沈靜地面對生活，以及生命，使讀者在閱讀感受上，形成鮮明的印象。我們可以在〈父親大人〉裡，看到作家描繪父親夜裡坐在廚房灶坑前的形象：

只記得風在屋外呼呼的吹，灶坑裏的火光照亮他那張飽經風霜的臉，也把他那細瘦微駝的身體照成極為碩大的影子，那影子被曲折

〔註129〕黃武忠：〈市井人物的擁抱者──洪醒夫印象記〉，收入洪醒夫：《懷念那聲鑼》（台北：號角1983年7月），頁32。

〔註130〕葉石濤：〈七十年代台灣文學的回顧〉，收入葉石濤：《沒有土地，哪有文學？》，頁57。

〔註131〕參見丁琬：〈與「黑面慶仔」聊天〉，收入林武憲編：《洪醒夫研究專集》（彰化：彰化縣立文化中心，1994年6月），頁6。

〔註132〕洪醒夫：《黑面慶仔·自序》，見洪醒夫：《黑面慶仔》，頁3～4。

起來，覆壓在廚房的草捲堆土、牆上，以及部分垂掛著些許蜘蛛網的天花板上。〔註133〕

　　黯淡的光線，孤獨的身影，置身窮敗的空間裡，雖未至無語問天的悽然，但是抑鬱愁苦總也揮之不去，而這幾乎成為其諸多作品中勤苦農民的典型，這樣的場景與形象，細心的讀者會發現在〈金樹坐在灶坑前〉裡，主角金樹同樣也是在風「呼呼吹個不停」的夜裡，置身廚房：

> 雙手抱膝，坐在灶坑前。灶坑裡的火舌胡亂翻捲著，照見他那烏黑
> 斑朽的臉面，火光把他的身影拖得很長，那個大頭顱的黑影子，被
> 曲折起來，壓在佈滿蜘蛛網的牆壁和屋樑之間。〔註134〕

　　寓情於景的烘托筆法，對〈扛〉裡主角阿秉的描繪亦一般，也如法炮製在「風呼呼的吹」的黑夜廚房裡，小說主角阿秉「雙手抱膝，面向長板凳，蹲在矮竹凳上，像隻抱窩的老母雞。微弱的燈光從他背後照射過來，把他的影子拉扯得異常碩大，那影子淹過小山（按：指乾草堆），一直爬到土塊壁上面去」〔註135〕，光線與人物映照身影的描繪，均見其傳遞了極為雷同的意象與形象，顯然乃是以洪醒夫的父親為原型，而有似曾相識之感，若是嚴謹加以評析，卻也如出一轍，略有類型化之缺點。

　　在洪醒夫的農民小說故事裡，始終未見「開軒面場圃，把酒話桑麻」的怡情，但作家並未嘗試探討造成農民一生勤苦，卻依然難脫窮困的背後肇因，而得以反映農村社會所受到的侵奪，只是一逕著力於書寫農民在現實的煎熬下，逆來順受的人生觀，並且表達理解與認同。洪醒夫對勞苦農民的關心悲憫，所欲表達的意念，或許正如〈扛〉裡阿秉的牽手，在見到阿秉又已喝醉時的反應，差可視為代表性的方式。阿秉的牽手本欲罵出口，但轉念一想，是日仍正當大年初六，不僅把話嚥了回去，而且進一步發現：

> 阿秉特別奢侈的買了比較高級的紅標米酒，不像往日一般的喝青標
> 太白酒，她也不去挑剔。心想，這一輩子他也實在拖磨，偶爾喝喝
> 紅標的，也沒有什麼不應該。〔註136〕

前行研究者對洪醒夫作品討論已繁，但類似此段落阿秉牽手內心轉折的

〔註133〕洪醒夫：〈父親大人〉，收入黃武忠、阮美慧編：《洪醒夫全集——小說卷 4》（彰化：彰化縣文化局，2001 年 6 月），頁 206。
〔註134〕洪醒夫：〈金樹坐在灶坑前〉，收入洪醒夫：《黑面慶仔》，頁 110。
〔註135〕洪醒夫：〈扛〉，收入洪醒夫：《黑面慶仔》，頁 125。
〔註136〕洪醒夫：〈扛〉，收入洪醒夫：《黑面慶仔》，頁 136。

摹寫，當正是洪醒夫農民小說引人入勝之處；作者能於幽微之處，細膩地呈現作者對於勤苦農民的疼惜認同，以及強烈的人道主義色彩，無疑是一種「感同身受」的貼近，而透過阿秉的牽手道盡的這一份心疼，或許緣於作家本身就是出身自類似的家庭環境，慣看鄉里的貧苦小人物操勞一生，所得卻幾稀，但是也透露出人性的尊嚴，卻不應該也因而遭到淹沒的態度，這或許就是作家起心動念，對於這些人物──「使我非常關心」的緣由。

　　所以，對於農民「固執著去維護的愚昧的觀念」，在作家的故事裡不乏依循懵昧守舊觀念行事的情節，如〈僵局〉裡阿旺伯面對牽手阿旺嫂遭車撞昏的態度是：「我們這些苦命人，命不至於如此脆弱，稍等一下，她就會醒過來的」，而在阿旺嫂終究甦醒後，阿旺伯乃低語卻激動地表示：「我知道，我就知道，苦命人，命硬！」而隨即認為進行「收驚」是當務之急，迫切性勝過醫療行為，並且視為理所當然，因為：

> 收驚是先把靈魂收回來，再醫軀殼，才有用，俗語說，也要神，也
> 要人，就是這個意思。世界上那麼多人，為什麼別人不撞，偏要撞
> 你母親，這表示你母親運途不好，要先收驚解厄……〔註137〕

　　對此墨守僵化的保守觀念，甚至是被視為「迷信」的傳統思維，洪醒夫的寫作取向，與其說是批評，不如可以解讀為是一種充分理解的不捨，著力在表現農民歷經現實生活的磨難時，卻堅持以傳統認知去面對，無尤地承受了生命試煉的堅韌性格，若依循如是軌跡，加以解讀〈吾土〉中的作者的評述話語，或許也能更加清楚作者的敘事動機：

> 田莊人拼死命的節儉，因為一角五釐都得來不易，所以看錢比天大，
> 除了花在神明與朋友身上，其他的地方一概能省則省，對自己尤其
> 苛刻；自己的身體有了病痛，都捨不得花錢看醫生……〔註138〕

　　如是話語，或可充分表達出身農家的作者，其設身處地自然的情感流露與農民意識的深層關懷。而作品〈吾土〉，也當可視為典型農民意識的展現，扎根土地賴以生存的傳統人生觀在此作品裡表達得淋漓盡致，范銘如認為洪醒夫已經進一步將「土地」的象徵地位，無限提升，在〈吾土〉裡賦予土地的意義，已經不同於前行代的鄉土小說：

> 在這篇小說裡，土地的存在不是為了供養子孫實質的生活而已，抽

〔註137〕以上引文見洪醒夫：〈僵局〉，收入洪醒夫：《黑面慶仔》，頁 53、58。
〔註138〕洪醒夫：〈吾土〉，收入洪醒夫：《黑面慶仔》，頁 214。

象性土地的主權變成最高價值、超越個人有限的生命。〔註139〕

農民仰賴土地與大自然規律的四時運轉而孕育作物，方得以依存而生，因為土地為生存之本，所以對土地的敬意以及堅守土地的神聖性，顯然高過一切，致使農民的思維無不與土地緊密相連；而在農民意識裡，敬天畏神的意念、堅忍不拔的毅力、吃苦耐勞的韌性與克勤克儉的作風，也無一不與此相關。

除此之外，洪醒夫的農民小說，更是充分體現了農民信守宿命論的逆來順受，作品中屢見「一枝草一點露」此俗諺〔註140〕，可見其極力要表達「天無絕人之路」的堅定信仰，置於作品裡，讀來已經不是樂知天命，慣看秋月春風的豁達，卻蘊含著體現歷經百般磨難的堅韌生命力，當然，也包含了生活煎熬的苦楚，就如同作品〈扛〉裡的牢騷：「有些人生來就鮮衣怒馬的，有些人卻只配屈手屈腳在泥水裡爬著，命！有什麼可講的。」〔註141〕所以，黃武忠如是解讀作家的作品，認為：

> 洪醒夫筆下的人物，在面臨悲苦時，頂多是以宿命的感嘆來安慰自己，再以隱忍的精神，去默默地接受，而無怨無艾的活下去。〔註142〕

雖言「天道酬勤」，一分耕耘終將會有一分收穫，但若是整體社會發展造成的失衡偏斜，客觀環境始終只會帶來日益加重的「相對剝奪感」，這正也是在 1970 年代，顯現在台灣農村社會的真實面貌，一如葉石濤所言，如是作品的指涉：

> 都理直氣壯地指控了農村被踐踏、被損傷的殘酷事實。這可以說是長大成人於農村的作家，對於哺育他們底農村的一種精神上的回饋。他們清楚訴求及表達了農民應有做人的尊嚴，要有足夠溫飽的物質生活的權利。〔註143〕

但是失卻公平正義的經濟發展策略，加以現代與傳統形成互相激盪之

〔註139〕范銘如：〈七○年代鄉土小說的「土」生土長〉，收入范銘如：《文學地理：台灣小說的空間閱讀》（台北：麥田，2008 年 9 月），頁 167。

〔註140〕此話語屢屢出現在洪醒夫作品中，如〈金樹坐在灶坑前〉、〈黑面慶仔〉與〈吾土〉，分見於洪醒夫：《黑面慶仔》，頁 106、165、218。

〔註141〕洪醒夫：〈扛〉，收入洪醒夫：《黑面慶仔》，頁 129。

〔註142〕黃武忠：〈論洪醒夫的小說〉，收入黃武忠：《親近台灣文學》（台北：九歌，1995 年 3 月），頁 183。

〔註143〕葉石濤：〈回饋無路〉，收入葉石濤：《台灣文學的困境》（高雄：派色文化，1992 年 7 月），頁 87～88。

時，無可避免的，就對於傳統農村社會產生傾軋，這無皆不是台灣農村社會面對的嚴峻考驗。

　　洪醒夫雖然因爲初中畢業即負笈台中，爾後從事教職，漸漸遠離土地與農村，但是作家本身於 1949 年誕生於傳統農家，在時序進程上，應是自懂事以後，就能明顯感受到家族仰賴土地生存的艱辛，與台灣農業發展在進入 1960 年代末期即已呈現的欲振乏力，一如前文對台灣農經發展的討論，所以，除了對自己的逐漸文明化、世俗化，因而不無感到愧疚地自嘲「四體不勤、五穀不分」〔註 144〕，點明背離「鄉土」而漸行漸遠之外，或許還緣於眼見世代務農的原鄉家人與親友，勤苦磨難卻依然無以擺脫貧窮的現實，使其急欲去回頭撿拾紀錄農村社會裡的諸多眞實面貌與生命情調，也是對故鄉的萬般不捨與悲憫，無形中在創作意識傾向裡，也將其中的人、事、物以趨近神聖化的方式加以詮釋，這理應是作家寄託在作品中的精神底蘊。而且，作者的故事雖然植基於故鄉二林，但是在小說中，卻少見具體指涉到此地，並未形成狹隘的地域性，故事所見即是以人道關懷書寫所建構而成的「鄉土」，這也開拓了讀者在閱讀上更廣大的共鳴性與接受度。

　　洪醒夫的作品特色，除了農民意識的深層表述之外，在素樸白描的小說語言設計上，方言的運用與俚語的置入，編排都顯得恰如其分，如是詞彙，想必是來自作家成長環境與經驗的深刻印象，但轉換成以漢字表達時，卻未必能信手拈來即成文章，也應是經過幾番揣摩，錘鍊而成，致令熟悉台灣話的讀者倍覺親切，鄉土風味十足。

　　如上文所引〈扛〉中的「這一輩子他也實在拖磨」，語意指的是他這一生也確實歷經磨難，而在〈吾土〉中有謂：「有一次閃了龍骨，右肩崩下去」〔註 145〕，使用崩塌之「崩」字形狀右肩的塌陷，以及「叫你們不要多開錢買那麼貴的東西，仙講都講不聽」〔註 146〕中，用「仙」字擬聲台灣話中代表「屢屢」、「一直」的語意，將生動的台灣話表達地極爲適切，這在前行代以及同時代作家的作品中，實未見如是成功的表達。甚而有如「有什麼好揚的？有幾個臭錢就搖擺得如此！」〔註 147〕，以及「夭壽死囝仔！吃到好娶

〔註 144〕語見洪醒夫：〈四叔〉，收入黃武忠、阮美慧編：《洪醒夫全集──小說卷3》，頁 259。

〔註 145〕洪醒夫：〈吾土〉，收入洪醒夫：《黑面慶仔》，頁 203。

〔註 146〕同註 145，頁 224。

〔註 147〕洪醒夫：〈扛〉，收入洪醒夫：《黑面慶仔》，頁 134。

牽手了，還這樣不識三二，讀一畚箕書有什麼用？」〔註 148〕，雖然「一畚箕書」若易之爲「一畚箕冊」，想應能更加傳神妥貼，但是即便如此，也已然活潑生動地將在地的人物性格，展現地逼眞親切，栩栩如生，甚且還有更爲精彩犀利的話語：

> 你是要死了是不？七早八早這樣大聲小聲嚷什麼？天崩下來也不必
> 這麼唉爸叫母！我，我今天不買魚了，哪有那麼多死人錢天天吃
> 魚？……欠你的錢以後才來收啦！〔註 149〕

將村婦撒潑的咒罵，摹寫得活靈活現，用語白俚卻精湛到位，連珠砲似的一氣呵成，令人叫絕。所以，回首日據下郭秋生在台灣話文運動中，所提出的「用漢字表現台灣話」主張，至此在洪醒夫的作品裡，似乎始獲得順當流利的運用。

附帶一提，洪醒夫作品裡人物對話經常粗話連篇，並非爲凸顯「鄉土」而刻意爲之，若未在這樣的環境下有過相同生活經驗的人，實是無從理解。筆者與作家是爲同鄉，鄉親口中這些如同發語詞般的所謂「粗話」，在自幼的成長環境中，實是習以爲常，絕不突兀。

或許，洪醒夫在所謂的鄉土敘述修辭下，廣泛運用台灣話的小說語言，使其作品恰逢 1970 年代鄉土回歸熱潮下，而呈現有明顯的象徵性特色，甚而成爲此一所謂「鄉土文學時期」的代表性作家與作品；雖然，洪醒夫表示對於鄉土文學未有類似「共襄盛舉」的動機，致令作品有刻意爲之的創作取向，但是描摹農村鄉土人物的對話安排，當然必以母語爲主，人物形象始能具體，而值此時期的文化與文學思潮指向，卻又是尋根回歸，因此洪醒夫運用適切的漢字進行母語的轉換，正也是透過「翻譯」以呈現「鄉土」的過程。

一如邱貴芬所指出的，所謂的「鄉土」，其實已漸漸轉化爲陌生的文化他者，必須透過「翻譯」加以贖回〔註 150〕，因爲在地母文化與母語在強勢中文文化壓制下，已經瀕臨失落的危機：

> 戰後中文中心主義以及相關的文化、教育體制也是「鄉土」失落與
> 「傳統」斷裂的重要原因。相對於中國中原文化，台灣在地語言文
> 化被視爲「次等的」，文化位階低落且被壓抑，1970 年代鄉土文學

〔註 148〕洪醒夫：〈素芬出嫁這日〉，收入洪醒夫：《黑面慶仔》，頁 40。
〔註 149〕洪醒夫：〈黑面慶仔〉，收入洪醒夫：《黑面慶仔》，頁 146。
〔註 150〕參見陳建忠等著：《台灣小說史論》，頁 237。

所帶出的「翻譯」課題，讓在地文化失落的危機得以被看見。〔註151〕

　　若此，則洪醒夫的農民小說作品，則不僅是專注於農民意識的書寫與傳達，語言的運用，更是契合了當時追尋失落鄉土的情懷，而在回歸風潮下，作品屢屢獲獎，似乎大有翻轉在地文化「次等的」地位，提升文化位階的可能性。雖然在鄉土文學論戰期間，洪醒夫並未現身說法，甚至在論戰戛然而止，「鄉土」與「本土」意識漸漸此消彼長，直至作家逝世之前（1982 年），均未見以鮮明的階級或者是本土意識型態導引其創作，但是其作品卻廣泛受到支持鄉土派論者所一致推崇。

　　究其原因，應是洪醒夫作品的素樸風格與內斂特色，雖未有嚴明的批判意識，對造成小農無以掙脫貧窮的客觀因素大加撻伐，然而卻真切地反映了台灣農村社會與農民生活的真實，成就了寫實主義文學的藝術價值，將台灣農民典型的性格，豐沛而堅韌的生命力，詮釋得清晰靈動，所以，其農民小說之所以能令人有「繁華落盡見真純」的美感體會，應是作家本來就來自農家成長於農村，因而他的農民小說作品，原本就是一個「田莊人」所寫的——《田莊人》。〔註152〕

三、肇使農村窮敗因素的具體指陳——宋澤萊

　　1978 年 10 月，第一屆「時報文學獎」揭曉，洪醒夫以〈吾土〉獲優等獎，宋澤萊則以〈笙仔和貴仔的傳奇〉獲推薦小說獎，顯見這一時期鄉土文學在台灣文壇所受到的重視。楊照曾言：

>　　「鄉土派」不管在作品或評論上，表現得最強烈的精神，是揭露當
>　　時農村的現實，進而檢討農村悲慘現實的成因。〔註153〕

　　但若是將洪醒夫與宋澤萊直接歸於所謂「鄉土派」作家，則如是「文章合為時而著」的創作意圖，積極追求反映現實的社會功能的作品內涵，在洪醒夫的農民小說裡，是並不明顯的，這已有如前文的分析；而相較於洪醒夫，宋澤萊的作品，在關注造成農村經濟蕭條的成因、抨擊產銷制度的弊端，與農會角色的混淆等諸多面向上，誠然是比較具有補察時政、洩導「農」情的

〔註151〕陳建忠等著：《台灣小說史論》，頁 257。
〔註152〕洪醒夫的作品集，曾以「田莊人」為名，於 1982 年由爾雅出版《田莊人》。
〔註153〕楊照：〈為什麼會有「鄉土文學論戰」？一個政治經濟史的解釋〉，收入楊照：《霧與畫：戰後台灣文學史散論》，頁 211～212。

意味，頗爲符合立意去探討從「政治經濟衍伸出的公平議題」〔註154〕的這一個命題。

　　雖然在典型的農民小說——〈笙仔和貴仔的傳奇〉出現之前，宋澤萊已然發表過不少作品，但其小說開始專注於農村社會以爲素材，則是於此階段才開始進行。雖然，在〈笙仔和貴仔的傳奇〉獲獎之前，作家即已寫定了〈花鼠仔立志的故事〉與〈大頭崁仔的布袋戲〉兩篇以「打牛湳村」爲背景的農村故事，並在〈笙仔和貴仔的傳奇〉後，「萌發了更大的野心，想整盤將一個農村的所有者都寫進小說」，甚至聲明是直接取材於作家故鄉的詐騙稻穀案件，如實呈現農村社會「苦悶的現實」〔註155〕，於是據此而有了〈糶穀日記〉，自此便陸續完成了「打牛湳村」的一系列農民小說，以及收錄在「等待燈籠花開時」與「蓬萊誌異」系列作品裡，相關農村素材的作品。

　　高天生認爲：「整體看來，宋澤萊是台灣有史以來，最有計畫去描寫變遷中的台灣農村，反映農人的喜怒哀樂及困境的小說家。」〔註156〕然而，剛起始寫作〈花鼠仔立志的故事〉時，宋澤萊坦言雖然想寫的是自己最熟悉的農村，但是在說完故事以後，卻覺得自己援用的諷刺意圖與筆法，削弱了小說的寫實性，因而在當時並未發表，直至服役時由於「農村的一景一物因思鄉的情緒被培養成巨大的影像，盤據在腦海」，於是在開始進行〈大頭崁仔的布袋戲〉寫作時，才自覺真正讓自己作品中的農村描寫得到落實〔註157〕，所以，與洪醒夫同樣出身農家的宋澤萊，之於農村社會，或許都有著根源於家族血脈的牽掛，與先驗存在的關懷意識，進而促使如是來自農村的知識青年，在援筆創作時，無從迴避原鄉的召喚。

　　宋澤萊筆下「打牛湳村」裡的農民，在村中大道公廟埕與柳樹涼亭下，述說著幾番悲喜，接力亮相搬演著一幕幕的荒謬，全然是1970年代下中部台灣農村的縮影，具體而微，足堪代表。

　　但統總而言，作家在「打牛湳村」系列作品裡，對台灣農村經濟所表達

〔註154〕楊照：〈爲什麼會有「鄉土文學論戰」？一個政治經濟史的解釋〉，收入楊照：《霧與畫：戰後台灣文學史散論》，頁212。
〔註155〕以上資料出自宋澤萊：〈從「打牛湳村」到「蓬萊誌異」——追憶那段美麗‧淒清的歲月（1975～1980）〉，是爲前衛出版社新版的《宋澤萊作品集》序言，見宋澤萊：《宋澤萊作品集1‧打牛湳村系列（1975～1980）》（台北：前衛，1988年5月），頁11。
〔註156〕高天生：《台灣小說與小說家》（台北：前衛，1994年12月），頁201。
〔註157〕同註155，頁9～11。

的看法是相當悲觀的，迥異於洪醒夫的農民小說將農民意識加以神聖化的創作取向。設若簡約舉出作家所欲傳達的意念，就如同在〈笙仔與貴仔的傳奇〉裡貴仔流露的頹喪想法，應是差可比擬——「永遠也好不起來的，這點論斷實在不是臆斷，是二十幾年，伊終日在田裡挖土所得來的教訓」〔註158〕，然而，會有如是悲觀的態度，卻也是其來有自的，細讀故事文本內容，對應創作的時代背景，確然是真切的現實反映。

如〈笙仔和貴仔的傳奇〉故事於開宗明義就點出了兩個問題，一個是農民經常發生的搶種作為，另一個則是至今依然存在弊端的「運銷制度」。

大凡農民屢屢會有一窩蜂的搶種心態，單純都是著眼於利潤的追求，因為農家生財之道主要是仰賴土地，能藉耕作獲致較高報酬，逐利以維生計，原亦無可厚非，但是因為缺乏充足透明的資訊，而且缺乏專業的輔導，農民也普遍未諳商業交易裡，取決於供需關係的嚴酷市場機制，更遑論所謂風險評估，所以搶種的結果經常淪致血本無歸。

打牛湳村初始因為有人在兩期稻作之間，充分利用耕地引進短期的瓜果種植，因而意外獲利，遂誘發農民陸續跟進，產量遽增的結果，則必然是「瓜」賤傷農，而如是錯誤在打牛湳也並非是偶然的個案，在此之前也曾爭相栽種洋菇，農民甚至興發大量外銷歐洲的美麗憧憬〔註159〕，結果下場亦一般。小說中提及的洋菇栽種熱潮，筆者年少於故鄉亦曾親見，農家甚且在門庭前晒穀場上搭建一座座菇寮，但是好景不長，未幾晒穀場的水泥地便又重見天日。對台灣農村此類層出不窮的事例，許達然就農民的立場與心態加以解析道：

> 農民性格考量實際，保守，缺乏團隊精神與集體意識。為了基本的實際生存，農民不得不實際。什麼能賺錢，農民就做什麼。聽到梨仔瓜可賺錢，村人就種梨仔瓜了。基本生存是他們最實際的考量。
> 〔註160〕

這也就如同前文所討論的，源於經濟政策與農業政策執行面的偏斜，農

〔註158〕宋澤萊：〈笙仔與貴仔的傳奇〉，收入宋澤萊：《宋澤萊作品集1·打牛湳村系列（1975～1980）》，頁53。

〔註159〕同註158，頁28。

〔註160〕許達然：〈六〇、七〇年代台灣社會和文學〉，收入東海大學中國文學系編：《苦悶與蛻變：六〇、七〇年代台灣文學與社會》（台北：文津，2007年5月），頁61。

民憑藉傳統稻作農業的獲益，已經無法與時俱進地達到一定的生活水準，穀物的收購價格與民生物價持續呈現背離，政策導向壓抑穀價的作法即是其一，收錄於「蓬萊誌異」系列裡的〈分家〉故事指出，由於農政單位「計畫收購稻穀」在執行面的挫敗，致使農鄉的「經濟殘敗」又彰顯出來了：

> 稻穀沒人要了，人工卻找不到了，肥料漲價了，特別是物價的波動
> 來臨，往日，東西沒上漲，稻米一百斤六百元，今兒物價上漲一倍，
> 稻米卻賣五百八，唔，人總不能吃土過日子吧。〔註161〕

所以農民在維繫生計的現實考量下，追求更高的投資報酬率，無非也是人情之常。但是，農產品價格的人為操縱，卻又血淋淋地宰割了農民的辛勞成果。

〈笙仔和貴仔的傳奇〉小說中商人在瓜果市場中行使的一系列惡質削價的收購伎倆，作家甚至認為用「菜蟲」、「果蠅」已不足以形容，更像是「精巧的牛蜂，知道哪一隻牛的肉比較香，哪一地方是多血質，還可以從這隻牛的眼睛瞧出他是笨牛，怒氣的牛或乖巧的牛，必要時還可以從牛角上叮出一口很好的血來。」〔註162〕，對農民勞苦所得的收穫，可謂是巧取豪奪，無所不用其極。在這樣的果菜市場裡，商人幾乎主導一切交易，除了使出幾近於詐騙集團的伎倆，誘騙瓜農以低於市場行情價售出外〔註163〕，甚至也巧詐地利用天氣：

> 他們深知下雨天的打牛湳和十二聯莊是最焦躁的，一則面臨瓜價下
> 跌的命運，一則又面臨瓜仔腐爛的劫數。伊們要等到這批老骨頭來
> 央求伊們廉價分分地購去，讓老骨頭淋夠雨，把價格淋成一斤五毛
> 錢！〔註164〕

瓜販子除了以卑劣剝削的的手段，為所欲為之外，收購農民的作物時，在態度上居然已經可以到了頤指氣使，窮凶惡極的地步──「伊娘！你們這些種田的，貪小便宜，從來不乾脆，不會做生意硬要裝內行！」〔註165〕雖說

〔註161〕宋澤萊：〈分家〉，收入宋澤萊：《宋澤萊作品集 3·蓬萊誌異（1975～1980）》，頁 50～51。

〔註162〕宋澤萊：〈笙仔與貴仔的傳奇〉，收入宋澤萊：《宋澤萊作品集 1·打牛湳村系列（1975～1980）》，頁 41。

〔註163〕同註 162，頁 45～47。

〔註164〕同註 162，頁 66。

〔註165〕宋澤萊：〈笙仔與貴仔的傳奇〉，收入宋澤萊：《宋澤萊作品集 1·打牛湳村系列（1975～1980）》，頁 51。

在自由經濟市場的機制裡，固然存在著爾虞我詐，甚至是弱肉強食的殘酷現實，然而在交易過程中竟爾存在如是凶神惡煞般的凌壓侵逼，實是令人瞠目結舌，作家如是筆法，一如李順興的解讀：

> 宋澤萊處理農／商關係，傾向以高強度的戲劇張力來營造兩者之間的利潤戰爭，間而凸顯階級對立，把剝削者／被剝削者之間的緊張導向水火不容的對峙。〔註166〕

因而，另有農民為了避開瓜果市場的不公不義，自力救濟突圍而出，直接運送到城裡販售給水果行，卻又在憂心血本無歸之際，瓜農彼此也因為惡性競爭的削價，恐將喪失一切利潤〔註167〕。如是循環所陷入的窘境，恰如日據下佃農為了佃耕土地競相提高租穀，承受苛重的負擔，只有令唯利是圖的地主坐收漁利，然此際台灣農村社會脫離殖民體制既久，而且土改完成後租佃結構也早已改變，但是造成農民窮困的原因，卻還是存在著階級性剝削的雷同形式。許琇禎認為：

> 台灣鄉土文學作品中，階級對立和城鄉對比，一直被作為表現的主體。它可以說是對殖民者和帝國主義經濟掠奪的最直接反抗。從日據到七〇年代，即使環境有所變遷，但是就台灣的資本主義市場而言，經濟利益所形成的階級衝突卻始終是存在的。〔註168〕

潛藏在產銷制度裡的弊端若無法加以剷除，則直接對農民產生的殘酷衝擊，就會一再衍生，例如時常見到的模式是，初有颱風警報，商人便藉機哄抬價格，不僅消費者蒙受其害，農民更是在無風無雨的情況下，就已受創慘烈。作家在〈糶穀日記〉裡便嘆道：「每天新聞都報導，北部南部菜價大漲，一斤小白菜要賣到二十元，但鄉下菜農的小白菜卻沒人要。」〔註169〕，而在〈笙仔與貴仔的傳奇〉中，更是反諷地發洩了憤慨：

> 幾乎每個農民都苦嘆著菜價的低廉，有時沒人要的整片菜地，伊們

〔註166〕李順興：〈「美麗與窮敗」：七〇年代台灣小說中的農村想像——兼論鄉土文學的式微〉，收入陳義芝編：《台灣現代小說史綜論》（台北：聯經，1998年12月），頁279。

〔註167〕同註165，頁70。

〔註168〕許琇禎：〈從民族、寫實到文本——台灣「鄉土文學」之歷史考察與評析〉，收入陳大為、鍾怡雯主編《20世紀台灣文學專題Ⅰ：文學思潮與論戰》，頁305。

〔註169〕宋澤萊：〈糶穀日記〉，收入宋澤萊：《宋澤萊作品集1・打牛湳村系列（1975～1980）》，頁219。

都願意用耕耘機把它毀掉，只為了實在賣不到幾分錢又麻煩透頂。

上面也知道這件事，但從來沒空來管這種芝麻大小的小事。〔註170〕

如是景況，於今日仍時有所聞，雖然相較於 1970 年代，現今產銷制度已經有所改善且趨向多元化，但也凸顯此類現象，絕非單純只是農民搶種所造成的自食惡果，而是整體農產品的產銷流程，一直都存在著結構上的問題，並且始終未獲解決。今日仍可透過新聞畫面，看見農民乾脆開放民眾自由採摘，或是駕駛耕耘機犁平整個菜園，對地球村裡仍存有飢饉事實的區域而言，實令人百感交集。但是，當農民血本無歸，或成為待宰羔羊般遭受到剝削詐取，在所謂「自由市場」裡任人宰割，相關單位卻又表示什麼樣的態度呢？作家以反諷的語氣表示，「上面也知道這件事，但從來沒空來管這種芝麻大小的小事」，以此來批判諸如農會這樣的單位，漠視農民權益的毫無作為，甚至譏刺農會也是這剝削系統裡共犯結構中的一員。

前文論及，1970 年代台灣農業淪為夕陽產業，農會委實難辭其咎，農會處於農村基層，應該非常清楚產銷過程的積弊，但是，扮演推動農業與農村社會發展重要角色的農會，卻喪失了其真正的功能性，背離了增進農民福祉的目的。於是乎宋澤萊藉由小說中的農民，憤怒地指責：「伊娘咧！這個縣農會的人都死光了，沒派半隻蒼蠅來約束這批瓜販，硬派警察來管制我們，我們都是戇人，一年到頭，操勞筋骨，如今又要勞心，我們都是一個個傻瓜……」〔註171〕，充分發洩了深刻的「相對剝奪感」，而這不僅是來自於商人的剝削，卻竟爾也是對農業輔（指）導單位有所埋怨。

例如，瓜農利用農會的農產品集散場與商販進行交易，農會便要介入協助秤量，除了提供公平交易的平台之外，並且收取所謂的「秤費」〔註172〕，真箇合理又具正當性？同時，農會在貫徹政府為掌握糧源以實穀繳納田賦的規定時，在執行面上又分外嚴苛，尤其是在遭逢雨潦穀子發芽的收穫季，〈糶穀日記〉裡書寫農民不滿於繳納賦穀的情緒，恐非一朝一夕——「要賦穀時就得我們乖乖地一車車地運到農會去，硬度乾度差一些時就打回票，能刁難就盡情刁難，一逢災害就都不理。」〔註173〕因而，農民似乎難以奢求農會能

〔註170〕宋澤萊：〈笙仔與貴仔的傳奇〉，收入宋澤萊：《宋澤萊作品集 1・打牛湳村系列（1975～1980）》，頁 40。

〔註171〕同註 170，頁 67。

〔註172〕同註 170，頁 41。

〔註173〕宋澤萊：〈糶穀日記〉，收入宋澤萊：《宋澤萊作品集 1・打牛湳村系列（1975

夠照顧輔導，更遑論介入解決農商之間的對峙矛盾，農會甚至還維繫著剝削體系，對遭到剝削的農民吶喊置若罔聞。所以，小説中運用譬喻的手法，描繪農民在毒辣的太陽炙烤下，排著冗長隊伍繳納「賦穀」時，遙望農會建築物會引發如是的聯想：

> 每個人都希望快點把賦穀繳完，回家休息。但人數實在太多，他們
> 只能遠遠地看著農會巨靈般的建築，那高牆上騰蒸著粼粼的水汽，
> 像一座觸及不到的天堂。〔註 174〕

將農會喻爲是農民「觸及不到的天堂」，可謂是極端譏諷卻又充滿無奈，農會之於農民，作家甚至於藉農民之口調侃道：「若沒有農會，農民還不見得怎樣，有了添麻煩。」〔註 175〕可見地方農會在農民心目中的地位與形象。

再者，經過土改與農家傳統分割繼承，耕地劃分後亦趨零碎狹小，小農經濟模式亦發顯著，雖政府亟欲推動農業機械化以擴大農業經濟規模，卻受限於種種客觀因素，一如前文的分析；所以當農會向農民展示要價不菲的刈穀機時，其售價對一般農民而言，猶如天價：「二十萬！打牛湳的人一聽都張大眼睛伸長舌頭，光榮靈一聽便從座位上跌下來，一時之間沒有人説話！」〔註 176〕宋澤萊於此處雖然筆調近於戲謔，但是諷刺農業政策不切實際與緩不濟急的顢頇，亦是顯而易見。而作家的農民小説慣用全知的敘事觀點，意欲察照農村社會裡的諸般喪失公義的現實異端，並且以原鄉人的身分，替農民甚至可能是親友而發聲，一如邱貴芬所言：「寫出台灣農民在當前農業產銷結構中困獸猶鬥的悲哀」〔註 177〕，而宋澤萊於大學畢業後返家時，眼下的農村故里，給予他的印象與感受是：

> 回到了故里，重又居住在老家，覺得父母親是真的年老了，而農鄉
> 是如此美麗與窮敗，身爲農鄉子弟的我們這代的人將如何可能協助
> 父母再營這個困頓中的農鄉呢？已被整個社會剝削殆盡的農村將面
> 對怎樣的未來呢？……〔註 178〕

　　　　～1980）》，頁 206。
〔註 174〕同註 173，頁 223。
〔註 175〕同註 173。
〔註 176〕同註 173，頁 225。
〔註 177〕陳建忠等著：《台灣小説史論》，頁 85。
〔註 178〕宋澤萊：〈從「打牛湳村」到「蓬萊誌異」——追憶那段美麗‧淒清的歲月（1975
　　　　～1980）〉，收入宋澤萊：《宋澤萊作品集 1‧打牛湳村系列（1975～1980）》，
　　　　頁 5～6。

　　之所以帶給作家「美麗與窮敗」如是反差衝突的感受，一方面或許是因為田園風光在四季更迭變化下，本有其美麗的丰姿，尤其是附加有作家本身人親土親的故鄉情緣；另一方面，其時正值 1970 年代中期，造成台灣農村普遍窮敗現實的原因，也已如沈痾難解了。這或許應該就是宋澤萊在其系列農民小說作品中，持續追問造成農村窮敗成因的起心動念，同時也露骨地呈現出，農民是如何在偏斜的經濟政策下，以及惡質的產銷制度中，橫遭剝削與霸凌的事實。

　　而對於農鄉的「美麗」描寫，宋澤萊在其小說中，詳盡書寫了包含農村的自然與人文景觀，普遍執著於安排季節與時間的遞嬗進程，將眼之所見與耳之所聞，在客觀環境背景上，做具體的鋪陳。簡約卻鮮明，春天即如：「剛插了秧，春天就降臨了，野草花把打牛湳裝飾得十分冶艷」〔註 179〕；至於盛夏，則是「太陽依舊火火地在天空怒張著，大道公前一列的兔子花給烤得枝葉軟垂，粉紅斑白的花瓣都睡著了。」〔註 180〕無論近景或遠景，盡皆使讀者在閱讀作家的農村故事時，能透過文字而得到生動清晰的意象，甚至時而出現細微的刻畫：

> 黃昏，偷偷露出來的這一抹斜陽照在庭院，鳥群吱吱喳喳地跳在電線上，細腳蜂嗡嗡地在壁間飛一陣，很快地就沒入小小的棲息的洞孔中去。〔註 181〕

　　描摹雨後黃昏的畫面，實可印證作家出身農家與貼近農村社會的近距離觀察。更值得注意的是，書寫眾多農鄉小鎮的「蓬萊誌異」系列作品，雖名為「誌異」，但卻極其刻意美化其地名，諸如「舞鶴村」、「落霞村」、「蕉紅村」、「鸕啼村」、「白鷺鎮」等，並且細緻地描繪其美麗的景緻，如「蕉紅村」：

> 綠色的稻葉在三月的春天已氾濫在整個大地，晴朗的天空以異樣的蔚藍，向四面八方延伸而去，在那遠遠的地平線上不時躍起了一簇簇的麻筍竹的姿影，紅磚屋露出在透空的天光中。在這村子的四周，更種滿了綠色的運蕉，時值開花，鮮艷的紅黃花朵把村莊裝飾起來了，使村子變得適然而有神。〔註 182〕

〔註 179〕宋澤萊：〈花鼠仔立志的故事〉，收入宋澤萊：《宋澤萊作品集 1・打牛湳村系列（1975～1980）》，頁 107。

〔註 180〕宋澤萊：〈糶穀日記〉，收入宋澤萊：《宋澤萊作品集 1・打牛湳村系列（1975～1980）》，頁 214。

〔註 181〕同註 180，頁 181。

〔註 182〕宋澤萊：〈蕉紅村之宿〉，收入宋澤萊：《宋澤萊作品集 3・蓬萊誌異（1975～

　　另外，作家對於農村人文景觀的勾勒也具有獨到的筆法，例如，作家將下列三句話，獨立爲一個段落，也成爲小說故事裡時空背景的清楚提點：「農人黧黑的腳邁動在田裡，撒出去的硫安白成一道線，十月的秧苗在稻田。」〔註183〕，巧妙運用文字將農夫下田施肥的勞作身影，恰似定格於攝影相片或圖畫之中。除了清楚地反映農事操作，隨著季節變換著節奏與內容，其中也包含了農村社會裡的傳統習俗：

> 秋末的陽光暖和著，嘩地一響，廟場上晒滿二期的稻穀。打牛湳的
> 許多人家都在這裡翻著穀，一些雞鴨咯咯地啄食著，一齣孟麗君的
> 歌仔戲哭鬧地響著。〔註184〕

　　傳統秋收後酬神的平安戲，是農家祈謝神明賜與豐收，用以表達敬獻感恩的方式，至今依然奉行著，只是形式上有所改變，傳統歌仔戲或布袋戲已然式微，正如洪醒夫的〈散戲〉與宋澤萊的〈大頭崁仔的布袋戲〉裡所呈現的內容。李順興就認爲宋澤萊如是寫實主義的筆法，成就了紀錄傳統台灣農村社會的價值：

> 撇開鄉土文學在當代所負載的政治意識型態或道德使命，還原爲純
> 粹的寫實文學來看待時，讀者將會發現這些作品所保留的鄉土意
> 象、氣氛和集體記憶，在長遠的本土發展史上有著非凡的歷史價值。
> 〔註185〕

　　其實，若是加以留意，處於台灣偏鄉地區以傳統稻作農業爲主的鄉村，從1970年代直到今日，所呈現的田園與農村景觀，並無太大的差異，宋澤萊筆下的「美麗」，依然可見，然而宋澤萊當初眼見的「窮敗」，卻也依然存在，美麗景緻裡，隱藏不住感傷與落寞，因而作家在〈花鼠仔立志的故事〉裡嘆道：「陽光晒在他們赤裸的黑皮膚上都彷彿結了一層無知愚昧的殼，在那裡反射鬱鬱的光──卑賤的光。」〔註186〕也在〈小祠堂〉中悲憫農民的境遇：「那些粗黑著手腳，像愚昧的耕牛的農人辛勤墾植在大地，但只能換得一些豐裕

　　　　　1980）》，頁59。
〔註183〕宋澤萊：〈花鼠仔立志的故事〉，收入宋澤萊：《宋澤萊作品集1‧打牛湳村系
　　　　　列（1975～1980）》，頁137。
〔註184〕同註183，頁94。
〔註185〕李順興：〈「美麗與窮敗」：七○年代台灣小說中的農村想像──兼論鄉土文學
　　　　　的式微〉，收入陳義芝編：《台灣現代小說史綜論》，頁282。
〔註186〕宋澤萊：〈花鼠仔立志的故事〉，收入宋澤萊：《宋澤萊作品集1‧打牛湳村系
　　　　　列（1975～1980）》，頁135。

的食物，部分的人想遷出村子了」。〔註187〕所以，縱然仍有秀麗的田園與溫暖的人情，然而制度化的剝削與獲利低微的農村現實若無法得到改變，繼續留在耕地唯有苦守赤貧，因此農民被迫出外去另謀出路，年輕人也不願留在農村，或進入工廠，或習一技之長，休耕廢耕的農田面積便也隨之日漸擴大，「打牛湳的農田慢慢少了人耕種，這陣子城裡流行輕工業，大夥兒都到都市裡做合板、塑膠，農地荒廢了些」〔註188〕，而且工業得以吸納農村年輕勞動人力的部分原因，卻還是由務農的父老迫於現實所促成的：

> 農鄉的父老把子弟送到城裡去，由於農業的沒有指望，那些父老都不希望子弟再耕種了，唔，鸝啼村的李貴仁就當面罵他的的小孩說：「我不准你再種田了，你若不長進，再回到村來，我一鋤頭把你擊斃！」〔註189〕

但是，離農就工後的際遇，有如〈大頭崁仔的布袋戲〉裡主角的阿爸到北部礦坑挖煤，卻身染嚴重肺疾，進入工廠的年輕人，也有如〈糶穀日記〉裡的金河仔，在鐵工廠裡右手被機器陸續軋斷了四根手指頭，因工傷而導致肢障身殘，而且，甚至連婚嫁擇偶在農村裡都產生了轉變——「便是從鄉下去過城市的姑娘便不再嫁給莊稼漢了，她們都不想再回鄉來掘地皮」〔註190〕，「向都市去的女子於今固不可能再嫁回鄉下來，即若鄉下的女子也不願再嫁一個耕夫了」〔註191〕，務農的辛酸與農村社會之日益蕭條，是可以想見的；因此拿了一輩子鋤頭的老農，充分意識到繼續翻掘田土實在難以脫離貧窮的事實後，當然寧願孩子離農就工，不然就是希望孩子讀書升學出人頭地，訓誡孩子所使用的威脅武器，同樣也是鋤頭：「你若考不上省中，也不要回來種田，你將來若給我拿鋤頭，我就用鋤頭柄斃死你!」〔註192〕作家亟欲呈現這一幕幕農業衰敗的景象，曾明白自述其起心動念，並且強調其創作乃源於真實

〔註187〕宋澤萊：〈小祠堂〉，收入宋澤萊：《宋澤萊作品集3·蓬萊誌異（1975～1980）》，頁188。
〔註188〕宋澤萊：〈糶穀日記〉，收入宋澤萊：《宋澤萊作品集1·打牛湳村系列（1975～1980）》，頁108。
〔註189〕宋澤萊：〈鸝啼村小住〉，收入宋澤萊：《宋澤萊作品集3·蓬萊誌異（1975～1980）》，頁143。
〔註190〕同註186，頁116。
〔註191〕宋澤萊：〈小鎮之姻〉，收入宋澤萊：《宋澤萊作品集3·蓬萊誌異（1975～1980）》，頁115。
〔註192〕宋澤萊：〈糶穀日記〉，收入宋澤萊：《宋澤萊作品集1·打牛湳村系列（1975～1980）》，頁247。

的反映與紀錄：

> 我的企圖是描寫 1979 年前，台灣的下層社會（農村、小鎮、港市）
> 的真相，我拼命地想留下我的社會見證，他們的畸慘超乎了中層以
> 上社會知識階級所能想向之外。我以伸冤的的心情在營建這些故
> 事。……世界的真貌其實就是那樣的。〔註193〕

　　所以，藉由這些小說作品，我們可以清楚地發現在農村社會裡，勤鋤田
土戮力耕種，終日勞苦認分踏實，典型素樸的台灣農民，卻始終無以擺脫犧
牲農業的經濟發展策略，以及缺乏公平正義的產銷結構，對農民所造成的雙
重掠奪，於是宋澤萊透過小說作品，對農村美麗卻窮敗的成因，作出清晰而
嚴肅的省思與批評之餘，然而仍要借小說人物之口，喃喃地道出無法參透的
懷疑：「他不明白阿爸一生的窮困和飢饉要歸咎給誰，每個人吧，歸咎每個
人……」〔註194〕藉此進一步透露莫名的絕望與憤恨，強化故事的張力，在在
顯示作家對於農村社會及農民意識的深層關懷與悲憫，而執筆寫下一則一則
的故事，呈現了農村的美麗與窮敗。

〔註193〕宋澤萊：〈從「打牛湳村」到「蓬萊誌異」——追憶那段美麗‧淒清的歲月（1975
　　　　～1980）〉，收入宋澤萊：《宋澤萊作品集 1‧打牛湳村系列（1975～1980）》，
　　　　頁 16～17。
〔註194〕宋澤萊：〈大頭崁仔的布袋戲〉，收入宋澤萊：《宋澤萊作品集 1‧打牛湳村系
　　　　列（1975～1980）》，頁 286～287。

第七章　1980 年代以降——農民小說的式微

第一節　政治局勢的丕變與經貿全球化的調適

　　「美麗島事件」之後，台灣的政治生態漸趨改變，自由化與民主化的呼聲也日益高昂，而且透過不斷舉行的選舉活動，普遍提高了政治人物與一般社會大眾對政治的參與度以及關注，漸漸促成了威權結構的鬆動，加以經濟成長帶來的繁榮與社會的開放，也對政治民主化與自由化的發展提供有利的客觀背景，而反對黨的成立，更具有台灣政治結構趨向轉變的指標性意義；其後隨著政治的解嚴與強人政治不再，公民意識覺醒形成社會運動的勃興，同時，六四天安門學運與東歐獨裁政權相繼倒台，國內的野百合學運等改革浪潮相繼而起，都為解嚴後的台灣政治與社會加注了動能。另外，由於台灣歷經獨特的歷史進程，長期積累而造成的族群關係矛盾，也在威權體制瓦解，言論自由受到保障之後，浮出檯面，省籍問題與統獨選項已經可以訴諸公共場域加以討論，並經常交雜揉合，形成了國家認同在相異的族群意識裡，各自發展出了分歧的觀點與立場。

　　邁向高科技、高附加價值發展的台灣產業，在 1980 年代益發朝向著工商業快速地進展，雖然使得台灣經濟發展結構再次轉變與提升，但是農業問題仍然沈痾難解，雖有諸多建設措施與振興方略，但卻無以改變農業的衰敗景況，農家與非農家所得之差異也依舊持續擴大，而工業發展不僅對農田造成污染，對土地的需求也與日俱增；同時隨著全球貿易自由化的趨勢，在拓展

貿易空間的壓力下，農業再度又淪爲貿易談判中的犧牲品，必須承受進口農產品的競爭壓力，同時爲了因應加入 WTO 的準備，減緩對於國內農業的衝擊，於是爲促進農地的合理利用與管理，朝向放寬「農地農有」政策限制的方向調整，希望能有利於擴大農業經營規模，提高農業競爭力，加速農業的企業化與現代化；然而如是土地政策的重大轉折，卻招致伺機牟利的投機作爲，農地淪爲建商炒作的商品，並且日趨浮濫，土地的「商品化」，造成農田更加快速地流失，農業生產環境也因而遭受到嚴重的破壞。

一、解嚴前後的政治變遷與國家認同的分歧論述

經過 1979 年的高雄美麗島事件，所謂「黨外」的政治菁英與意見領袖紛紛遭到逮捕，反對勢力在政治檯面上看似遭到了重挫，然而如是衝擊卻使黨外民主運動在短暫的沈潛之後，展現了更甚以往的政治動能，台灣的政治板塊似乎也緩緩地加重了相互推擠的力道。

由於美麗島事件備受國際矚目，所以 1980 年 3 月 18 日起對事件主事者所進行的軍事審判，當局從善如流並未設有太多限制，因此媒體均能詳盡報導審訊的過程與內容，迴異於以往的控管〔註1〕，這對許多本來絕緣於政治的一般百姓而言，無異是一場空前的政治洗禮與震撼，同時也廣泛引發了社會大眾對台灣政治問題的關注，而且：

> 審訊的重點，不是放在「與軍警衝突」的事件上，而是提昇到「叛亂」、「主張台灣獨立」的高政治層面，因此每一位被告的答辯，都對台灣的政治問題提出他們的「政見」，且充分顯露出他們關切台灣的心情。〔註2〕

藉由媒體傳布引發的效應，「黨外」勢力衝撞威權體制的動機與作爲，逐漸擴大了認同的層面，所以雖然遭遇嚴重打擊，反對勢力卻在陸續開展而未曾停歇的各類選舉中，逐漸累積能量，改變了台灣的政治生態，也催生了台灣的自由化與民主化。

台灣不斷舉行的選舉活動，普遍提高了政治人物與一般社會大眾對政治的參與度，與 1980 年代威權體制漸顯鬆動的趨勢，是有著因果關係的。胡佛認爲透過選舉的機制與競爭，爲台灣的政治民主化的歸趨產生了「動能」，促

〔註1〕參見李筱峰：《台灣史100件大事（下）》，頁115。
〔註2〕同註1。

動了政治社會與民間社會兩者威權結構的鬆動，導致了民眾享有較多的自主與自由，合起來可說是一種民主化與自由化的發展〔註3〕，加以經濟成長帶來的繁榮與社會的開放，都為政治參與增加了「資源」：

> 此種資源與本土的台灣意識相合後，進而促動政治參與的勃興，選舉制度乃成為吸納參與浪潮，安定政局的最佳制度化及正當化的管道。經濟及社會資源與政治參與的相互結合，並透過選舉管道，重新分配政治資源（特別在各級地方政府與議會、以及省議會與中央民意代表），強化本土化的政治發展，如此在選舉機能的不斷循環下，使得威權統治結構日趨鬆動而呈現衰退。〔註4〕

所以，在美麗島大審之後，黨外政治人物在當年（1980）的選舉中，就受到群眾的支持，繼而在 1983 年的選舉，黨外組成了「黨外人士競選後援會」，作為黨外選舉的有組織團體，到了1984年更進一步發展為準政黨組織，稱為「公共政策研究會」，並且在 1985 年的縣市長和省議員選舉中，成立「黨外競選支援會」，正式推薦黨外候選人，已經具備了政黨的雛形與部分功能〔註5〕；最後，於 1986 年 9 月 28 日，黨外後援會推薦大會於圓山大飯店舉行，在黨禁尚未解除的戒嚴時代，132 位與會人士簽名發起建黨，於是而有第一個反對黨──「民主進步黨」的正式成立，雖仍被視為非法，但是當年年底的第一屆增額立委、國代選舉結果揭曉後，民進黨推薦 44 人參選，當選 23 人，得票率立委為 24.78%，國代為 22.21%〔註6〕，又一次透過選舉活動，獲得相當可觀的選民支持。〔註7〕

當局對於「民主進步黨」的成立，最終採取默認的妥協立場，一方面源於當時總統蔣經國的態度，認為「時代在變，環境在變，潮流也在變」〔註8〕，

〔註3〕　胡佛：〈台灣威權政治的傘狀結構〉，收入胡佛：《政治學的科學探究（四）政治變遷與民主化》，頁 17。

〔註4〕　胡佛：〈現代威權體制的轉型與民主化〉，收入胡佛：《政治學的科學探究（四）政治變遷與民主化》，頁 28。

〔註5〕　參見田弘茂著，李晴暉、丁連財譯：《大轉型──中華民國的政治和社會變遷》（台北：時報文化，1989 年 11 月），頁 124～125。

〔註6〕　參見民主進步黨官方網頁/關於 DPP/大事年表，上網日期：2014.05.27，網址：http://www.dpp.org.tw/history.php?data_type=大事年表。

〔註7〕　胡佛：〈台灣的選舉競爭與政治民主化〉，收入胡佛：《政治學的科學探究（四）政治變遷與民主化》，頁 75。

〔註8〕　蔣經國表示：「時代在變、環境在變、潮流也在變，因應這些變遷，執政黨必須以新的觀念、新的做法，在民主憲政體制的基礎上，推動革新措施。」參

所以未曾採取壓制的作法；另一方面，除了政治局勢的變異外，繼林宅血案後，陳文成案、江南案、十信風暴等事件紛至沓來，在在都使得此一時期的台灣社會瀰漫著對於政府的不信任感：

> 政府原來以其大有爲政府的形象來塑造其統治的意識型態，但是後來由於核三、核四大筆龐大的預算，造成了立法院的不信任；緊接著因爲十信案件的發生，更是造成了社會的不信任，其他諸如煤礦災變、餿水油等醜聞，都使得民眾在這種情況下，對政府的行政科層喪失信心。〔註9〕

因此，威權統治的手段以及訴諸意識型態的領導方式，也來到不得不有所修正的階段。在此依然實施《戒嚴令》的期間，諸多人民的基本權利都遭到限縮，威權體制下，百般不見容於當局的言論行爲動輒得咎，甚至僅以莫須有便得以羅織入罪，致令台灣社會長期處在壓抑的氛圍裡，無以全然免除恐懼，喪失互信的基礎，甚而演成不同族群間的對立關係。

然而，在經歷過 1970 年代內政外交上的紛擾與挑戰，加以鄉土回歸熱潮的洗禮，以及「經濟奇蹟」的提升，時序進入 1980 年代以後，民心思變，亟思改革解除政治上的矛盾與桎梏，追求實質的民主自由，於是要求解除戒嚴的呼聲便日益高昂，民意的歸趨，已然勢不可擋。1987 年 7 月 14 日，蔣經國總統頒布總統令，宣告自同年 7 月 15 日起解除戒嚴，長逾 38 年的戒嚴時期，至此劃下句點，也是台灣民主發展史上重要的轉捩點。

自此黨禁、報禁等一一解除，集會、結社、言論、出版等人民基本權利受到了保障，甚至基於人道立場，進一步開放民眾赴大陸探親，而《動員戡亂時期臨時條款》也於 1991 年第一屆國民大會第二次臨時會三讀通過廢止，台灣政治場域正逐日開闊，往昔沈默的台灣社會也同時開始泛著起伏擾動。

《戒嚴令》實施期間，對於人民遊行請願的禁制，本源於《戒嚴期間防止非法集會結社遊行請願罷課罷工罷市罷業等規定實施辦法》的相關規定，一旦禁令解除，長期受到壓抑的公民意識遂破繭而出，並且順勢蔓延，「自力救濟」的行動層出不窮。根據 1988 年台灣社會的觀察研究報告指出，頻繁而蓬勃的社會運動發生的原因，乃是因爲兩個外在關鍵條件：

見李筱峰：《台灣民主運動 40 年》（台北：自立晚報社，1987 年 10 月），頁 241。

〔註9〕 廿十一世紀基金會研究報告④：《1988 年台灣社會評估報告》（台北：廿十一世紀基金會，1990 年 5 月），頁 70。

台灣在 1987 年 7 月解嚴之後,再加上 1988 年 1 月蔣經國先生辭世,使得強人政治解體,這兩股政治力的舒緩,一方面降低人民對政治的恐懼感,一方面由於正面對政治結構勢力的重組,無暇處理各種社會運動的勃興,這些政治空間是 1988 年社會運動發展的外在關鍵條件。〔註10〕

　　然而,社會運動的勃興,除了政治解嚴與強人政治解體之外,也由於經濟繁榮與社會開放等客觀環境的改變,盡皆都是公民意識覺醒的重要背景因素。若依據觀察研究顯示,包含 1988 年新興的反核電、台灣人返鄉和客家人權益三種運動之外,在此之前已有學生運動、農民運動、勞工運動等 14 種社會運動,至此已見有 17 種社會運動的產生〔註11〕,幾可謂大鳴大放;而其中絕大多數的訴求,皆是為了爭取公平正義的合理對待,同時也凸顯了台灣在解嚴後的 1980 年代末期,政治與社會兩方面相互連動的緊密關係。

　　在社會意識高漲之後,民眾不再認為政治參與仍是禁忌,也不再是政治人物的專利,政府單位不再高不可攀,政策的擬定也不再遙不可及而無緣置喙,如是的轉變,或許可以藉由蕭新煌的觀點加以闡釋,認為在於社會大眾看待政府的態度已有所不同:

　　（社會大眾）已不再界定政府功能只在防衛、國防與安全,更是社
　　會公平、經濟平等的仲裁者,同時對政策已開始要求做認知上和行
　　動上的參與。〔註12〕

　　以農民運動作觀察,即是肇因於台灣的經濟政策長期漠視農業發展並犧牲農民權益,而在 1980 年代面對貿易自由化的趨勢與貿易談判的壓力下,卻始終未見有效而妥適的因應對策,因而在解嚴之初,便即爆發了累積壓抑後的反彈,至 1988 年的「五二○事件」而達到高峰。此次農運由農民與農運支

〔註10〕廿十一世紀基金會研究報告④:《1988 年台灣社會評估報告》（台北:廿十一
　　　世紀基金會,1990 年 5 月）,頁 71。

〔註11〕根據廿十一世紀基金會的《1988 年台灣社會評估報告》指出,在 1988 年內,
　　　有反核電運動、台灣人返鄉運動和客家人權益運動等三個新興社會運動成
　　　形,加上之前即上場的 14 種社會運動:消費者運動、反污染自力救濟運動、
　　　生態保育運動、政治受難者人權運動、學生運動、農民運動、勞工運動等,
　　　共有 17 種社會運動登場。參見廿十一世紀基金會研究報告④:《1988 年台灣
　　　社會評估報告》,頁 71。

〔註12〕蕭新煌:〈剖析八○年代台灣社會範型的轉變〉,收錄於蕭新煌:《社會力——
　　　台灣向前看》（台北:自立晚報社,1989 年 7 月）,頁 64。

持者提出的訴求，包含有全面辦理農保、免除肥料加值稅、設立農業部等七項主張〔註13〕，藉由直接走上街頭請願遊行的方式，期盼直接要求政府當局對農業政策採取有效的改弦更張，以達至公平正義爲考量。而如是積累壓抑的民心思變，豈獨農民？

在這段期間裡，中國發生的六四天安門學運，諧稱爲「蘇東波」的東歐獨裁政權相繼倒台的改革浪潮，以及國內的野百合學運繼之而起等，讓多元的台灣社會，充分感染了這一波潮流所趨，也似乎都讓解嚴後的社會加注了動能，體認及必須透過行使公民的權利，向統治階層直接爭取，期能影響政策的改變或施行，同時也間接鼓舞了社會大眾要求改革、鳴放訴求的意志。

當局於1991年終結「動員戡亂時期」以後，中共政權便已不再是國府戡平的叛亂對象，等同於宣告治權已不及於中國大陸，往昔「共匪」之稱也已易爲「中共」，緊接著1992年廢除刑法100條言論內亂罪，因而自此以後，長年壓抑的相關「台灣獨立」的言論與主張，也已經屬於言論自由的範疇。

在白色恐怖統治時期，僅能於海外由台獨運動者所推動的台獨意識，至此際方始能與島內形成串連，明白地朝向台灣化的方向，標舉著本土意識，而同一年民進黨即通過「台獨黨綱」，以追求建立主權獨立自主的台灣共和國〔註14〕；因而，在多元族群並存的台灣社會裡，對於國家認同的分歧看法，便開始鮮明地呈現各自的表述。如是發展，直至二十世紀末，根據觀察歸納，各個政治陣營在國家認同的立場上，大抵有如下不同的主張：

> 國民黨與新黨主張中華民國自1912年以來就是一個主權獨立的國家；民進黨則力主戰後以來，國民黨所統治的台灣事實上是一個不折不扣的獨立國家；獨派則以爲不管是中華民國還是台灣，都還不能算是眞正的主權國家，其中亦有「台灣還談不上是一個國家」的說法。統派視台灣爲中國的一部分，只是地理名詞或地方政府。〔註15〕

國家認同的歧異，正也反映出了台灣住民對於國家獨統定位與方向的莫

〔註13〕 行政院文化部／台灣大百科全書／五二○農民運動，上網日期：2013.07.27，網址：http://nrch.culture.tw/twpedia.php?id=6007

〔註14〕 民主進步黨於1991年10月12、13日第五屆第一次全國黨員代表大會修正基本綱領，增列「建立主權獨立自主的台灣共和國」，參見民主進步黨官方網頁／關於 DPP／黨史及相關資料／黨綱，上網日期：2014.05.27，網址：http://www.dpp.org.tw/history.php?data_type=黨史及相關資料。

〔註15〕 施正鋒：《台灣人的民族認同》（台北：前衛，2000年8月），頁46。

衷一是，這當然是台灣經歷獨特的歷史進程所致，一如前文的敘述；而台獨主張之所以形成，除了兩岸長期隔絕的現實與實質的領土主權等因素外，也與族群意識相關，推究造成如是傾向的原因，與 1949 年中華民國中央政府撤退到台灣以後施行的統治模式，有直接的關係，或許可以藉由施正鋒的看法，來表明一二，其指出：

> 國民黨政府以中國的正統自居，一方面以中國武力犯台的威脅來合理化軍事統治，一方面以國家機器來教台灣人如何當中國人。在國民黨威權統治下建構的「官式民族主義」（official nationalism）裡，對國家的認同是建立在對「主義、領袖、國家」的效忠，同時又以想像中悠久的五千年文化，來貶抑本土人士的自我認同。〔註16〕

在威權體制下，屬於台灣的本土性與特殊性，被加以抑制，全然忽略台灣的歷史文化，而統總整合到以「中國」為中心的民族主義框架中，並透過國家機器，厲行各種規範，以及防範。就以單語（國語）政策一項，或許就能以斑窺豹。

眾所周知，方言在過去很長一段時日裡，在校園裡是被禁止的，但張茂桂認為，語言或腔調是族群關係中重要的基本族群特徵之一，暗示著一個族群的審美觀與支配性，但是外省人得利於語言政策，長期掌握了主要的文化傳播媒介，包括教育體系、電視、廣播及重要的報紙，並有政府命令的保障，如限制電視節目中的方言比例等〔註17〕，所以：

> 對一些本省人而言，國語的支配力量其實反映中國在台灣的優先地位，代表了支配者與被支配者，壓迫者與被壓迫者，決定了什麼是美（如捲舌音的北京話）與什麼是不美（如台灣腔的「台灣國語」），也決定了什麼是主流，什麼是邊陲。〔註18〕

持平而論，語言的統一有其功能上的必要，但是若同時運用彼此熟悉的共通「漢字」，想必也可以在溝通上降低障礙，但是當局卻透過如此偏頗的語言政策與極端的執行方式，去壓制了屬於台灣在地族群的語言，甚至將之標籤化為鄙俗的表徵，因此就不難想見，如是強制的單語政策，自然就在除了「二二八事件」之外，更強化了本省人與外省人互視為「他者」的緣由，形

〔註16〕施正鋒：《台灣人的民族認同》，頁 21。
〔註17〕參見張茂桂：〈省籍問題與民族主義〉，收錄於張茂桂等：《族群關係與國家認同》（台北：業強，2001 年 3 月），頁 255。
〔註18〕同註 17。

成了省籍問題的根源之一。

究其實，台灣的省籍問題不在「省籍」本身，而是源於當局所實施的差別對待所造成的意識型態：

> 本省人（常用的自稱稱謂是台灣人）並不是一個自稱的稱謂，只相對「外省人」這個稱謂才有意義，通常本省人指的是兩種很不同的方言群：閩南人和客家人，而且常不包括台灣的原住族群。這顯示關於本省和外省的類屬，最重要的是關於歷史互動，而不是省籍本身。〔註19〕

可見台灣歷經獨特而乖舛的歷史演變，造成了族群關係間的矛盾，而在威權體制下隱而不顯，但是進入政治解嚴與言論自由的開放社會後，省籍問題不僅是可以公開訴諸討論的議題，也與統獨選項經常糾葛在一起，並且牽涉及國家認同的立場。所以，台灣住民常因其自身所歸屬的族群與省籍，會在面對國家認同與統獨議題的選擇時，產生影響。江宜樺就認為，「統獨爭議」與省籍分歧始終呈現高度對應的現象，「至少到 90 年代為止，省籍差異幾乎是社會上預測一個人統獨立場的常識性指標」，而且「外省／本省」與「統一／獨立」的聯想，在台灣政治場域裡，的確發揮過族群動員的力量〔註20〕。而其意所指，應當包含有台灣持續不間斷的各類選舉活動，時至今日，甚至是不涉及國家主權議題的地方縣市首長選舉，統獨、省籍與國家認同問題，同樣在競選過程中常被激化，只是程度有別而已。

其實，國家認同的立場，在典型的民族國家裡，不會出現太多爭議與歧見，江宜樺曾嘗試精簡地定義「國家認同」為：「一個人確認自己屬於哪個國家，以及這個國家究竟是怎樣一個國家」的心靈性活動〔註21〕，以期方便作為論述的依據；但若就此定義所言，將之置入台灣特殊的歷史發展與現況去做界定，就自然眾說紛紜了，一如前文的列舉。因而，根據沈筱綺的研究指出，在台灣的政治論述與學術討論中，「國家認同」往往同時涉及兩個內涵──統獨立場與民族認同：

> 統獨立場是對台灣未來的主張：要和中國統一，還是要獨立（建國）。

〔註19〕張茂桂：〈省籍問題與民族主義〉，收錄於張茂桂等：《族群關係與國家認同》，頁 239。

〔註20〕參見江宜樺：《自由主義、民族主義與國家認同》（台北：揚智，2000 年 4 月），頁 2。

〔註21〕同註20，頁 12。

> 民族認同指的是認為自己屬於哪個民族，而且這個民族應該擁有完
> 整且自主的政治主權。〔註22〕

　　所以，身處台灣而欲論及國家認同，就政治面而言，要確認自己的屬國，必須先確認國家的主權、領土等完整性，甚至是對於未來國家走向的期許；而就族群隸屬與民族情感而言，會傾向於追尋名實相符的民族國家，因此在這樣的思辨過程中，也就難以迴避自「二二八事件」以來形成的省籍問題了。因此，即便到了二十世紀末期，台灣已經充分地民主化、自由化甚至是本土化，但是國家認同的歧異，卻依然難以統合，一如上述。

　　時至今日，族群問題在社會中其實已經漸趨消弭，甚至是政黨界線也日漸模糊，但是每當屆臨選舉，競選活動進行期間，總難免又為各政治集團或個人所操作動員，甚至將之訴諸為選戰勝敗對決的關鍵，就民主體制的國度而言，誠非樂見之事。在兩岸關係依然維持現狀，交流卻日漸頻繁的情況下，統獨爭議因為形格勢禁卻不免還是僅處於「爭議」的階段，而所謂的國家認同，也隨著時間的沈澱，或許已經蛻變為新型態的詮釋，一如陳牧民所指：

> 無論從實證研究或是歷史觀察的角度來看，已有越來越多的學者主
> 張台灣在歷經民主化與本土化之後，一個新興的台灣國族認同已經
> 儼然形成。當然台灣是否是一個獨立國族的爭論從未停歇，但台灣
> 特殊的歷史發展過程以及特殊國際政治環境所造成的「命運共同體」
> 意識，已經相當程度上取代傳統「閩南／客家」或「本省／外省」
> 等傳統族群認同的標籤。〔註23〕

　　而根據行政院大陸委員會於 2007 年（4 月 20 日～4 月 22 日）進行「民眾對當前兩岸關係之看法」的民意調查顯示，有 77.3%的民眾贊成以「台灣」名義申請加入像是聯合國或是世界衛生組織等國際組織〔註24〕，這樣的調查結果，則或許能為上述所謂「命運共同體」的意識，標記一個絕佳的註腳。

〔註22〕沈筱綺：〈故土與家園：探索「外省人」國家認同的兩個內涵〉，收錄於張茂桂編：《國家與認同：一些外省人的觀點》（台北：群學，2010 年 2 月），頁117。

〔註23〕陳牧民：〈台灣國家認同研究的現況與展望〉，收錄於施正峰主編：《國家認同之文化論述》（台北：台灣國際研究學會，2006 年 11 月），頁37。

〔註24〕2007 年「民眾對當前兩岸關係之看法」民意調查結果摘要：以台灣名義申請加入像是聯合國或是世界衛生組織等國際組織，有 77.3%的民眾贊成，11.1%的民眾不贊成。參見行政院大陸委員會官方網站／民意交流／民意調查／電訪民意調查／2007 年，上網日期：103.06.10，網址：http://www.mac.gov.tw/ct.asp?xItem=54157&ctNode=6138&mp=1

二、貿易自由化的衝擊與農地商品化的趨勢

1980年12月15日「新竹科學工業園區」完成設置與成立，同時也宣告著台灣的產業正式邁向高科技、高附加價值發展的新紀元，整體經濟結構因而也接續1970年代的轉變後的模式，在進入1980年代益發朝向著工商業快速地進展，並且得利於優惠稅制與保護政策，也著實創造出亮麗的產值；但相對的，農業問題仍一如沈痾難解，甚至是積重難返而每況愈下，政府相關單位雖一再祭出諸多建設措施與振興方略，然而，整個台灣農業發展的趨勢，卻處處顯露出日暮途窮的衰敗景況。

事實上，農村經濟於此際也仍舊疲弱，農家與非農家所得之差異也依舊持續擴大，顯然提高農民所得、增進農民福利等方案的陸續實施，除了並未能對農業產生振衰起敝的作用之外，貿易自由化的衝擊，農地利用率的降低，農地轉用等問題也持續衍生，當然，相對的，力求農家與非農家所得能夠取得平衡的努力，同樣是未見成效。

其實，謀求工商業與農業發展的共榮，是可以相互依存的，毛育剛認為，農業要達到現代化的提升與單位面積產量的提高，則首要是農民必須能以農產品在市場上換取現金，藉以購入肥料、農藥以及其他農具器材，所以農產品的商品化，就有賴於工商業具有一定程度上的發展，而「貨幣所得對農民所具有的吸引力，是農民可在有利之交易條件（terms of trade）下以此種所得換取工業產品。換言之，即工業產品必須先做到價廉物美的標準」〔註25〕，所以由此可以看出，當農業與工商業因為良性的互動而並駕齊驅，共同達到一定經濟規模以後，方始能製造出所謂有利的「交易條件」。但是在彼時尚處於開發中進程裡的台灣，也如同世界上許多開發中國家的做法一般，扼殺了農業發展：

> 開發中國家的政府，為了維持都市生活費用不致過高，通常都實施對農產品價格的干預，同時並實施關稅政策以保護國內工業，使得農工之間的交易條件不利於農業，因而阻礙了農業的現代化。當農民眼見工業產品的價格日日上漲，而農產品的價格則始終徘徊在較低水準時，就會失去對農業現代化的興趣。

而且，隨著全球貿易自由化的趨勢，台灣也積極為拓展貿易空間做準備，因而農產品繼1970年代成為爭取外交空間的籌碼之後，再度又淪為貿易談判

〔註25〕參見毛育剛：《農業發展》（台北：黎明，1992年5月），頁9。

中的犧牲品。例如，1980年代初期，美國國內農產品生產過剩，乃要求貿易往來國家必須承擔「自由貿易體制」的責任〔註26〕，這當然也包含了台灣，同時政府決策單位認為開放農產品進口，不僅可以平衡貿易逆差，同時也可保護工商業的發展，更源於貿易自由化的壓力，開放農產品進口遂成為對外經貿談判的選項，但是，卻對台灣農業造成強烈的斲傷。蕭國和指出，這樣的作法除了肇因於官員缺乏同理心的態度之外，結果也無益於貿易的平衡：

> 一般的經貿談判官員，大體認為平衡貿易逆差的有效策略在於開放
> 本土的農產品市場。殊不知國內的農產品市場開放後，平衡貿易逆
> 差的功能並無法彰顯，但卻對台省的農民，造成極其慘重的打擊。
> 在這種認知差異下，長期以來，台省的農業發展，政府下再多的人
> 力、物力、資金等皆於事無補。〔註27〕

道破了欲開放農產品的自由化市場，以達成平衡貿易的手段，無異於是緣木求魚，並且讓萎靡的台灣農業雪上加霜。因此，綜觀1980年代推動的農業政策與目標的設定，仍是「加強基層建設提高農民所得方案」、「改善農業結構提高農民所得方案」等，以謀求提高農民所得、維持農業成長、增進農民福利〔註28〕，恍若繼1970年代以降，農業政策即陷入一再的重複縈迴，同時亦可清楚地了解到台灣農業的欲振乏力。即使是政治學者對進口農產品將影響台灣農業的發展，也同樣有如是的觀察，呂亞力表示：

> 政府對農業與農村的政策彼此矛盾：一方面以農貸、產銷改善、改
> 種雜糧、農地重劃、農村基本建設等措施，來全力提高農村經濟，
> 改善農民生活；另方面又大量政策性收購外國農產品來抵銷其努
> 力。〔註29〕

但是隨著全球化趨勢的演進，面對貿易自由化所帶來的衝擊與挑戰，若

〔註26〕 參見陳希煌：《台灣農業經濟問題之探原》，頁119。
〔註27〕 蕭國和：《台灣農業興衰四十年》，頁68。
〔註28〕 根據1995年農委會出版的《農業政策白皮書淺說・附錄：歷年農業施政概況》
的羅列，民國71～80年（1982～1991）之間，農業政策的目標是為：一、提
高農民所得，縮短農民與非農民所得差距。二、維持農業適度成長，確保糧
食供應安全。三、改善農村環境，增進農民福利。參見行政院農業委員會編
製：《農業政策白皮書淺說》（台北：行政院農業委員會，1995年8月），上網
日期：2013.05.21，網址：http://www.coa.gov.tw/view.php?catid=17624
〔註29〕 呂亞力：〈台灣地區政治發展的經驗與展望〉，收入中國論壇編輯委員彙編：《台
灣地區社會變遷與文化發展》，頁169。

是不改變此種兩相矛盾的政策，則終將斷送農業經濟、農業生產與農民生計，而過低的糧食自給率，也將危急國家安全。陳希煌就直接指陳，面對美國要求開放市場與取消貿易障礙的壓力時，政府往往採取委蛇屈服的態度，向美國大量採購農產品，犧牲農業來保護工商業的發展與利益，但事實上「目前我國經濟自由化的對象應該是工商業」〔註30〕，使其通過競爭以求再造工商發展的新機運，而不是競爭力相對薄弱的農業，因為：

> 在貿易自由化的前提下，由於我國農場規模小，生產成本高，在市場上難與大農制粗放經營之國家競爭，另一方面我國勞力成本高，也不容易與後進小農制之低工資產品相競爭。更且由於今年以來（按:1988 年）新台幣快速升值，擴大國內外農產品價差，不但出口農產品不容易與人家競爭，連自己國內農產品市場也不容易與國外農產品競爭，給國內農業生產帶來很大困擾。〔註31〕

所以正本清源，產業保護政策應該是要針對農業，以考量國計民生安全的觀點視之。然而，台灣的專業農戶已然日趨減少，休耕、廢耕以及變更他用的農地也逐日擴大。

或許有鑑於此，台灣省政府於 1983 年在全國農業會議閉幕時，便提出所謂「八萬農業建設大軍」的計畫，希望能夠培養八萬農業大軍的核心農戶構想，其中包含有農地重劃、提供擴大農場經營規模購地貸款、建立完整產銷體系、加強農業科技推廣教育、籌劃農民健康保險等措施〔註32〕，相較於諸多未見成效的農業政策，似乎對於改善農業困境、重建農民信心、適度保護農業以及開創農村新面貌等方面，都具有更為具體的作法，一時引發各界關注與討論，但是未旋踵之際，主其事者省主席李登輝即走馬上任副總統，繼任的邱創煥又提出「發展精緻農業」的計畫，雖然此構想結合了「八萬農業建設大軍」的概念，然而由於「精緻」的規模相對成本較高，農民必須具有負擔的能力，所以「精緻農業」也「並不是面的發展，而是點的發展」〔註33〕，對於台灣農業的扭轉，也還是無有整體而全面性的幫助，以致於台灣的農業，在 1980 年代工商業高度發展的對比下，始終存在著差距，農業所得較之日益

〔註30〕 陳希煌：《台灣農業經濟問題之探原》，頁 122。

〔註31〕 同註 30。

〔註32〕 參見《八萬農業建設大軍之遴選及其組織要點》（南投：台灣省政府農林廳，1983 年 3 月）。

〔註33〕 參見蕭國和：《台灣農業興衰四十年》，頁 68。

揚升的平均國民所得，顯現了更甚於以往的落差。

　　台灣農業發展的停滯，肇因於長期以來相關經濟政策的偏頗，而在經濟自由化、國際貿易空間必須拓展的壓力下，又必須承受進口農產品的壓力；另外，又受到農業外部門的牽制，如工業廢水對農田的污染、如農業部門在民意機構中缺乏代言人等〔註34〕，無一不使得台灣農業的景況，日趨凋零。至於農地的實況，在工商業高度發展的趨勢下，農工爭地復加以人口的繁衍，對土地的需求也與日俱增，在狹小的台灣島上，很輕易就形成了對農業用地的侵奪，一如前文的敘述，而彭作奎在1980年代初期，以其觀察心得撰文指出：

> 過去由於農業生產利潤偏低，長期結果使優良農田逐漸轉變爲非農
> 業使用，平均每年約有四千餘公頃水田轉爲工業及都市用地，且爲
> 零星不規則發展，使農地品質降低，自然環境受到破壞。尤其農地
> 變更爲非農業使用後要恢復爲農業使用，幾爲不可能。〔註35〕

　　其看法乃指出，台灣農業用地持續遭到變更挪用，農業所得偏低與農地的流失，形成惡性循環的輪迴，勢將對農業的發展造成嚴重的影響。同時，由於國人所得提高以及消費習慣的改變等因素，白米消費量事實上也逐年下降，而政府乃以因應消費市場的變化，又鑑於稻米生產過剩造成餘糧處理困難、倉容不足及增加政府財政負擔等考量，乃自1984年起，推動「稻田休耕轉作措施」〔註36〕，並且由政府撥款進行休耕補助。但除了上述成因之外，避免生產過剩的另一個原因，乃是不無爲了持續開放農產品進口所預做的準備，此舉除了造成更多農地閒置之外，違規使用農地的情況也就日趨嚴重。

　　此一休耕補助措施，竟爾長年實施，根據1995年行政院農業委員會印行的《農業政策白皮書》的記載顯示，自推動稻田轉作及休耕起，台灣稻米的種植面積由1984年的64萬6千公頃，逐年減少到1993年的39萬1千公

〔註34〕參見黃俊傑：《農復會與台灣經驗（1949～1979）》（台北：三民，1991年6月），頁85～86。

〔註35〕彭作奎：〈農工商均衡發展下糧食政策重點〉，原載於1982年3月15日《聯合報》，收入彭作奎：《台灣農業邁向現代化之路》（台北：茂昌，1991年9月），頁19。

〔註36〕參見「行政院農業委員會官方網頁・新聞與公報」：〈推動稻田轉作休耕維持產銷平衡及糧價穩定〉，上網日期：2014.5.25，網址：http://www.coa.gov.tw/show_news.php?cat=show_news&serial=coa_diamond_20090510140032

頃〔註 37〕，在這十年間消失了 40%的稻米種植面積，並且未見有任何配套措施。而此一時期，爲了拓展對外貿易與外交空間，政府正積極重新申請加入「關稅暨貿易總協定」（General Agreement on Tariffs and Trade，簡稱 GATT），並於 1992 年准以觀察員身分開始參與活動，將有利於台灣強勢的工業產品出口，但在農業方面達成的協議裡，包含政府對國內農業的各項補貼總經費限制，自 1995 年起六年改革期間，國內總補貼經費必須減少 20%，關稅也必須在六年內削減平均關稅 36%〔註 38〕，雖然政府宣稱在「農產品貿易量、值及農業資源分配均將產生有利的效果」，以及「有利於總體經濟成長，農產品外銷機會也會增加，惟國內市場逐漸開放，亦將面臨國外農產品更激烈的競爭」〔註 39〕，但是尙未見到上述所謂的獲利之時，國內農業已經先蒙其害，大量農田休耕的景觀也仍一如往常。

2013 年 1 月，中央研究院《農業政策與科技研究建議書》出爐，對於稻田休耕一項作出檢討，認爲長期稻田休耕政策將不僅影響生產環境，而且：

> 民國 73 年起輔導農田休耕轉作，現有休耕地兩期作面積 20.3 萬公頃，目前政府每年要支付約一百億元，補助二十萬公頃稻田休耕。此一措施既沒有任何生產力，也沒提供就業機會；很不幸地，卻因政府提不出替代方案而持續實施 28 年，造成耕作環境的惡化，破壞農村景觀等負面效果，休耕制度必須修正加以活化復耕。〔註 40〕

長期休耕所造成的農業條件惡化，將不利於農業的永續經營，農業文化與農業技術亦將斷裂，而且不僅破壞農村景觀，甚而危害自然生態環境，一反《農業政策白皮書・序》裡，對農業非經濟性功能所揭櫫的冠冕堂皇：「提供開闊的生活空間與綠色景觀以及促進生態平衡等，則非其他產業所能替代，其貢獻度亦難以一般價值觀量化」〔註 41〕。所以，台灣農業的 1980 年代，農事耕作受到非農業因素的干擾日益劇烈，在農村社會裡根源於土地的傳統農民意識已然流失，土地之於農民早已不再具有任何「神聖性」，根據廖正宏田野調查做成的統計數據顯示：

〔註 37〕參見行政院農業委員會編：《農業政策白皮書》（台北：行政院農業委員會，1995 年 3 月），頁 13。
〔註 38〕以上資料，參見行政院農業委員會編：《農業政策白皮書》，頁 4～5。
〔註 39〕行政院農業委員會編：《農業政策白皮書》，頁 4、6。
〔註 40〕中央研究院編：《中央研究院報告 NO.10：農業政策與科技研究建議書》（台北：中央研究院，2013 年 1 月），頁 8。
〔註 41〕同註 39，頁 iii。

高達 75%（67.9%同意，7.3%很同意）的農民認爲賣掉祖產不一定
是丟臉的事，也有一半以上（57.6%，其中 5.1%很不同意，52.5%不
同意）的農民不認爲土地可以用來衡量一個人的身分地位（尤其是
35 歲以下的農民或兼業農）。〔註 42〕

視土地爲安身立命根基的價值取向，終因客觀環境的翻轉而異化，當現
實生活與生命希望已無法再仰賴「土」生「土」長的收穫之後，便寄望於兒
孫後輩能脫離農地束縛，解放務農維生的局限，在已成型的工商社會裡，投
入熱絡的就業市場；或藉由相對公平的升學考試制度，躍越龍門，翻轉社會
階級，躋身上流社會，不必再承襲家業，除草施肥，日曬雨淋。

根據調查發現，農民開始重視子女的教育問題，甚至比土地的價值更重
要，高達 75%（55.4%同意，19.6%很同意）的農民，「甘願賣土地也要讓子女
受最高等的教育」〔註 43〕，由此得以一窺台灣農村社會價值觀的演變，曾經
昂揚的「農本主義」已趨淡薄，黃俊傑歷數如是流變，堪爲代表：

> 戰後台灣農業發展的經驗，可以說是「農本主義的文化」的塑造、
> 轉化到崩潰的一段過程。塑造期是在 1950 年代初期，一系列的土地
> 改革政策是「農本主義文化」的強有力的塑造者；轉化期則是在 1960
> 年代中期農工不平衡、農業危機形成的這一段時間；崩潰期則是開
> 始於 1970 年代，台灣已完成經濟結構的轉變，農業已成夕陽產業，
> 到了 80 年代經濟國際化、自由化的潮流中，所謂「農本主義」已日
> 薄西山，走完它歷史的道路了。〔註 44〕

所以，在 1987 年政治解嚴之後，農民運動的風起雲湧，屢仆屢起，即是
台灣農民對長期積累且持續加重的「相對剝奪感」所做的具體宣洩方式，要
求當局正視農村與農民被輕賤對待而缺乏合理的公平正義。1995 年「關稅暨
貿易總協定」（GATT）被「世界貿易組織」（World Trade Organization，簡稱
WTO）所取代，台灣乃又向 WTO 提出入會申請，幾經波折終於在 2002 年入
會成爲正式會員國；然而，在這段積極投入全球貿易自由化潮流以拓展外貿
空間的過程中，台灣的農地卻又因此將再度變異其樣貌。

台灣在加入 WTO 之後，進口農產品將大量輸入，對於自身農業再度形
成極大的壓力，自不待言，而在積極提出入會申請之際，爲了紓緩對農業帶

〔註 42〕廖正宏、黃俊傑：《戰後台灣農民價值取向的轉變》，頁 50。
〔註 43〕廖正宏、黃俊傑：《戰後台灣農民價值取向的轉變》，頁 50。
〔註 44〕黃俊傑：《戰後台灣的轉型及其展望》，頁 74。

來的衝擊，如何促進農地更佳合理利用與管理，便成爲迫切而重要的課題。至此，放寬既有限定自耕農才能擁有農地的「農地農有、農地農用」之政策限制，朝向「放寬農地農有、落實農地農用」方向調整的呼聲漸高，咸認農地政策經過如是轉變，將有利於引進資金、技術並擴大經營規模提高農業競爭力，以期提昇農業經營效率，加速農業的企業化與現代化。〔註45〕

於是乎，在爭議聲中，農業發展條例修正案於 2000 年 1 月 4 日經立法院完成三讀程序，倂同土地法、平均地權條例、土地稅法等其他七個配套法案修正案，於 2000 年 1 月 26 日公布施行〔註46〕，由「管地」又「管人」的方式，改變爲「管地不管人」，意即放寬農地自由買賣，不但允許「非自耕農」身分的自然人承購農地，並且明訂在不影響農業生產環境及農村發展情形下，得以申請興建農舍〔註47〕，這是繼 1950 年代初期系列「土地改革」後，台灣在農地政策上堪稱最重大的變革，原始立意雖有可取之處，但是卻無以排除伺機牟利的機巧作爲。於是乎假農舍之名以興建別墅，購買農地的目的已不是農業，而是建築業，農地淪爲建商炒作的商品，並日趨浮濫。根據行政院主計總處公布〈農林漁牧業歷次普查結果摘要〉的統計數字顯示，2000年台灣可耕作地總面積（含農牧場）計有 624,215 公頃，法規鬆綁以後，至 2010 年已降爲 579,196 公頃，減少了 45,019 公頃〔註48〕，等同於十年來台灣的耕地已有相當於約 1 千 7 百多座大安森林公園的耕地消失，而且：

　　其中有相當於 15 個台北市信義區的面積，拿去蓋住宅與農舍，嚴重破壞糧食生產基地。此政策實施後所衍生的問題，就是一些不經營農業的人到都市近郊購買農地登記爲農民，爾後在水田中大興土木

〔註45〕參見于宗先、王金利著：《台灣土地問題：社會問題的根源》，頁 108～109。
〔註46〕廖安定：〈農業政策與農業法規〉，《農政與農情》第 103 期（2001 年 1 月），上網日期：2014.05.30，網址：http://www.coa.gov.tw/view.php?catid=3860
〔註47〕全國法規資料庫——〈農業發展條例〉第 18 條修正爲：「本條例中華民國八十九年一月四日修正施行後取得農業用地之農民，無自用農舍而需興建者，經直轄市或縣（市）主管機關核定，於不影響農業生產環境及農村發展，得申請以集村方式或在自有農業用地興建農舍。」，上網日期：2014.05.10，網址：http://law.moj.gov.tw/Law/LawSearchResult.aspx?p=A&k1=%E8%BE%2%E6%A5%AD%E7%99%BC%E5%B1%95%E6%A2%9D%E4%BE%8B&t=E1F1A1&TPage=1
〔註48〕參見行政院主計總處：〈農林漁牧業歷次普查結果摘要〉，上網日期：2014.05.26，網址：行政院主計總處政府統計／主計總處統計專區／農林漁牧業普查／統計表／農林漁牧業歷次普查結果摘要 http://www.dgbas.gov.tw/lp.asp?ctNode=3279&CtUnit=389&BaseDSD=7&mp=1

> 蓋農舍自住或轉售獲利，嚴重影響農田灌溉排水及農機利用並造成
> 環境汙染。〔註49〕

　　良田加速流失，農業生產環境遭受嚴重破壞，長此以往，則台灣農業的
未來景況堪憂，更遑論永續發展；同時，台灣糧食的自給率也降到只有 33%
的低點，已經危及了糧食與國家安全〔註 50〕，上述這一切的數據，無一不顯
示問題的嚴重性與迫切性。

　　田園將蕪，農地不再長出農作物，而是櫛比鱗次的建築物；精耕細作、
阡陌交錯，美麗富饒的農村景觀，業已點滴流失；豆棚瓜架、雞犬桑麻的傳
統農舍也已漸不復見。質樸自然的台灣農村社會，或將隱沒消失。

第二節　本土意識的建立與「台灣文學」的成立

　　台灣的產業結構在戰後急遽改變之下，工商社會的加速成型，也造成社
會文化問題迭生，社會結構產生重組之際，傳統價值體系也產生變異，隨著
出口貿易持續暢旺，前所未有的富裕景象，卻明顯地表現出資本主義社會的
特徵，充斥著金錢遊戲與物欲追求，價值判斷也趨於偏斜，表現了異質化的
生活態度與消費行為。而伴隨著社會開放蛻變為都市化、消費化與商品化的
同時，台灣的文化場域也呈現多元、開放的發展趨勢，不再屈從於傳統專斷
的權威，以往官方主導的文化意識型態宣揚，也不再具有任何主導的力量，
社會意識與文化思潮起伏脈動，活潑地充滿各種訴求與議題。在解構了文化
霸權的一元化論述後，台灣意識論者推動朝向本土化方向的思考，也是方興
未艾，積極進行以「台灣史觀」投入歷史敘事的競爭，爭取掌握歷史詮釋權，
希能重構台灣歷史記憶的脈絡，以期落實台灣主體性的建構與追尋。

　　「台灣文學」的名義，幾經峰迴路轉之後，在 1980 年代漸得以脫離了中
國文學的收編，取代過去所廣泛使用的「鄉土文學」，凸顯主體論述並加以「正
名」，然台灣的文壇，卻也已經呈現多元化的發展，社會開放、禁忌突破、言
論自由等諸多因素，都讓書寫取材的範圍為之擴大，文藝創作勇於多方嘗試，
有如百花齊放。同時也因為消費模式主導的城市經濟逐日擴大，社會文化大
有朝向商品化、通俗化與大眾化的趨勢，同樣也讓文學創作被置入於企業化

〔註49〕中央研究院編：《中央研究院報告 NO.10：農業政策與科技研究建議書》，頁 7。
〔註50〕同註 49，頁 8。

經營的生產與銷售系統之中，以消費者導向為訴求的行銷策略，對於文藝創作與作家本身都形成巨大的衝擊。多元文化的表現，外來思潮也是重要的影響因素，相繼橫向進入台灣文化場域的後現代與後殖民主義，也對台灣文學的創作行為產生了複雜的影響，儘管外來思潮在進入台灣以後大抵都產生了異化的現象，甚至也存在有揉雜交織的情形，但是各取所需為己所用，也迭生爭辯，如果正面看待的話，同樣都可以透過摸索與反思，提供更開放性的思考，產生催化作用，豐富台灣文學發展的內涵。

一、社會文化的多元呈現與台灣文化主體性的追尋

經過 1970 年代的工商業蓬勃發展的累積，來到 1980 年代的出口貿易也持續暢旺，台灣與南韓、香港及新加坡被合稱亞洲四小龍，社會呈現前所未有的富裕景象，民眾所得不斷提高，台幣大幅升值，但由於欠缺其他投資的管道，過多的資金使得股市突破萬點，地下金融猖獗，「大家樂」賭風席捲全台，社會充斥著金錢遊戲與物欲追求，金錢似乎可以主宰一切，價值判斷也趨於傾斜。

台灣社會在平均所得提高之後，明顯迅速地表現出資本主義社會的市場經濟特徵，葉啓政認為這與台灣文化的特殊性不無關係：

> 由於缺乏深厚的文化自省的社會底層為後盾，在經濟快速成長的推動下，資本社會的文化特徵快速地表現出來。人們競相追求西式「現代化」生活方式，並以此炫耀。〔註51〕

葉啓政指出，由於跨國企業的膨脹與國際資訊流動便捷，導致西方（尤其是美國）文化以商品的姿態，挾帶著「現代化」的迷思，輕易就大量滲透到一般民眾的日常生活，但是台灣社會之所以缺乏文化自省的底蘊，也是因為台灣特殊歷史演進所致。台灣在歷史上，「經過日本五十年的殖民統治與國民黨四十多年的經營，優勢文化更換頻繁，扞格了具本土特色文化成熟發展」，加以其他主客觀因素的影響，造成台灣的文化場域是多元、開放，對外來文化的吸納甚為敏銳，模仿力也強〔註52〕，因此，在本土文化長期受到壓抑，無以積累深層厚實的人文素養，導致民眾在金錢掛帥的迷思中，競逐現

〔註51〕葉啓政：〈台灣「中產階級」的文化迷失〉，收入蕭新煌主編：《變遷中台灣社會的中產階級》，頁 115。

〔註52〕葉啓政對台灣在 1980 年代未能形成有韌性，且具有特殊風格的文化的原因提出分析，同註51。

代化潮流，從而表現了異質化的生活態度與消費行為。

　　台灣本是擁有不同族群與文化的多元社會，而且四面環海，更孕育出特有的海洋文化，也充滿鮮明的移墾色彩，經由不同時期相異文化背景的移民，迭續創造了台灣島上活潑而開放的豐富多元文化。莊萬壽分析指出，台灣文化每次面對新的外來者，原有的就相對關係而言即稱為「本土」，並且在歷史上不斷重演「本土」VS「外來」模式，而本土本非「一體」，甚至是多元分立的，面對不斷的外來，雖相對地迭生本土，但本土永遠亦是分離的〔註53〕；而本土面對外來會使內部思想、意識形成凝聚，外來要行使統治，亦必在政治文化上有一體的措施，因此：

> 這兩種新生的力量，使不斷外來的統治者與統治文化促成台灣極為
> 多元的文化整合（Cultural Integration）。而不斷整合的結果，就是創
> 新（Innovation）：創造一個只屬於台灣特有的新文化，只為台灣人
> 民所專有、主導，那麼就是台灣文化主體性。〔註54〕

　　這或許可以對於台灣文化的多元面貌提出一個結構性的解釋，所以台灣文化的主體性因而是靈動而非封閉的，是一個多元性文化的地區，只是被壓抑了。

　　日據時期大和民族挾帶明治維新後的強勢現代化實力，厲行同化殖民政策，對台灣文化形成桎梏；戰後國民黨政府援其中原文化凌駕台灣社會，也對台灣文化形成壓抑；這些在威權體制下所行使的文化霸權論述，都在在地扼殺了台灣社會文化多元的價值，也讓台灣在長遠的歷史發展過程中，難以累積較為深邃厚實的本土主流文化。

　　能夠包容各種不同的文化，尊重多元價值的存在，平等的相互對待，才是真正開放性社會的特徵。1980年代，追求政治民主、思想自由與社會正義的呼聲漸次高昂，人民不再沈默屈從於傳統專斷的權威，傾向於爭取公平對等的權利，以期建構更具民主自由、更開放多元的生存空間。

　　事實上，台灣在工商經濟高度發展與產業結構再次轉變下，進入1980年代的台灣社會，確實已經蛻變為都市化、消費化、商品化等更為多元的模式，蕭新煌即以社會分工漸細解析社會多元化的原因：

〔註53〕參見莊萬壽：《台灣文化論──主體性之建構》（台北：玉山社，2003年11月），頁36。
〔註54〕同註53。

分工越來越多樣，新行業也一再創造，乃使得台灣結構的形貌中同時出現了成長率很高的「中產階級和勞工階級」。使得台灣脫離了兩極化的困境。這是在六○年代以前的時期所觀察不到的新生現象。這兩個階級幾乎平分秋色的結果，也使得台灣社會的多元化日益明顯。〔註55〕

　　中產階級和勞工階級的大量出現，也加速社會不同階層人口的流動頻率，工商業人力需求持續增加，就業機會與民間經濟能力持續攀升，財富往往成爲社會地位的表徵，傳統社會的價值體系正面臨著解構的挑戰。

　　而資本主義社會的消費文化特徵，浮現在1980年代的台灣，也僅是社會文化多元呈現的其中一面而已，隨著政治民主化與經濟自由化的演變趨勢，以往官方主導的政治或文化的意識型態宣揚，已不復存在制約的力量，社會意識與文化思潮起伏脈動，在整體台灣的開放社會裡，喧鬧著不同的聲浪，此起彼落，相關於人權、婦女、勞工、原住民、反核、環保等林林總總的主張與訴求，也都在政治、經濟、與文化等主流議題之外，活潑地躍動於檯面，動能十足。

　　若是加以正面看待，這是台灣社會在民主自由化以後，所自然呈現的多元發展，但是除了自由化民主化之外，其內在成因，卻與台灣的產業結構在戰後的急遽改變，不無直接關係，黃俊傑以爲：

戰後的台灣在中國人的歷史上第一次從農業社會轉化成爲工商社會，創造了許多人所謂的「經濟奇蹟」，但是由於這種社會經濟結構的根本改變，在短短30年左右時間之內完成，所以，它所帶動的社會文化問題也就特別怵目驚心。〔註56〕

　　以農業社會爲主幹的台灣，在戰後經濟政策導引下，利用農業生產的剩餘支援了工商社會的加速成型，工廠四處聳立，城市積極擴張，不僅社會結構改變，傳統價值體系也產生變異，而面對諸多衍生的新興問題，由於缺乏經驗法則得以依循，民間社會無所適從，政府當局也顯得措手不及，就以工業發展與環境保護之間的矛盾，即是其中鮮明的例子。

　　但不可否認的是，1980年代正是台灣政經社會大轉型的關鍵年代，更加開放廣闊的管道帶來更多的資訊，日漸緊湊的生活步調，使台灣步入了全新

〔註55〕蕭新煌：〈剖析八○年代台灣社會範型的轉變〉，收錄於蕭新煌：《社會力——台灣向前看》，頁59～60。

〔註56〕黃俊傑：《戰後台灣的轉型及其展望》，頁6～7。

的時代與社會型態，同時隨著與政治解嚴和經濟持續熱絡，也造就了愈趨多元的社會文化場域。

多元的社會文化表現，其中代表性的指標之一，當是言論禁忌的突破。因為自由化與民主化的發展，往昔被視為政治忌諱的主張，也慢慢地得以浮上檯面，眷顧台灣文化主體性的呼籲，有日漸增強的趨勢，承接了 1970 年代回歸鄉土的熱潮與鄉土文學論戰的遺緒，在進入 1980 年代後，演成推動台灣社會意識朝向本土化的方向思考。

1983 年至 1984 年間，台灣黨外陣營出現一場後來被稱為「台灣意識論戰」的意見紛爭，所謂「台灣結」與「中國結」的詞彙透過雜誌首見於台灣文化論述場域，同時也嘗試具體定義「台灣意識」與「中國意識」〔註57〕，雙方相左的意見雖然頡頏上下，然而在政治解嚴以前，某些言論仍不免干犯禁忌，但卻不可否認如是論戰，卻讓所謂「台灣意識」進一步地被加以辨明，以及深化。

在論戰過程中，標舉「台灣意識」的成因與內涵，當以陳樹鴻的文章是為典型，其認為經過日據時期的殖民壓迫與資本主義化的建設之後，台灣開始具有整體化的社會與經濟生活，所以在日據下就已經產生了休戚與共的「台灣意識」，繼而在 1949 年以後，由於兩岸的敵對隔絕，致使台灣依然保持是一個獨立於中國之外的社會經濟體〔註58〕，因此，所謂的「台灣意識」是源此客觀因素而始終存在的，並且進一步地指出：

> 「台灣意識」，一方面固然來自台灣實體的客觀存在，另一方面它也會反過來鞏固這個實體的存在。台灣意識一方面促進了台灣的經濟活動、文學活動、民主運動，以及其他的社會活動；另一方面也使中共對台灣的一切企圖變成「侵略性」的恫嚇行為。〔註59〕

陳文的立論欲落實「台灣意識」的認知與客觀存在的事實，試圖建立其合理性與正確性，並且強調台灣社會，早已經形成了相異於大陸中原文化的傳襲與認同。

而施敏輝更是進一步在其論述中，拉開了歷史視野，認為台灣社會是因

〔註57〕關於論戰起因、過程與相關文章，參見施敏輝（陳芳明）編：《台灣意識論戰選集》（台北：前衛，1988 年 9 月）。
〔註58〕參見陳樹鴻（劉進興）：〈台灣意識——黨外民主運動的基石〉，收錄於施敏輝編：《台灣意識論戰選集》，頁 193～194。
〔註59〕同註58，頁 201。

為經過四百年的殖民剝削過程，在與統治者的抵抗中逐漸累積而成屬於台灣人的「本地意識」或「全島意識」，其文章指出，「在漫長的歷史裡，漢人移民與不同的外來統治者，一直存在著緊張的對抗關係。透過不斷的武力鬥爭，漢人移民在台灣社會便無可避免發展出本土意識」〔註 60〕，依此歸結出「台灣意識」形成背景的歷史真實。究其實，「台灣意識」論者如是的探查與定義，乃是欲藉以拮抗國民黨自 1949 年以來長期所抱持的「中國意識」，而且是透過政府體制與律法對台灣形成強勢的制約，使台灣「中國化」，而完全無視台灣歷史文化的特殊性。

然所謂的「中國意識」，應是相對於「台灣意識」而為論者所提出，指稱的是國民黨政府自國共戰爭中失敗撤退至台灣以後，為了合理化其統治正當性而發展出來的意識型態，陳芳明指出：

> 以中原意識為基礎的官方國族史，側重在雄偉、悲壯、崇高、寬闊等歷史人物事物的描寫。也就是說，中華民族取向的歷史再現，乃是以大敘述（grand narrative）為基調。在這種史觀的影響之下，台灣歷史無可避免就被矮化成為狹隘的、地域性的小歷史（petite history），無論在史觀上或美學上，都不足以與偉大的中國歷史相互比擬。〔註 61〕

而蕭阿勤則是具體地指出國民黨依據一套可以稱為「中國史觀」的歷史敘事，嘗試來說服本省人，大家都是中國人，而在目前的處境上，也有共同必須面對的敵人：

> 國民黨強調台灣與大陸共同的血緣、文化背景、與政治發展關係，宣揚有關台灣與祖國緊密相連的歷史知識。藉由建構關於過往的集體記憶，國民黨試圖說服本省人，他們與這個政權有著共同的未來，也有共同的敵人，亦即中華人民共和國。〔註 62〕

這可以視為是以「中國史觀」架構而成的「中國意識」，如是用心，甚且強化同處於台灣必須「同舟共濟」的憂患意識，於是「反攻大陸」、「解救

〔註 60〕參見施敏輝（陳芳明）：〈注視島內一場「台灣意識」的論戰〉，收錄於施敏輝編：《台灣意識論戰選集》，頁 10。

〔註 61〕陳芳明：〈後戒嚴時期的後殖民文學——台灣作家的歷史記憶之再現（1987～1997）〉，收錄於陳芳明：《後殖民台灣——文學史論及其周邊》（台北：麥田，2007 年 6 月），頁 112。

〔註 62〕蕭阿勤：《重構台灣：當代民族主義的文化政治》，頁 280～281。

大陸同胞」等口號，遂理直氣壯。但是，到了1980年代，官方的意識型態，經過四十年外交、內政以及社會的多重衝擊與演變，已不再定於一尊而開始受到挑戰，同時當反攻希望渺茫，以致於在1981年只能以「三民主義統一中國」作為對中共的「政治攻勢」〔註63〕，兩岸分立的事實更為明確，「台灣意識」的被提出，自是其來有自。時移而勢異，廖咸浩便以為，這是台灣社會自1949年以來，前此未有對「中國意識」的正面攻擊：

> 並且在1983～84之間的統獨論辯中密集出現。台灣文化（甚至政治）的民族主義的最初的徵兆也已表露無遺。對當時的政治與文化建制而言，台灣民族主義的興起顯得銳不可當。〔註64〕

廖文將此次相關「台灣結」與「中國結」的「台灣意識論戰」，其中意見紛爭化約為「統獨論辯」，並使用「台灣民族主義」一詞，推估應是著眼於「台灣意識」將造成歧異的國族認同與民族分化的疑慮，但亦可知在當時解嚴以前的1980年代前期，社會文化的氛圍，以及言論尺度的突破，已經是多元呈現的事實，也預告了時代即將轉變的訊息。

這一場論戰的結果，當然也得不到任何的結論或妥協，但蕭阿勤也對論戰兩造的主張，提出持平的分析，認為是「抱持不同政治主張的人們各自運用他們對台灣史的詮釋，以正當化各自的國族認同與政治信仰」：

> 一般而言，國民黨政府與左派異議人士（按：指陳映真等）都強調台灣和中國大陸之間的類似，以及在文化與歷史上的密切關係。相對地，黨外人士則凸顯台灣的獨特性，以及它如何已經走上屬於自己的歷史發展道路。〔註65〕

「台灣意識」當然具備有政治上的意涵。黨外人士經歷「美麗島事件」後，於1980年代初期既受挫又被激化的反對運動意識型態裡，「台灣意識」遂為所用，並且主要是以重新詮釋台灣歷史為其工作基礎，積極以「台灣史觀」的敘事模式，試圖改變台灣民眾的集體記憶。〔註66〕

對於歷史詮釋權的掌握與主導，向來即是統治階層正當化政治認同與統

〔註63〕「1981年3月29日，國民黨第十二次全國代表大會，通過〈貫徹以三民主義統一中國案〉積極對中共展開政治攻勢。」參見彭懷恩：《中華民國政治體系的分析》，頁40。
〔註64〕廖咸浩：〈合成人羅曼史：當代台灣文化中後現代主義與民族主義的互動〉，收入黃俊傑、何寄澎主編：《台灣的文化發展：世紀之交的省思》，頁100。
〔註65〕蕭阿勤：《重構台灣：當代民族主義的文化政治》，頁293。
〔註66〕同註65，頁292。

治合理性的必要手段，而「台灣意識」論者以「台灣史觀」投入歷史敘事的競爭，架構台灣特殊歷史記憶的脈絡，以期落實台灣主體性的建立，或許也可以視之爲是對國民黨的統治所進行的挑戰，這對日益朝向民主化發展的台灣而言，原亦是無可厚非。雖然，歷史詮釋權若是更迭地掌握在不同的統治階層手中，本也是值得商榷的。

外來文化持續地進入台灣，正當消費市場裡美式速食及便利超商也成功進駐台灣社會，文化界廣泛接受「後現代」思潮中橫向移植而來的解構、顛覆等概念以後，1989 年以探討台灣人身分認同爲主題的電影——《悲情城市》，榮獲威尼斯影展最佳影片「金獅獎」，因爲電影劇情涉及台灣政治、族群素來最敏感的「二二八事件」，其時台灣雖然已經解除戒嚴令，但是威權體制的餘威仍在，白色恐怖的陰影也還未完全隱沒，同時在社會運動裡早已經產生了爲「二二八事件」平反的聲浪，1988 年監察院公布的官方版《二二八事件調查報告》又顯得曖昧不明，所以在事件眞相尚未眞正釐清還原之前，透過劇情編排以鮮明的電影影像赤裸裸地呈現禁忌話題，自然具有震撼的力道，所以影片在台上映後，想當然爾引發各界敏感且熱烈的反應，「竟爲台灣帶來一場自鄉土文學論戰以來又一次文化和政治論爭的高點」〔註 67〕，由此觀之，後續的相關研究與討論，不也就是等同於一場台灣歷史記憶的重構過程。

誠然，不同的歷史經驗與情感認同，會因而產生不同的歷史詮釋路徑，但是歷經民主自由的推動，如能解構文化霸權的一元化論述，則必須釋放歷史詮釋權，否則將只是形成文化霸權的輪替而已，理當揚棄意識型態的拼搏角力，客觀地重構歷史記憶，方是台灣社會重要的課題，而始能眞正落實文化主體性的建構與追尋。

二、農民小說的式微與「台灣文學」的風貌

葉石濤於其代表性著作《台灣文學史綱》中，在撰述 1920 年代日據下台灣新文學發展的「搖籃期」時曾論及，此階段中新文學所觸及的語文改革、台灣話文與鄉土文學等課題，紛紛在戰後逐漸獲得釐清和解決，但是：

〔註 67〕相關討論文章的整理，可參見齊隆壬：〈九○年代台灣電影文化研究論述：以《悲情城市》爲例〉，收錄於陳光興主編：《文化研究在台灣》（台北：巨流，2005 年 8 月），頁 319～320。

唯有日據時代資產階級所信奉的美國威爾遜總統的弱小民族自決
論，那趨向於本土自主的意願，和以工農爲主的社會主義改革的主
張，一直無法統合，形成台灣文學的夢魘，延續到八○年代中期，
陰影還無法消失。〔註68〕

若是簡易地概括其語意，或可爲理解爲即是葉石濤在長期的文學評論
中，一向所堅持的中心思想，那就是台灣文學自始即具有「反帝」、「反封建」
的主題內涵，以及台灣人民亟欲追求本土自主的精神；然而，《台灣文學史
綱》初版付梓於1987年2月1日，距離台灣同一年解除長期戒嚴的7月15
日，已然是不旋踵的時間而已，所以，回首葉石濤當時雖然寫下「台灣文學
的夢魘，延續到八○年代中期，陰影還無法消失」，但卻也勇敢地以「台灣文
學」名其著作，似乎是預見了台灣文學的發展，會有更開闊自由的未來。

事實上，「台灣文學」的名義，從1970年代末期隱含台灣在地意識的「鄉
土文學論戰」中，即已呼之欲出了，及至黨外民主運動大轉折的指標性「美
麗島事件」爆發，緊接著1980年代初期發生的「台灣意識論戰」裡，相關
台灣文學的發展自主性又再一次被提及，陳樹鴻文章裡指稱「台灣鄉土文學」
裡飽含的「台灣意識」〔註69〕，正是向上連結1977年葉石濤的指標性論文
——〈台灣鄉土文學史導論〉所提出的論述基礎，隨後1984年宋冬陽的長文
〈現階段台灣文學本土化的問題〉，綜論「台灣文學」的各種名實之爭後，歸
納而得「台灣文學」一詞，已經取代過去所廣泛使用的「鄉土文學」〔註70〕，
文章一出，雖然又一次引發激烈爭辯〔註71〕，但論辯重點卻是聚焦在「本土
化」之上，已經不是「台灣文學」這個名詞了。

或許，一方面因爲台灣其實也在日益高漲的自由民主追求聲浪中，逐漸
步向開放；另一方面，「台灣」經過長久以來住民依存於此地的客觀現實所致，
也已然廣泛爲社會所接受，所以凸出「台灣」一詞，顯然不再是禁忌。陳芳
明曾如此感嘆，「把台灣文學稱之爲台灣文學，竟然要穿越如此漫長的討論」，

〔註68〕葉石濤：《台灣文學史綱》，頁38。
〔註69〕參見陳樹鴻（劉進興）：〈台灣意識——黨外民主運動的基石〉，收錄於施敏輝
　　　　編：《台灣意識論戰選集》，頁194～195。
〔註70〕參見宋冬陽（陳芳明）：〈現階段台灣文學本土化的問題〉，收錄於施敏輝編：
　　　　《台灣意識論戰選集》，頁227。
〔註71〕高天生指出這篇文章刊出引發「空前的風暴」，也不可避免引起衝突對立，內
　　　　容參見高天生：〈新危機與新展望——鄉土文學論戰後台灣文壇發展的考
　　　　察〉，收錄於高天生：《台灣小說與小說家》，頁263～266。

可以說是歷史的一個嘲弄〔註72〕；但是儘管如此，台灣文學的發展來到 1980 年代，可以說是已經進入了「台灣文學」時期了。

然而，由於台灣整體客觀環境已經朝向民主自由化發展，社會的開放也促使文藝創作勇於多方嘗試，有如百花齊放競相炫麗，因此，在「台灣文學」終於幾經峰迴路轉，得以脫離了中國文學的收編，而建構其主體論述並加以「正名」的同時，台灣的文壇，卻也已經呈現多元化的發展而眾聲喧嘩了。〔註73〕

台灣文學在歷史洪流裡，又告別了一個舊的時代，然而跨到 1980 年代卻發現此際所面對的，卻是遽變的局面，不論在政治、經濟、文化各方面，都出現了舊有的操作模式與經驗法則不足以涵蓋與應付的全新發展趨勢。而且，社會開放、禁忌突破、言論自由等諸多因素，都讓書寫取材的範圍為之擴大，正面看待的話，愈趨多元的文化場域，則理應對文學創作環境有莫大的助益，同樣也會對創作產生鼓勵的作用；但同時也因為台灣經濟結構的轉變，消費模式主導的城市經濟逐日擴大，甚至是金錢掛帥的迷思，讓社會文化大有朝向商品化、通俗化、大眾化的趨勢，文學創作取向面對全新的局面，也開始有所調整，其中，鄉土書寫一系中反映批判現實的寫實主義精神，也傾向由濃重而趨向於淡化。

寫實主義色彩鮮明的文學批評家彭瑞金，在 1980 年代之初的 1980 年 12 月，就發表了〈八○年代的台灣寫實小說〉一文，即是根據社會發展趨向，來預見 1980 年代台灣寫實文學的發展概況，並且直言——「現實文學將隨道德的敵意降低而減弱，喪失它在 1970 年代所表現的鋒利」：

> 八○年代在台灣的寫實文學環境，我認為必然受到客觀時空環境條件和寫實文學本身條件的雙重限制，不可能再立下任何汗馬殊勳。在現實方面，……社會轉型的契機已去，非文學人口的生活將會愈珍惜眼前現實的享受，會過愈軟性愈唯我的生活，他們會更習慣重複電視連續提供給他們的生活節奏循環，縱使喜歡刺激，也不過是

〔註72〕語見陳芳明：〈歷史的歧見與回歸的歧路——鄉土文學得意義與返思〉，收錄於陳芳明：《後殖民台灣：文學史論及其周邊》，頁 105。

〔註73〕所謂「眾聲喧嘩」（herteroglossia）原是俄國文學批評家巴赫汀（Bakhtin）所提出的一種小說中多聲複調的精神，王德威引而使用後，遂經常被套用在討論文學或者社會現象，尤指 1980 年代台灣的小說發展。參見王德威：《眾聲喧嘩以後：點評當代中文小說》（台北：麥田，2001 年 10 月），頁 19。

　　警匪追逐、賽車、橄欖球之類不傷大腦的刺激，至於苦澀而沈悶的
「文學」是不必冀求非分的。所以寫實文學在八○年代失去「溫床」
是必然的。〔註74〕

　　之所以於此抄錄整段引文，除了凸顯彭瑞金在 1980 年代初期的眼光頗
為敏銳之外，主要是文章內容頗能描繪出後來台灣社會文化的部分真實，並
且指出文學創作裡寫實精神將因客觀環境的變異而漸被忽視，「苦澀而沈悶」
的嚴肅作品勢將不為趨向通俗、大眾化的閱讀市場所青睞。

　　而觀察鄉土文學論戰以降，「工農兵文學」的罪名雖羅織未成，然根植於
鄉土，或是反身關注鄉土，卻成為廣泛被援用的小說創作視角，而蔚為風氣，
儼然成為文壇主流；但流風影響所及，書寫模式卻漸趨大同小異，小說故事
必定架設在城市之外的農鄉、山村或海濱，型塑農夫農婦置入於其中，並以
台灣話彼此溝通或娓娓叨絮，甚至感嘆咒罵，同時夾雜俚語俗諺，以呈現「鄉
土風味」，楊照指出這樣的鄉土小說，其「文類惰性」（generic inertia）漸趨明
顯，也流失了真正的創作活力，因而雖然此時期鄉土書寫成為主流，但是：

　　現在我們談起「鄉土文學」、談起「寫實小說」，最可能會提及的代
表作，幾乎都是七○年代的作品，生產最多「鄉土寫實」作品的八
○年代前期，反而徹底被忽略了，就是這個道理。〔註75〕

　　蔓延的文類惰性致使創作活力漸趨流失，使得寫實精神淡化，失卻過往
鄉土文學反映現實的力道，雖然依舊存在有懷抱社會意識的農民小說出現，
仍一秉嚴肅的態度去看待農村現實與農業問題的作品，並非全然消失隱沒，
但在進入「台灣文學」時期以後卻已然呈現式微的發展，甚至是被多元題材
的各類小說作品稀釋了。同時相對於日益開放解禁的政治面而言，有別於以
往的壓抑禁錮，小說作品中反抗與批判的銳角不再突出，加以城市經濟的擴
張，城鄉之間貧富差距日漸加大，中產階級的興起，新興社會議題也層出不
窮，凝視農鄉農村的視角，也產生了翻轉，葉石濤表示到了 1980 年代，台灣
社會結構的劇烈改變，以及都市叢林的擴張，「土地和農民」已不再是台灣文
學的主要題材了〔註76〕，農民文學在台灣幾乎面臨「絕跡」：

〔註74〕彭瑞金：〈八○年代的台灣寫實小說〉，收錄於彭瑞金：《台灣文學探索》，頁
278。

〔註75〕楊照：〈從「鄉土寫實」到「超越寫實」——八○年代的台灣小說〉，收錄於楊
照：《霧與畫：戰後台灣文學史散論》，頁306。

〔註76〕葉石濤：〈文學來自土地〉，收入葉石濤：《台灣文學的困境》，頁9。

> 八〇年代的台灣社會是高度的工商業消費社會，人們生活的主要舞
> 台已經離開泥土與鄉村，人們每天在都市叢林裡穿梭不停，早已跟
> 廣大的農村斷了臍帶。以世居都市叢林裡的人們而言，農村只不過
> 是陌生的、落後而污穢的地方，也許只不過是休閒活動的有趣的地
> 方而已。〔註77〕

　　加以政治朝向自由化與民主化的發展，1980 年代以後台灣政治體制也面
對新秩序的重整，文學創作卸脫束縛展現自主的走向，挑戰禁忌的張力也因
言論自由而舒緩，過往被貶抑壓制所累積的「悲情」，終究在戒嚴令解除，政
治開放以後，得到流洩的出口並轉化為政治或社會運動的動能，不再僅是透
過文學創作的迂迴諷刺，或反映批判了，所以，台灣文學的走向，便有如是
的趨勢：

> 解嚴之後，失去政治壓力的台灣文學，一方面得到澈底的解放，在
> 創作上盡可能把過去的禁忌題材充分開採以為補償，一方面也自我
> 反省悲情文學之繼續存在的必要。〔註78〕

　　而且，商品化的消費性社會文化，對文學生產與閱讀行為也產生莫大影
響，李瑞騰曾對 1980 年代的文學出版情形，就其觀察撰文深入剖析文學作品
在消費市場的變異，文章指出，由於整個社會的商業活動都朝向企業化的經
營管理，因此，包含出版社到書店等相關文學的生產與銷售系統，都無可避
免地受到了影響，於是文學出版便出現了這樣的演變：

> 圖書重包裝，紙張的選擇、內頁編排和封面設計有了革命性的變化；
> 行銷也更講究策略，……由於書籍新的經營理念，即是把文學視為
> 商品，既是商品，就得有通俗化和大眾化的性格，在這種情況下而
> 使得通俗文學大行其道。〔註79〕

　　文學的商品化，以及文藝作品傾向於迎合通俗、大眾化的需求，對於文
藝創作與作家本身都形成巨大的衝擊；雖然通俗文學未必是洪水猛獸，但是
在資訊加速流通、民間消費能力提升以及消費市場活潑熱絡的情況下，吸引
讀者目光恐怕是所有文學作品（書籍）不得不正視的問題。因為在全新的時

〔註77〕葉石濤：〈回饋無路〉，收入葉石濤：《台灣文學的困境》，頁 88。
〔註78〕彭瑞金：〈戰後政治發展與文學變遷〉，收錄於彭瑞金：《驅除迷霧、找回祖靈：
　　　　台灣文學論文集》，頁 422。
〔註79〕李瑞騰：〈八〇年代的台灣文學──以文學出版為中心的討論〉，收錄於李瑞
　　　　騰：《台灣文學風貌》（台北：三民，1991 年 5 月），頁 170～171。

代裡，創作與閱讀，出版與消費，加上市場機制的運作，已經形成種種非常錯綜複雜的關係。正如呂正惠所指：

> 台灣文學商品化的現象是在七〇年代的兩大報副刊上開始萌芽的。
>
> 進入八〇年代，隨著金石堂企業化的書店經營的逐步拓展，隨著金
>
> 石堂暢銷書排行榜的制度化，文學的商品化過程遂告完成。〔註80〕

簡而言之，閱讀已然成為一種消費，而既然是消費，就必然將被置入於自由市場機制，成為競爭的商業行為，因此關注流行風尚與「行銷」策略的有效運用，即是重要的關鍵，並為出版社、書店甚至是作家所日漸重視。

設若對照傳統嚴肅的文學創作意識而言，則不無有斯文掃地之譏，但是在產業競爭強度日漸提高，社會步調日趨緊湊的現代都會生活中，在商言商或許本就是不得不考量的企業經營原則，也讓文學創作面臨空前挑戰。至於文化界的看法，也有如蔡源煌〈八〇年代以來小說生產條件的評估〉一文，針對小說創作在八〇年代「盛極而衰，後勢不繼」的文學全面退潮的狀況，就極其露骨地提出其看法，認為小說並非不可為：

> 只要各方面因素——例如，好小說家上好的評論推介、傳播媒體強
>
> 力促銷，或者讀者品味的調整等——配合得當，也許過一陣子的退
>
> 潮期之後，盛況還會再回來。〔註81〕

除了期待讀者品味能夠調整此類無法操之在己的因素外，評論推介與媒體促銷，其實都包含在「行銷」手法是否有效的考量之中，這或許即是 1980 年代新興的以消費者導向為訴求的企業經營策略；但問題就在於，文學創作是否也必須迎合市場需求而作修正，則是已屬見仁見智的問題了。文學閱讀的意義之一，代表著形而上的心靈涵養，而透過賞析優美辭藻的文字編排，也是某種程度上的美學訓練，設若完全以市場為依歸，則在通俗社會與消費行為漸趨「速食」化的傾向下，短小輕薄蔚為風尚，深沈凝重而嚴肅的文學創作，或許也就因而遭到邊緣化。

同時，後現代思潮去中心化的意識，也隨著台灣文化霸權一元化的崩毀，卸脫政治封閉系統的束縛之後，在開放多元的社會文化趨勢中，適時地被引進，一時解構、消解、分殊等語詞，屢見於各式文化與文學批評論述中，成

〔註80〕呂正惠：〈台灣文學的浮華世界——一九八八年的觀察〉，收錄於呂正惠：《戰後台灣文學經驗》，頁 140。

〔註81〕蔡源煌：〈八〇年代以來小說生產條件的評估〉，收錄於楊澤編：《從四〇年代到九〇年代——兩岸三邊華文小說研討會論文集》，頁 375～376。

爲時尚用語。

　　台灣是否眞正歷經後現代時期，至今仍有爭議，持質疑鮮明立場的陳芳明即認爲，後現代主義一如 1960 年代的現代主義一般，在沒有歷史發展基礎條件下移植到台灣，即使台灣社會在 1980 年代開始，沾染了後工業社會的色彩，也不足以成爲後現代主義思潮在台灣體現的成因，要強調的是「後現代主義精神的孕育並不是從台灣社會內部自然形成，因此與戰後台灣歷史的演進並無絲毫契合之處」〔註 82〕；然而，畢竟後現代潮流對台灣文化與文學界確實造成極大的影響，卻也是不爭的事實。劉亮雅就從不同的角度加以解讀，正面看待西方思潮引進台灣的影響：

> 在戒嚴時期，引進西方思潮具有鬆動威權政治之效，而八〇年代中
> 期以來大量西方思想的引介，在當時國內外局勢的變化下，則伴隨
> 著知識分子希圖終結戒嚴體制、企望台灣成爲成爲多元民主社會、
> 重新釐清台灣的國家身分之隱然願景。〔註 83〕

　　而借引後現代主義，運用在文學創作的模式，則相同於 1960 年代對現代主義的橫向移植，在 1980 年代中期以後，台灣文壇同樣也泳入後現代潮流，「後設小說」（meta-fiction）應運而生，躋身文學場域，並且引發諸多討論，甚至是負面的批評。

　　「後設小說」的出現，是後現代主義去中心化氛圍下的產物，是西方自後現代主義論述興起之後，在文學創作上的具體表現之一。作家懷抱著對小說語言（文字）擬眞功能性的存疑態度，並且反思小說創作意識的諸多理路，嘗試以「後設」（meta）的角度進行小說的創作，將眞實／虛構的二元辯證，以及作者的自覺反省，展現於小說文本，也同時質疑鄉土文學論戰以降，認爲文字能反映現實的寫實主義論述，以「解構」（deconstruction）手法消解任何語言文字形成的權威，質疑「再現」（representation）的可能性或眞實性，呼應後現代主義多元併陳以及去中心化的主張，並重新審視作者、作品與讀者之間的諸多複雜關係〔註 84〕，造成小說作品極爲獨特的風格。

〔註 82〕　參見陳芳明：〈後現代與後殖民──戰後台灣文學史的一個解釋〉，收錄於《後殖民台灣──文學史論及其周邊》，頁 40。

〔註 83〕　劉亮雅：〈後現代與後殖民──論解嚴以來的台灣小說〉，收錄於陳建忠等：《台灣小說史論》，頁 322。

〔註 84〕　參見洪鵬程：〈試論八〇年代台灣後設小說的定位：以張大春《公寓導遊》與《四喜憂國》爲分析對象〉，《新竹教育大學人文學報》第 5 卷第 1 期（2012

　　雖然後設小說嘗試超越或顛撲所謂的前行代典律（canon），劉亮雅認爲其對語言再現眞實的懷疑雖然自有力道，但是亦不免頗有微詞，認爲「不少作家無法將此後現代的哲學關懷連結到任何議題，而只是趕流行地賣弄後設技巧，一再重複而疲態畢露」〔註85〕；而一如葉石濤的嚴肅寫實主義論者，對於「後設」技法置入小說的寫作中，初始雖表達了樂觀其成的態度，認爲反映了瓦解威權的時代氛圍，指出這在台灣文學裡，「是完全陌生而新奇的技法，這種後現代主義的思潮，雖然源自於西方世界，但台灣八○年代的資本主義社會的確具備了供這這思潮繼續發展的肥沃土壤」〔註86〕，然而當時序來到 1980 年代後期，在一連串後設手法此起彼落之後，葉石濤似乎也表達了不敢苟同的批評態度：

　　　這樣的一種趨勢帶來的是參差不齊，苦於評估的作品價值。所有探
　　　索「水溝深度」的尺寸陷入混淆與朦朧。〔註87〕（按：應是指「水
　　　溝寬度」）

　　或許是契合閱讀商品化的市場機制，抑或是藉由小說創作亟欲提出思辨或訴求，但至末流作品已有過分地諧擬戲耍，以及過度玩弄文字遊戲之嫌。但若是寬容一點看待，或許也爲台灣文學創作注入一股活水，同時也提供不同的思考理路，重新審視作者、作品與讀者之間的諸多複雜關係，同時也繼以營求 1990 年代以後更寬廣的創作空間，後續接引入台的後殖民思潮，也是同樣具有一定的啓發功能。

　　後殖民文學理論與史觀，在引進台灣文化界會掀起廣泛甚至劇烈的論辯，是有著與台灣文學長期追求自主性、本體性可得以契合的原因。邱貴芬指出，因爲「後殖民」的定義涵蓋了從被殖民的時刻到目前受到殖民過程影響的文化，而「後殖民文學」的形式乃是建立在殖民經驗上，並強調殖民地文化與殖民勢力文化的差異，準此，則隱然與台灣「本土派」論述長期以來努力的方向若合符節〔註 88〕，因而被廣泛加以援用，並據以解析台灣文學自日據時期位處被殖民地位以來，歷經戰後國民政府撤退來台後的高壓統治模

　　　年 3 月），頁 64～65。

〔註85〕劉亮雅：〈後現代與後殖民——論解嚴以來的台灣小說〉，收錄於陳建忠等：《台灣小說史論》，頁 330。

〔註86〕葉石濤，〈八○年代作家的櫥窗〉，收錄於《展望台灣文學》，頁 53。

〔註87〕語見葉石濤，〈新人類、新作家〉，收錄於《走向台灣文學》，頁 207。而台灣後設小說的濫觴，咸認是黃凡的〈如何測量水溝的寬度〉。

〔註88〕參見邱貴芬：〈「後殖民」的台灣演繹〉，收入邱貴芬：《後殖民及其外》，頁 261。

式，因爲多所契合「後殖民」意涵的發展進程與精神內涵，於是乎便在 1990
年代，又掀起幾波相關後殖民課題與族群、國家認同、台灣史觀、文學史觀
等互相揉雜的理論及現象的辯證〔註 89〕，同時也與尚未褪去的後現代論述形
成交互指涉，一時之間又使台灣文學場域顯得更爲活潑多元，並且也已然不
存政治壓力的陰影了，劉亮雅指出：

> 八○年代以來台灣日漸由中國中心轉向台灣中心，民主化與本土化
> 已成爲大勢所趨。在這樣的氛圍下，後現代去中心、多元對於台灣
> 社會的意義，就必然含納 1987 年解嚴及其後李登輝主政所代表的後
> 殖民意涵。後現代與後殖民之間應有含混交織之處……〔註 90〕

由此可見後殖民理論在台灣文學與文化界裡的討論，自有其因爲政治變
遷而出現的客觀因素，雖與後現代論述之間存在有「含混交織」之處，但若
約化地加以區隔，則依據抱持後殖民文學史觀的陳芳明所分析，其相異處就
在於，「後現代主義的最終目標是在於主體的解構（deconstruction），而後殖民
主義則在追求主體的重構（reconstruction）」〔註 91〕，後現代主義之解構與去
中心化對台灣文學創作的影響，上文以已舉例印證，至於後殖民主義的重構，
當是因爲台灣在政治解嚴後朝向本土化發展過程裡，同時在文化主體性的追
尋，與強調台灣文學自主性發展的兩者思辨中，可以成爲合適的奠基理論，
方始爲論者所援引。

雖然後殖民主義在進入台灣以後也產生了異化的現象，所形成的台灣後
殖民論述也並不就等同於本土論述〔註 92〕；然而，台灣文學場域，歷經多次
外來思潮衝擊的經驗，事實上每一次也都使得文壇發展更形繽紛。後現代與
後殖民思潮進入台灣，儘管各取所需爲己所用，但若是能避免淪爲膚淺學舌，
透過摸索與反思，則同樣也提供更開放性的思考，產生靈動的催化作用，豐
富台灣文學發展的內涵。所以，從 1980 到 90 年代，政治、女性、原民、同
志、情色、都市等多樣題材的文學創作之所以爭相粉墨登場，除了政治鬆綁

〔註89〕 幾次論辯過程可參見邱貴芬：〈「後殖民」的台灣演繹〉，收入邱貴芬：《後殖
　　　　民及其外》與游勝冠：〈國家認同與九○年代的台灣文學論戰〉，收錄於施正峰
　　　　主編：《國家認同之文化論述》。
〔註90〕 劉亮雅：〈後現代與後殖民——論解嚴以來的台灣小說〉，收錄於陳建忠等：《台
　　　　灣小說史論》，頁 329。
〔註91〕 陳芳明：〈後現代與後殖民——戰後台灣文學史的一個解釋〉，收錄於《後殖
　　　　民台灣——文學史論及其周邊》，頁 39。
〔註92〕 參見邱貴芬：〈「後殖民」的台灣演繹〉，收入邱貴芬：《後殖民及其外》，頁 271。

與社會開放之外，外來思潮當也是重要的影響因素。

第三節　「台灣文學」時期的農民小說

　　1980 年代以後的台灣文學場域，因為政治解嚴，經濟繁榮，社會朝向開放多元的發展，小說創作因而擴大了取材範圍，出現了非常豐富的題材類型，創作手法也分殊多樣，而鄉土意識濃厚的農民小說自也受到影響，而有不同風貌的呈現。1980 年代初期，承襲「鄉土文學論戰」現實主義精神的遺緒，根植於鄉土，或是反身關注鄉土的小說創作，蔚為文壇主流，但書寫模式卻不脫安排農鄉、山村、農夫、農婦、台灣話語等元素，因千篇一律而漸趨末流，喪失創作生命力，這類作品著實淡化了鄉土文學的寫實主義精神，缺乏深刻反映現實的寫作意識。然而，農村議題卻一直是層出不窮的，亟待改善的問題也始終沒有得到解決，城鄉之間貧富差距也日漸加大，不符合公平正義的偏差現實同樣也未獲導正，諸如農村受到工業的衝擊、農民子弟的出路、土地意識的變遷、農業經營的困境、土地商品化等，都還是農民小說創作的關懷面向。

　　以嚴肅的態度去看待農村現實與農業問題，懷抱寫實主義精神反映農村社會的農民小說依然存在並未消失，只是趨於式微，部分作品凝視農鄉的視角，也產生了翻轉，同時被多元題材的各類小說作品所稀釋，但少數作品依然能夠對於深層的農民意識表達感慨，縱然務農的境遇辛酸無奈，卻仍懷勉力奮鬥的心緒。小說取材同時也刻畫了台灣農村社會人口結構改變，農鄉年輕人力外移，徒留老年人苦守田園農舍，迫年老力衰，無所憑依的實況，更加彰顯農業政策的失衡偏頗，造成農業產值的低落，成為撕裂傳統人倫價值的元凶，同時城鄉文化之間的差距，導致社會價值判斷也形成混淆，農村相對於工商都市文明，無形的落後意識也已經對傳統家庭倫理形成具體的戕害，小說家或藉此為反映社會變遷的題材，或據以傳達強烈意識型態的批判，以凸顯小說功能性的主張，在在都呈現了農民小說所取用的素材，在 1980 年代以後，相對於往昔作品的變與不變。

一、農民小說的變與不變

　　回顧李豐楙〈台灣鄉土小說中的社會意識變遷〉一文，認為 1960、70 年代的台灣「鄉土小說」，上承懷抱社會意識的小說創作傳統，在歷史的變遷當

中，紀錄了台灣社會的風貌：

> 在台灣當代小說史的定位上，鄉土小說已是被確定的文學成就，它
> 們上承台灣早期鄉土文學的血脈，繼續對台灣鄉村、市鎮在變遷中
> 的諸般現象留下真實的紀錄，使得賴和、楊逵等所開拓的文學天地
> 持續下來，經由鍾理和、鍾肇政等世代的傳續，繼續表現不同階段
> 的台灣風貌。類似此敘述「此時此地」的創作方針，實源於不同時
> 期不同世代的小說家共同懷抱的使命感，縱使在不同政權的統治之
> 下，這種堅持也從未因政治的壓力而中斷。〔註93〕

認為雖然更迭的政權帶來不同的政治壓力，但創作意識卻依然有所堅
持，對於所處的「此時此地」的現實，都能忠實地予以書寫並加以反映，堅
持寫實主義精神。然而，在進入 1980 年代以後，客觀環境丕變，政治禁忌漸
趨解除，經濟成長欣欣向榮，社會朝向開放多元的發展，文學創作因而得以
擴大取材範圍，挖深織廣，以小說作品而言，就出現了非常豐富的題材類型，
同時登場亮相，五光十色，令人目不暇給，而鄉土意識濃厚的農民小說，來
到此際的發展，也因此而受到影響，而呈現不同的面貌。齊邦媛這麼以為：

> 進入八〇年代，隨著政治的解嚴，文學素材也更見豐富，六、七〇
> 年代小說中蹲坐在村鎮廟口老榕樹下的老人物已漸漸消失。……人
> 們大量移往都市，留下年老的父母在鄉村，無數王禎和筆下的小林
> 來到台北尋找各自的前途，新興的迷惘與鄉愁賦予文學寫作又一種
> 新貌。〔註94〕

齊邦媛所指當是鄉土小說題材在進入 1980 年代以後的多樣性與異質性發
展，然而 1960、70 年代的鄉土小說裡，蹲坐在廟口老榕樹下的老人，是否已
經漸漸消失，下文將有所討論，但是滯留鄉村大多是屬於年老一輩，以及伴
隨而來以城市視角觀看的「新興的迷惘與鄉愁」，卻也是事實，在延續反映凋
敝的農村現實處境之外，顯示了農民小說鄉土書寫的多元呈現。

以長期身處農鄉的鍾鐵民為例，其對於農民小說的書寫，就依然保持著
寫實主義精神的本色當行，而且在進入 1980 年代以後的〈洪流〉與〈約克夏
的黃昏〉兩篇故事，不意竟為台灣農家養豬的興衰歷史留下鮮明的紀錄。

〔註93〕 李豐楙：〈台灣鄉土小說中的社會意識變遷——60、70 年代鄉土小說的主題：
　　　　 貧窮、命運與人性〉，收入龔鵬程編：《台灣的社會與文學》，頁 191。
〔註94〕 齊邦媛：〈從灰濛凝重到恣肆揮灑——五十年來的台灣文學〉，收入齊邦媛：《霧
　　　　 漸漸散的時候》，頁 29。

　　鍾鐵民以其一貫對農村現實的關懷創作取向，維持筆觸柔和的書寫風格，並且承繼1970年代末期的小說故事裡，延續其對農家養豬副業的觀察，以及對於農民生計維繫的關心，將之置入於小說故事當中，同時也提供了見證。前文提及，由於農作物價格始終低迷，所以當豬肉外銷市場行情看俏時，農村也競相飼養豬隻以為副業，政府也大力推廣，但是由於政府輔導單位或農會缺乏提供農民資訊的機制，加以產銷制度的不健全，於是在1979年爆發豬源嚴重過剩及豬價暴跌的危機，當時不僅是鍾鐵民的〈田園之夏〉，吳錦發的〈烤乳豬的方法〉也都適時地反映農家所遭受的衝擊；而在〈洪流〉故事裡，鍾鐵民藉由洪水氾濫成災，引出農家幾度乖舛的遭遇，寫實農民縱然辛酸無奈，卻依然勉力奮鬥的心路歷程。

　　小說裡描繪豪雨成災，離家於工廠工作的主角吳金松冒雨涉水趕回家園，心中焦急忐忑，因為掛心的不只是家中妻兒，尚有那三棟豬欄裏的兩百多隻大小毛豬，同時也是生計所繫。農家子弟吳金松，早年也與同時期許多農村少年一般，離開農地進入工廠或學習一技之長，但做工二十年家庭經濟卻始終不見起色，遂在養豬業勃興之際積極投入：

> 養豬景氣給了他很大的希望，外銷有遠景，養豬是唯一可以勉強夠
> 條件的；他有土地，有努力，有熱心。隨著鎮子裏大家瘋狂擴建豬
> 舍，他也拆了原來的老豬欄建了第一棟二十間新式豬舍，……隔一
> 年又建了第二棟豬舍，接著便是外銷停滯，豬價下跌，弄得許多人
> 幾乎破產。〔註95〕

　　縱然其心態並非跟風投機，卻也是一路走來屢仆屢起，而此次洪水幾乎淹沒家園與辛苦築起的豬舍，眼見心血努力即將泡湯，其心境起伏可想而知。由於養豬收益一直有著極大的起伏落差，吳金松一直不敢輕易離開工廠，因此妻子勤勞堅毅的客家女性形象，便是作家要強調的另一重點，這也是鍾鐵民農民小說中常見的重要角色安排，屢見不鮮。幾年下來妻子已經熟練於為母豬接生、剪乳齒、閹割、看病打針，母豬動情還要牽豬哥配種等瑣碎繁雜的工作，甚至於精明地與豬販子討價還價：

> 女人是相當堅強能幹的，不是她這個家庭便沒有今天這個局面，她
> 要耕種六分水田，料理家庭和孩子，還要幫他餵養兩百多隻大小毛

〔註95〕鍾鐵民：〈洪流〉，引文見「台灣客家文學館・客家文學作家群・鍾鐵民」。上
　　　網日期：2014.5.13，網址：http://literature.ihakka.net/hakka/author/zhong_tie_min/
　　　default_write.htm

> 豬,讓他能安心在加工區做工賺錢,儘管他也把全部餘暇放在毛豬
> 養殖的事業上,分擔了一部分工作,但大部分工作仍是她一個人擔
> 起了。〔註96〕

雖說天道酬勤,怎奈時運不濟,但故事裡面對浸泡在水中的家當,以及滿目瘡痍的屋宅與豬舍,堅定而互相扶持的夫妻之情,卻似乎又展現了能夠戰勝一切的勇氣,這是故事裡最為動人的部分,具有強烈激發讀者共鳴的作用,而惟盼天可憐見,能夠許諾他們一個美好的未來。小說裡對於農民意識的崇敬,以及憐惜,都清晰地流露。

1980年代鍾鐵民取材農村現實的作品,最為人所矚目討論的,即是同樣以飼養豬隻為題材,於1982年發表的〈約克夏的黃昏〉,但小說敘事卻是透過一頭約克夏種豬的擬人化觀點,去見證台灣農戶養豬的一頁滄桑歷史。

故事裡以「我輩」約克夏為第一人稱,飄洋過海至台灣為配種任務出勤,敘述語言饒富趣味,故事藉由約克夏的觀察,清晰地勾勒出台灣農民的形象與特質——「我所見過的人,無一家一人不是這樣勤勉勞苦又節儉的」:

> 有時候我與頭家出勤回來得太晚,頭家馬達三輪車都開燈了,我還
> 可以依稀看到路邊夜幕中戴著笠子的人影在田野裡趕工。他們又是
> 這樣的簡樸。……這兒的氣候溫暖,物產又豐富,差不多年年都風
> 調雨順,像這些人這樣勤苦工作,要是不能富足,那真是沒有天理
> 的事啊!〔註97〕

語意中不無感慨與不平,同時也顯示台灣農業平均所得偏低,農業經濟環境困窘,存在著不符合公平正義的偏差現實,反映批判的意味顯而易見。農夫勤儉刻苦的表現,在豬舍蓋得比人住的房舍還要堅固通風,就可以得到解答;而且本來「養豬作為家庭副業,在這個地區已經是天經地義的事情,只要你不是太懶,不管有錢人家或是窮人家,沒有不餵幾條豬的」〔註98〕,甚至其帶來的收益,常是農家相當重要的收入來源:

〔註96〕 鍾鐵民:〈洪流〉,引文見「台灣客家文學館‧客家文學作家群‧鍾鐵民」。上網日期:2014.5.13,網址:http://literature.ihakka.net/hakka/author/zhong_tie_min/default_write.htm

〔註97〕 鍾鐵民:〈約克夏的黃昏〉,引文見「台灣客家文學館‧客家文學作家群‧鍾鐵民」。上網日期:2014.5.13,網址:http://literature.ihakka.net/hakka/author/zhong_tie_min/default_write.htm

〔註98〕 鍾鐵民:〈約克夏的黃昏〉,引文見「台灣客家文學館‧客家文學作家群‧鍾鐵民」。上網日期:2014.5.13,網址:http://literature.ihakka.net/hakka/author/zhong_tie_min/default_write.htm

友得伯母每次都要跟頭家談到她的運氣好。「我就靠兩條母豬，供給
我兩個兒子讀大學。」她的神情充滿驕傲：「真是奇怪，每次在註冊
前便有一批小豬仔可以賣，先後十幾年，不然，這一點田地，那得
有這麼大筆的現金給他們註冊呢！」〔註99〕

　　足見豬隻養殖對農家生活的助益，但是等到豬隻滯銷，價格慘跌，肥料
漲價等諸多因素交結，如是光景卻已不再，甚至將豬隻棄養，而因為繁殖小
豬已經沒有利潤可言了，所以約克夏出勤的次數也越來越少，並且由約克夏
的同伴們也漸次消失的現象，亦可輕易看出養豬業的獲益已經日漸衰退，往
昔有所謂「貧窮莫斷豬，富貴莫斷書」的諺語傳世，但鍾鐵民也不由得藉以
感嘆世道的變異。小說雖是假借豬隻的立場作觀察，間或夾雜著幽默詼諧，
但是深沈的悲憫之情，卻也不致於被忽略。彭瑞金認為鍾鐵民的小說作品產
出雖然不多，但卻一直能夠持續關注農村社會實況，並堅持寫實主義的反映
精神，給予肯定，稱許為「稱職的農民文學家」：

在有限的作品裡卻表現了他最能深入農民的靈魂，對台灣農村、土
地的變遷做到了長期、持續性的觀察，〈祈福〉、〈田園之夏〉、〈洪流〉、
〈約克夏的黃昏〉這些作品，寫到農村農民受到工業化的衝擊引發
的變化，農民第二代的出路、土地觀念的變遷、農業經營的困境，
筆觸始終是冷靜、敏銳的，稱得上稱職的農民文學家。〔註100〕

　　而時代的變異，都市的擴張，工商的侵逼，使得農村人力老化的趨勢也
持續發展，或因長輩不希望兒女繼續辛苦務農而固守貧窮，鼓勵讀書成材；
也或因年輕一輩多不欲再以農耕為業，離鄉進城另謀他職，裨補家計，也多
為父母親所樂見，所以1980年代以降的台灣農村社會，放眼皆以老人為主，
鄉里人口結構早已變異，鍾鐵民〈三伯公傳奇〉裡對此有所著墨，但卻顯得
弔詭：

農村的年輕人一個接一個出都市謀發展，許多夥房都空蕩蕩的只剩
下老的看守，甚至有些人把老年的父母接出去看家看孩子，只有那
些原本功課不好沒能完成高學業的，或是不夠聰明靈俐的孩子反而

〔註99〕鍾鐵民：〈約克夏的黃昏〉，引文見「台灣客家文學館·客家文學作家群·鍾
　　　　鐵民」。上網日期：2014.5.13，網址：http://literature.ihakka.net/hakka/author/
　　　　zhong_tie_min/default_write.htm
〔註100〕彭瑞金：《台灣新文學運動40年》，頁210。

　　能安心的待在家裡給父母溫暖。〔註101〕

　　讀書成材的孩子離家遠去，反之卻能在家盡孝，而這也是台灣農鄉普遍存在的實況。所以，涉及天倫之樂，則老人家自是難免落寞，兒孫承歡膝下，當是人間至樂，實無關貧富與社會地位。面對空蕩的屋舍，小說主人翁銀喜與阿喜嫂夫婦，應有著同樣的遺憾，只是阿喜嫂因母性使然表現地較為明顯而直接：

　　　　有好長一段時間，她希望能老老少少三代同堂，熱鬧和諧的住在這
　　　　個大夥房三合院裡。可惜的是現實生活使她不得不放棄這個美夢。
　　　　如今，除了過年和清明掃墓那幾天滿屋滿禾埕的家人和汽車外，難
　　　　得全家齊集，那麼大三合院就兩個老人守著。〔註102〕

　　年輕人也常勸說父母賣了土地到城市一起生活，但多數老農老婦還是選擇守著土地，對都市叢林敬謝不敏，於是乎年輕人都進了城，常是假日始能回到老家，也成了阿喜嫂例行的期盼，預先打掃所有房舍而不以為苦：

　　　　盼望子子孫孫回來，成了她每個星期的例行事務。三合院的夥房恁
　　　　大，除了正身，外加左右橫屋，總共有十幾間的房間。如果兒子女
　　　　兒都一起回來，帶著內外孫，那時房間就不嫌多了。〔註103〕

　　想必兒孫也未必能在每個假日都兼程趕回，期盼往往落空，但小說裡的阿銀嫂對打掃工作卻甘之如飴，並慎重看待。故事如此編寫，也充分反映了台灣社會在經濟結構轉型後，普遍存在的社會真實，至今每逢傳統節日公共運輸一票難求，高速公路經常堵塞難行，這即是重要的成因之一。孰令致之？小說裡說得清楚──「一年三次收成，偏偏農產品不值錢」，勤苦尚且僅能餬口而已：

　　　　老銀喜除了下棋唱山歌外，不嫖不賭，沒有浪費。可是跟莊裡所有
　　　　的人一樣，再怎麼去拼命工作，也只能溫飽。好像除了自己生產的
　　　　食物外，其他衣服用品總要花盡他們所有的金錢才能張羅出來。就
　　　　是這樣，穿好穿壞，大家都一樣的沒有存錢。〔註104〕

〔註101〕鍾鐵民：〈三伯公傳奇〉，引文見「台灣客家文學館‧客家文學作家群‧鍾鐵
　　　　　民」。上網日期：2014.5.13，網址：http://literature.ihakka.net/hakka/author/zhong_
　　　　　tie_min/default_write.htm
〔註102〕同註101。
〔註103〕同註101。
〔註104〕鍾鐵民：〈三伯公傳奇〉，引文見「台灣客家文學館‧客家文學作家群‧鍾鐵

　　再次點出了農業產值的低落與農民收入的貧乏，而且若由此徑加以追索，則農業政策的失衡偏頗，竟爾也成為撕裂了傳統人倫理價值的元凶。兒孫輩體恤老父老母勤苦操勞，無不認為賣掉土地移居城市，甚至「擺一個檳榔攤都比現在更好」，所以，土地在農民意識裡的神聖性如何而能再維繫，當溫飽都不易獲得滿足時，耕地進行買賣，則所謂的流於「世俗性」與「商品化」，一如前文的討論，也都顯得名正言順。所以，恰逢企業財團蒐購土地，銀喜家的山坡地竟可值千萬，而且買家積極進行交涉，在故事結尾時，老銀喜反倒是微慍地向老伴阿喜嫂表示：

> 「遲早都會被他們賣掉。與其這樣，不如我自己發筆財跟你先享享福。」老銀喜說：「我手頭有錢了，看看這些子弟是不是還忙得沒有時間回來看看家裡的老貨子。」〔註105〕

　　老銀喜的心態與情緒，真箇是昭然清晰，餘音裊裊。期盼兒孫回家團圓的心情，在小說中又豈是特例？履彊的〈楊桃樹〉與〈曬穀埕春秋誌〉，書寫的也正是同樣的主題。

　　履彊，本名蘇進強，出生於雲林縣褒忠鄉的台灣典型農村，但作家國中畢業後，就投考軍校，因而出身農鄉與軍旅生涯的雙重生命經驗，讓他的創作風格與取材內容，相形特殊，論者謂之兼有「軍人魂與鄉土情懷」〔註106〕。履彊年少學生時期即開始投稿發表創作，飽滿鄉土風味的〈鑼鼓歌〉應是其鄉土文學的成名作品，但未若因選入國中國文課本的〈楊桃樹〉而廣為人知。

　　〈楊桃樹〉與〈曬穀埕春秋誌〉兩篇作品主題相同，而就時代變遷、農村結構變異、社會的轉型等面向而言，則堪為此時期翻轉觀照農村視角的典型作品：

> 農村到了〈楊桃樹〉，則變成了文明的避風港，變成是都市人尋求休憩與救贖的地方了。重點不再是應該如何解救農村、同情在農村裡飽受剝削的人，而成了是要教都市人學習、了解農村舊事舊俗、舊情舊義的可貴。〔註107〕

民」。上網日期：2014.5.13，網址：http://literature.ihakka.net/hakka/author/zhong_
　　　tie_min/default_write.htm 同註99。
〔註105〕同註104。
〔註106〕參見施淑：〈與現實一起成長——履彊集序〉，收錄於施叔、高天生編《台灣
　　　作家全集・短篇小說卷・戰後第三代・履彊集》（台北：前衛，1992年4月），
　　　頁9。
〔註107〕楊照：〈從「鄉土寫實」到「超越寫實」——八○年代的台灣小說〉，收錄於

　　親情的溫暖，「舊情舊義的可貴」，首先呈現在〈曬穀埕春秋誌〉裡的，是主角邵禮老夫婦面對即將到訪的十二個孫子孫女，夫妻倆協力打掃房舍的準備工作開始，一如鍾鐵民〈三伯公傳奇〉裡的阿喜嫂：

> 忙著把ㄇ字形的屋子，一間間打掃乾淨，該曬的榻榻米、小被毯、
> 枕頭，都一一出籠，把個空曠的曬穀埕，招得十分熱鬧和擁擠……
> 〔註108〕

　　而當孫子們擠滿了屋舍，蜂擁在曬穀埕時，兩老辛苦面對活跳的青少年，窮於應付十二張嘴，卻是樂此不疲，且為了化解井水被視為不衛生的疑慮，老夫婦倆合力自不遠處的國民小學抬來了自來水，準備給孩子們煮飯洗澡。十二個孩子，兩老得賣力抬來的自來水，自是相當可觀。果不其然孩子們離開後，老太太病倒了，肇因之一竟爾是替孩子們上樹摘楊桃不慎跌落，至於為摘水芋仔餵養牲畜而差點溺水，更是緣因招待孫子們用罄了現金，所以邵老先生逼得只好變賣了兒子媳婦們幫他做壽打的金戒子籌措醫藥費，而一切都還瞞著兒孫，村人好友得知後，便開始爭相議論了：

> 「講汝是無價值，也搓也捏，六個囝仔大漢啦！一出外，攏在外，
> 也無見誰人反來看汝們，哎！無價值啊！」
>
> 「打拼是要啦，再打拼也不能連返來都無返來，就只見你倆老猴，
> 一日到晚南南北北、來來去去，反轉過來去孝順子兒、媳婦，哎！」
> 〔註109〕

　　話語雖是替兩老不值抱屈，但實際上是作家批判了孝道的衰微，在世風日下的新世代潮流裡，這已不是特例。猶有甚者，迨至老太太彌留之際，兒孫終於齊聚，但也流言紛飛，最聳人聽聞的，莫過於老太太百日以後，六兄弟要接老爸爸北上，因為散居台北各地，所以每人一個月「輪流贍養」：

> 老先生將可享受吉卜賽式的晚年，這月板橋，那月萬華，此月北投，
> 彼月圓山，今日士林，明日大直，來來去去，愛走東便向東，愛走
> 西便走西。〔註110〕

　　楊照：《霧與畫：戰後台灣文學史散論》，頁 303。

〔註108〕履彊（蘇進強）：〈曬穀埕春秋誌〉，收錄於施叔、高天生編《台灣作家全集·短篇小說卷·戰後第三代·履彊集》，頁 62。

〔註109〕履彊（蘇進強）：〈曬穀埕春秋誌〉，收錄於施叔、高天生編《台灣作家全集·短篇小說卷·戰後第三代·履彊集》，頁 77。

〔註110〕同註 109，頁 79。

作家於此反諷力道十足，可憐老農夫婦勤苦一生，六個兒子事業有成，卻落得晚境淒涼。俗話雖說「久病無孝子」，但小說安排子媳眾人忙不迭地要趕緊替老母親「送終」，亦是駭人聽聞。作家或為了替世道平反，或為了凸顯老農堅韌不屈的生命力，安排了邵老太太轉醒活將過來，故事也就在大家一臉錯愕中戛然而止，留給讀者相當大的想像與思考空間，以及對於「舊情舊義」的反省，楊照以為 1970 與 80 年代「鄉土小說」的差異，就在於：

> 七〇年代的「鄉土」是以農村為據點、抨擊都市，所以義憤填膺；
>
> 八〇年代的「鄉土主流」變成是以都市為中央視角，反過來向農村
>
> 求取精神充電的資源。〔註 111〕

而廣為讀者熟知的〈楊桃樹〉，書寫的也即是這樣的主題，親情面對時代變遷與價值觀差異的考驗，是為小說傳遞的重點。出身鄉下的先生與都市長大的太太之間，源於成長文化背景的差異，妻子難耐於鄉間的一切，使得每回返褒忠鄉老家時，為人子、人夫、人父的昌平，總是因為內心萬般糾結，「總是這副鬱窒窒的模樣」。

試看這一段阿公阿媽迎接兒孫的景象描寫，除了將現代社會常見的景象處理地寫實逼真外，老人家竟爾懷有著「討好」的態度：

> 「哎呀，一年無見，長高了，都長高了。」老先生用生硬的國語說。
>
> 「是啊，大漢了啊！」老太太國語學不來，「哎呀，阿媽像一隻憨鴨，聽無你們這些都市囝仔講的話。」
>
> 「是啊，你老母自己憨，看電視只看歌仔戲，結果嘛，連一二三四五都唸伊餓上死嗚。」呂清老先生最愛取笑老伴，老伴也咧嘴露出一口被檳榔污染的金牙笑著。〔註 112〕

城鄉文化差距導致社會價值判斷也形成混淆，農鄉相對於工商都市文明，除了經濟面的侵逼外，無形的落後意識也已經對傳統家庭倫理形成具體的戕害；媳婦最在意的似乎就是自己新做的頭髮，以及先生身上的新西裝，而任其墜落在地，那曾經是先生昌平小時候貧苦家境賴以維生的楊桃，徒然「招來一群綠頭蒼蠅，楊桃的顏色好似黯淡、萎黃了」〔註 113〕，履彊的象徵

〔註 111〕楊照：〈從「鄉土寫實」到「超越寫實」——八〇年代的台灣小說〉，收錄於
楊照：《霧與畫：戰後台灣文學史散論》，頁 303。

〔註 112〕履彊（蘇進強）：〈楊桃樹〉，收錄於施叔、高天生編《台灣作家全集·短篇小
說卷·戰後第三代·履彊集》，頁 88。

〔註 113〕同註 112。

手法,不言而喻。也因此整篇故事裡,雖不至於有山雨欲來的衝突壓迫感,但卻也飽滿了似乎動輒得咎的張力,直到老媽媽摸黑上樹摘楊桃,故事情節帶來的壓力才得以釋放,「舊情舊義」的可貴,進一步點明了主旨。

齊邦媛認爲,履彊除了寫出農民強韌的生命力之外,這樹上老太太和〈曬穀埕春秋誌〉中抬自來水給兒孫煮飯洗澡的身影,「繪出了迥異一般鄉土文學中衰老怨嘆的老人的新型態」:

> 這些上樹、抬水、犁田的老人,充滿了自信與成就感(都市人語法)。
> 他們靠著雙手與大地的恩賜養大了大群兒女,看他們離去自創前程
> 之後,選擇留在家園,過自在自主的生活。既是自己的選擇,而非
> 遭受競爭的淘汰,他們應是無怨尤的。〔註114〕

絕大多數的老人,因爲老鄰老友老田園,不習慣於都市水泥叢林,而選擇留在家園過著自在自主的生活,只是,充滿了落寞。黃春明甚至以爲,如是老人問題,是目前在台灣社會問題中,最具「人文矛盾」的問題:

> 今天有多少老年人,分別紛紛被留在漁農村落的鄉間,構成偏遠地
> 方高齡社區的社會生態。他們縱然子孫繁多而不能相聚一堂,過著
> 孤苦的日子。……過去,他們再怎麼窮困的日子,他們都盡了養育
> 子女,安養高堂的責任。哪知道輪到他們登上高堂的地位時,子女
> 還有孫子都不在身旁。〔註115〕

黃春明在1980年代爲數不多的小說作品裡,將觀照的視角聚焦在台灣農鄉裡的老年人身上,創作意識一如上文所引,關懷悲憫之情溢於言表。時代變異,城鄉之間經過拉鋸後,農鄉年輕人力外移,徒留老年人苦守田園農舍,待年老力衰,更是無所憑依。李瑞騰指出台灣已邁入高齡化社會,而農村社會更甚,「黃春明用腳讀地理,走在鄉間小道,深入偏遠地方,他已強烈感到問題的嚴重性,他選擇用小說去記錄並探索內在的複雜性」〔註116〕,是作家這一時期的創作取向。

其實取材於農鄉老人的小說創作,在黃春明的作品中並不陌生,1960年代末期的〈青番公的故事〉與〈溺死一隻老貓〉,1970年代初期的〈甘庚伯的

〔註114〕齊邦媛:〈漂泊與回家的文學——觀察人生作家履彊〉,收錄於《台灣文學作家全集・短篇小說卷/戰後第三代③・履彊集》,頁255。

〔註115〕黃春明:《放生・自序》,見黃春明:《放生》(台北:聯合文學,1999年10月),頁11。

〔註116〕李瑞騰:《放生・序》,見黃春明:《放生》,頁8。

黃昏〉，均是以農鄉老人爲主角，前文都曾加以討論；然歷經將近二十年後，
作家又以地誌書寫方式對其原鄉宜蘭羅東的「此時此地」加以反映，但農鄉
老人景況唯有更添落寞寂寥而已。

　　其中，廟庭也還是常見的老人聚會處所，這樣的畫面在黃春明〈溺死一
隻老貓〉裡，就已經存在，時序來到1980年代中期以後，作家在〈現此時先
生〉中，照舊選取相類同的場景，以爲故事的開場：

> 三山國王廟算是小山村的文化中心。溽暑的夏天，就在廟庭的榕蔭
> 下，酷寒的冬天，就在廟内的廂房，沒有一天，小孩們不來這裡蠶
> 食未來的時光，一口一口地濺出歡笑和哭聲。老人家來得更勤，沒
> 有一天，不聚集在這裡反芻昔日的辛酸，慢慢的細嚼出幾分熬過來
> 的驕傲和嘆息。〔註117〕

作家筆法細膩，排比俐落有致，而這樣的情景其實普遍存在台灣農村社
會裡，尤以偏鄉地區更甚，老人們自我調侃，說「呷飽閒閒，來廟裡講古
下棋，等死。」〔註118〕甚至若有人幾天未現身，眾人都不免懷疑，如〈放
生〉裡連發問阿尾：「這幾天你怎麼沒去廟裡聊天？大家還以爲你生病了。」
〔註119〕顯見聚在廟庭、店仔口等處所「閒聊」，對老人而言是充分必要的日
常活動，談話既能有所共鳴，自我定位，亦能抒發感慨，相濡以沫。

　　而除卻廟庭閒談，家中的老伴，因爲子孫皆不在跟前，所以是互相扶持
的唯一倚靠，但若論老夫老妻的相處之道，則輕聲細語絕無僅有，鬥嘴鬥氣
煞是自然，〈打蒼蠅〉裡的模式，絕非特例：

> 這一對相依爲命的老夫妻，面對面時，誰都不願把互相關心的眞情
> 坦然地表達出來。有時因爲一些雞毛蒜皮，常脫口說出與心裡相反
> 的話語逗鬥對方。〔註120〕

這在〈放生〉一篇中，更是俯拾皆是，作家運用全知觀點，將夫妻相處
的模式，以及倆人內心的幽微起伏之處，詮釋地相當細膩。即使是對話，也
因爲「年紀也到了回憶多於夢想，有時間就是敘敘過去，很多事情都是一而
再，再而三地重敘著」〔註121〕，充分書寫了老人慣於回憶過往的思考路徑與

〔註117〕黃春明：〈現此時先生〉，收錄於黃春明：《放生》，頁20。
〔註118〕黃春明：《放生·自序》，見黃春明：《放生》，頁14。
〔註119〕黃春明：〈放生〉，收錄於黃春明：《放生》，頁99。
〔註120〕黃春明：〈打蒼蠅〉，收錄於黃春明：《放生》，頁59。
〔註121〕同註119，頁97。

話語模式。

除了老人的關懷，經濟力與政治力進逼農鄉，同時是〈放生〉關注的焦點，工業對耕地、河川、空氣、漁場的污染破壞，以及政商之間糾結的利益輸送關係，是爲小說批判的重點，作家諷刺道：

> 位於武茗坑溪出海口右手邊的大坑罟，整個村子仍然被幾家化工廠
> 和水泥廠所冒出來的濃煙，遮去了頭頂上的青天。……對這些煙害，
> 十多年來連帝君廟裡的紅關公都變成張飛了，大坑罟的人更拿他們
> 沒有辦法。〔註122〕

工業廢氣與廢水的排放，導致農作物枯萎，灌溉與飲用水都泛著難聞的怪味，工廠並未提供當地村子多少就業機會，甚至「過去不曾有的，說不上病名的皮膚病在村子蔓延，有幾個壯丁不該死的時候死了」，水泥廠的採土，也破壞了水土保持〔註123〕，盡皆使得農鄉慘遭侵蝕，人口外移日趨嚴重。而當村民憤而群起抗議時，可以看見村幹事緊抱著白色恐怖時期防範匪諜的一貫思維與恫嚇的模式：

> 「問題總會解決，請大家不要衝動，當心被共匪利用和煽動……」
>
> 「共匪無孔不入，無所不在。還有台獨也一樣。我們千萬要小心……」
>
> 〔註124〕

這一篇小說發表於解嚴的同一年，黃春明如是譏諷諧擬的筆法，正是印證了解嚴前後政治已趨解禁的氛圍，同時小說內容也對農村受到工業化的衝擊，有著深刻的反映，而這些描寫都使得枯守農鄉的老人，孤苦無憑的處境顯得更爲具象而清晰。陳惠齡的評析，頗值得參酌，並藉以概括如是小說作品的內涵：

> 在現代工業文明、政治意識型態與經濟結構的吞噬下，被迫變形的
> 鄉村景觀、扭曲異化的人文風俗，以及與城鄉差距的日增，皆讓老
> 人難以適應新的生活型態和價值觀念，而在風行景從下，也間接殘
> 害天倫秩序，造成老人的失親失養。〔註125〕

根據前文所做的探討，台灣農村勞動人力開始向工業部門大量移動的時

〔註122〕黃春明：〈放生〉，收錄於黃春明：《放生》，頁72～73。

〔註123〕同註122，頁95、106。

〔註124〕同註123，頁96。

〔註125〕陳惠齡：《鄉土性・本土化・在地感：台灣新鄉土小說書寫風貌》（台北：萬卷樓，2010 年 4 月），頁118。

間，始於 1960 年代中期，也即是台灣農業發展開始發生衰微，相對地工業開始急遽發展的時期，工商部門因應需求持續吸納密集的人力資源，因此，彼時離農就工抑或是負笈他鄉的年輕人，經過二十年的努力拼搏，造就了台灣的「經濟奇蹟」，但也直接或間接造成對台灣農村社會的衝擊；當年許多農民手持鋤頭警告孩子不得再翻掘田土以免為貧窮所困，如今這些孩子已然成家立業，甚至晉升為中產階級，確實是離開了農鄉、擺脫了貧窮，但是，也遠離了家園，淡漠了親情，傳統人倫的價值也不再被重視，同時城鄉差距所導致的落後意識，更斲傷了家庭倫理，這些都是促使寂寞的農鄉老人齊聚廟庭相濡以沫的背後成因，小說家援此反映農村社會變遷後的現實，呈現了後鄉土時期的農民小說風貌；同時，閱讀上述從鍾鐵民對農業傾頹衰敗的持續關照，也同時書寫老農的處境，到履彊及至黃春明相關農鄉老人失親失養的系列作品，正說明了 1980 年代以降，農民小說素材的變與不變。

二、農民小說的現實主張

　　相同於上述鍾鐵民筆下的美濃、黃春明的羅東，以及履彊書寫「返鄉」的褒忠，1980 年代以後大量書寫農民小說的林雙不，則幾乎完全將小說場景設定在「台灣西部沿海的小農村」裡，亦即是作者對故鄉雲林東勢鄉的臨摹，同樣是「此時此地」的吾鄉印象，但林雙不小說中的現實主張，不管是對農業發展的困境、工業的污染、政治力的箝制、甚至是農鄉老人問題，作品裡的意識型態批判，卻是異常鮮明。其《筍農林金樹》小說集以〈猴羣〉為名的楔子，是這樣構設的：

> 有一天，一頭獅子突然闖進島上。憑著他無比的蠻力、銳利的爪牙，和兇猛的性格，很快地控制了整座島。獅子訂定法律，限制猴羣的行動、剝奪猴羣的財物。根據法律，猴羣必須提供他食物，供給他娛樂，任由他打罵，甚至被他撕裂了吞吃；少數猴子想逃走，也一一被抓回監禁。猴羣快樂的年代過去了，在奴役和痛苦之中，獅子翹起二郎腿，大大享受。〔註 126〕

　　於此不嫌詞費地抄錄整段文字，是欲將林雙不作品的鮮明意識型態加以呈現，以為閱讀林雙不農民小說的基礎，而作家將如是文字置於小說集之首，

〔註 126〕林雙不：〈猴羣（楔子）〉，收錄於林雙不：《筍農林金樹》（台北：前衛，1985 年 4 月），頁 1。

其作品的創作意圖，亦是不言而喻的。政治上的意識型態無有對錯，並不涉及價值判斷，加以政治禁忌與小說表現手法來到 1980 年代，同步朝向開放與多元的發展，如後設的諧擬戲耍也已打破文學的成規，所以，林雙不農民小說的特殊風格，出現在台灣文學場域，雖顯得特立獨行，但也並不致於過分突兀。

本名黃燕德的林雙不，出身雲林縣近海的農家，面對清貧的家庭經濟環境，中學時代就以「碧竹」為筆名，賺取稿費分擔家計，抒情感性的散文作品成名既早，但在 1980 年代之初，擔任員林高中教職的碧竹，更改筆名為「林雙不」，創作類型與風格都有著極大的轉變，開始從事大量的小說書寫，並以農村、教育等面向為取材範圍，直指其中存在的弊病，藉以批判統治階層，並彰顯人權長期遭到漠視的現實。至於催生「林雙不」出現的背後原因，或有如吳錦發的看法，指出 1980 年代如林雙不、宋澤萊、林文義、劉克襄等為數頗多的作家：

> 都曾在公開或私下的場合，宣稱發生於 1979 年底的「美麗島事件」給了他們澈底的洗禮，使得他們覺悟身為「台灣人」的悲運，並因之激發了他們在文學創作的自覺。〔註 127〕

然而對於林雙不而言，「美麗島事件」的發生，遠不如「林宅血案」所帶來的衝擊與震撼，他現身說法表示「『美麗島事件』基本上是政治方面的問題，但是『林宅血案』就不是了，那是一種人道的問題，所以我受這件事情的刺激是最大的」〔註 128〕，因而，從此同時揚棄了「碧竹時期」的書寫風格、文類與筆名，這是 1980 年代以後，其作品之所以意識型態如此強烈的原因。取「林雙不」為筆名的源由，乃是典出陶淵明〈神釋〉詩句：「縱浪大化中，不喜亦不懼」，並取母親的姓氏，加以定居彰化員林，遂成「林雙不」〔註 129〕；但是「雙不」的名義卻也多所演繹，因為其作品創作取向，進而有報刊對其作品「不受歡迎、不予刊登」的封殺，但作家則堅持「不氣餒、不妥協」以及「不忮不求、不卑不亢」的態度〔註 130〕，足見其作品風

〔註 127〕吳錦發：〈80 年代的台灣文學〉，《台灣學術研究會誌》第 3 期（1988 年 12 月），頁 117。

〔註 128〕杜家慧：《林雙不小說研究——以八〇年代為中心》（台北：稻鄉，2005 年 4 月），頁 223。

〔註 129〕參見陳麗雅：《從「碧竹」到「林雙不」——論黃燕德的文學作品及其創作意識》（嘉義：國立中正大學中國文學研究所碩士論文，2001 年），頁 66。

〔註 130〕參見林雨澄：〈側寫林雙不——並序《大學女生莊南安》〉，收錄於林雙不：《大

格的強烈與創作意識的決絕。

進入1980年代，洪醒夫、宋澤萊與林雙不三位出身相同、小說創作內容質性相近的小說作家，因為宋澤萊小說作品銳減，而洪醒夫於1982年不幸因車禍身亡，台灣文壇反映農村社會衰敗成因的農民小說，遂由林雙不接續了如是寫實主義風格。

1983年林雙不集結舊作另以《台灣種田人》為名出版小說集，明顯開始調整其關注層面，同時在1982至83年期間，密集發表以農村為題材的短篇小說，創作取向專注在農村小人物身上，主題相當集中，並於1985年匯集成《筍農林金樹》出版，書名副題為「台灣島農村人物誌」，書中收錄三十篇農民小說作品，整體內容政治批判意識強烈，風格一貫。

首先，在同名小說〈筍農林金樹〉裡，就直接批判了農會偏頗的收購體制，扼殺了農民的生機，與未來的希望。原本胼手胝足耕種六分地僅能餬口的林金樹，卻因食品罐頭外銷市場擴大，蘆筍因需求增加，價格跟著水漲船高，讓貧窮的金樹心中燃起了希望，似乎也有能力幫兒子籌措結婚的費用，並且讓太太好好養病，同時改善一家人的生活。

但是好景不長，政府開始規定蘆筍統一由農會收購，弊端因而產生。農會訂下嚴苛的收購規格，不合格的蘆筍只能低價售予菜販，但是「每公斤賣給販仔十三塊，販仔轉賣給農會的人十九塊，農會的人向上面報，還是公訂的收購價格二十七塊」，筍農橫遭剝削，莫此為甚，於是憤恨地指摘，「說什麼農會是農民的？」〔註131〕金樹最終氣不過，破口大罵：

> 「誰不公道我罵誰！」林金樹不甘示弱：「誰是吸血的我罵誰！誰是
> 無血無目屎的花枝我罵誰！誰和農會的人勾結我罵誰！誰專門欺負
> 種田人……」〔註132〕

以致於遭到菜販圍毆，在床上將養17天後，將兩分地的蘆筍田一口氣犁平。小說中農會的地位功能，成為壓榨剝削體系的一環，前文也曾經加以探討，足見地方農會的功能不彰，共為小說家所洞悉，至於水利會的功能性，同樣也為農民所詬病。

在〈大圳流血〉裡兩個村落之間長期因為灌溉水源的紛爭，兩相爭執：丁家村的人「每甲地一年要繳六、七千塊水租」，而黃厝寮「種一季水稻灌不

學女生莊南安》（台北：前衛，1986年11月），頁6。
〔註131〕林雙不：〈筍農林金樹〉，收錄於林雙不：《筍農林金樹》，頁245～246。
〔註132〕同註131，頁248。

到三次水，還不是一樣要繳水租？」三分之二以上的村民被迫自己挖井種稻，「馬達怕被人家偷了，每天還要扛來扛去」〔註133〕，最後導致流血衝突。雖然缺水期間繳納水利會的水租卻一毛也不少，然而水利會是否具有其功能性，在此就可略窺其一二。〈烹鬼傳奇〉裡，林雙不就透過主角屠夫豬哥添仔的視角與想法，將水利會揶揄了一番：

> 這道水圳是一條溪的下游，接近出海口不遠了，兩岸距離相當寬，但河床平坦低淺，水不深，許多地方都露沙洲。名義上是灌溉的水圳，其實一點沒有灌溉的作用。至於爲什麼還要叫水圳，豬哥添仔想，大概是爲了讓水利會方便收水租吧？〔註134〕

在林雙不小說裡，繳交給政府相關規費不得短少，卻疏於輔導改進產銷結構，於乾旱期間也缺乏補救措施，不僅放任剝削系統荒謬地存在，更任農民自相殘殺，情節或許是故事編排所需，但放眼台灣農業至 1980 年代的發展，小說編寫的諷刺與反映，卻未必全然是向壁虛構。而在〈豬仔攻防戰〉故事中，敘述了盜賊大規模偷豬的蠻橫乖張，但農家卻得不到治安警力的保護，「大人只會吹哨子叫歹人快逃」，致使盜賊有恃無恐，甚至誇張如是：

> 林厝有一口灶豬仔被偷，去報告大人，當天晚上賊仔又來，把沒有偷走的小豬全部再偷走，臨走時還笑著叫主人再去報告。〔註135〕

任宵小猖獗，農民卻束手無策，當有人開始批評政府當局，林雙不安排村裡老人家這樣提醒說：「政治不要講，不能講，你們這些少年的憨憨，不知死活！唉，唉，四腳仔時沒有這款情形啊！」一方面頗爲傳神地模擬了絕大多數台灣人對往昔白色恐怖政治偵防的疑懼與敏感，另一方面也表現了曾歷經「日本時代」的老人家，對日據下治安狀況的「緬懷」。

政府在追求經濟發展過程中，整體農業政策的偏差已然是事實，農業所得持續偏低也是農村社會的現實，但是對於農業社會屢遭打擊，不僅無有積極良方與作爲，在政策與法律執行面，卻又顯得毫無轉圜空間，實是侈言照顧農民，如〈義雄救父〉裡主角義雄的父親因爲欠繳稅金被法院羈押，家中經濟平素即是仰賴義雄在外縣市做工所得，本已拮据，拖欠的稅金實在無力繳納，而且「這幾年要不然就風颱，要不然就大水，收成不好，種田都枉費了，拿什麼去繳稅金？偏偏我又半條命──你那些小弟小妹也一人一張嘴──」，

〔註133〕林雙不：〈大圳流血〉，收錄於林雙不：《筍農林金樹》，頁256～257。
〔註134〕林雙不：〈烹鬼傳奇〉，收錄於林雙不：《筍農林金樹》，頁128。
〔註135〕林雙不：〈豬仔攻防戰〉，收錄於林雙不：《筍農林金樹》，頁224。

而且在均貧的農村裡「大家都是種田人，生吃都不夠，還能曬乾？」〔註136〕
由於在農鄉向親友借貸直若緣木求魚，逼得義雄只好賣血籌錢。義雄朋友李
進益義憤填膺地咒罵道：

> 「幹死伊娘！」李進益聽完破口大罵：「軟土深掘！欠八千多稅金就
> 捉，那些大粒頭的向銀行幾百萬幾千萬在借，連利息都不還，照樣
> 做他們的大粒頭。幹死伊娘！」〔註137〕

林雙不於此明顯地抨擊政商特權橫行，而銀行形成呆帳的問題在台灣
至今依然時有所聞，其實貧富之間的階級差異，不須刻意凸顯，卻係真實
存在。李進益提議賣血並且在義氣相挺、兩肋插刀之餘，對義雄說：「告訴
你好了，你的老爸和我的老爸還不是一樣。命運，整個台灣人的命運。你懂
嗎？」〔註138〕此則又一次清楚地表達了林雙不所飽滿的台灣本土抗爭意
識，以及對國民黨政府統治模式的不滿批判。

另外，1980 年代工業污染持續戕害農業生產與農村生計，同樣也是林雙
不所關注的議題。在〈老村長的最後決戰〉裡，化學工廠排放的廢氣與廢水，
甚至奪走農民的生命。小說中描繪農地遭受污染後的景象，堪稱怵目驚心，
但面對農民一再的陳情、抗議與衝撞，卻不見公權力發揮作用，化學工廠依
然矗立運轉，污染依舊，農民積累的不滿終於爆發開來，直指官商勾結，而
在憤怒咒罵話語裡，作家也將俚俗的台灣話熟語，豐富地置入於其間，鮮活
了人物的性格，以及所表達的情緒：

> 「不要陳情了，無三小路用！」李阿川雙拳緊握：「自古以來，大官
> 虎和大生意人就褲帶結相連，大官虎當然掩護大生意人，西瓜依大
> 邊。別人的兒子死不完，政府不會管我們的死活！」〔註139〕

諸如此類抗議與批判的作品風格與內容，充分呈現在林雙不 1980 年代的
小說作品之中，因而，呂正惠就直接將林雙不的小說，歸類為 1980 年代「攻
擊目標非常顯著的政治小說」的「典型代表」：「他（林雙不）以驚人的速度
推出的每一部小說，好像刻意找上國民黨的每一致命點一樣，火紅著眼睛拼
命射擊」〔註140〕，呂正惠所指當然包含收錄於《大學女生莊南安》與《小喇

〔註136〕林雙不：〈義雄救父〉，收錄於林雙不：《筍農林金樹》，頁 92。
〔註137〕同註 136，頁 95～96。
〔註138〕林雙不：〈義雄救父〉，收錄於林雙不：《筍農林金樹》，頁 98。
〔註139〕林雙不：〈老村長的最後決戰〉，收錄於林雙不：《筍農林金樹》，頁 287。
〔註140〕呂正惠：〈八○年代小說的主流〉，收錄於呂正惠：《戰後台灣文學經驗》，頁 82。

叭手》兩冊小說集裡，控訴政治滲入教育體制而致人權受到侵害的作品，但在《筍農林金樹》裡，如是素材同樣俯拾皆是。

如果站在反映現實的立場而言，宋澤萊就認為，從日據下至今台灣「弱小民族文學」及「反殖民經濟體制文學」已經取得成就，反映了該有的問題，而此時期該形成反映的，就是「人權文學」，並進一步指出，林雙不的文學是1980年代以來最能夠反映社會人權狀況的作品，所以稱林雙不的小說「是政治小說也是恰當的」，而林雙不對人權狀況的反映方式是：

> 從生活面來反映，在1980年後，台灣社會對人權的抗爭相當激烈，
> 許多人從社會制度上進行討論，我想林雙不也就在那種社會要求下
> 寫出了他最傑出的作品。〔註141〕

宋澤萊更以為，林雙不的「農村文學」中，呈現了台灣西部「真正典型的農村風貌」，「顯示了在1970年以迄今天農村的殘破……」〔註142〕，顯見農村因為遭到工商業經濟侵蝕後的衰敗傾頹，不可能被出身於偏遠小農村的林雙不所忽略，其諸多小說作品，即是以此為背景，訴說一幕幕可以說是感同身受的農民淒涼境遇。

農業沒有願景，老一輩務農勞苦一生，絕大多數的老農不願、也不捨兒孫再翻掘田土，傳統的土地意識已經淡薄，克勤克儉執意讓孩子繼續升學，〈石頭仔伯選村長〉裡的石頭仔伯是為典型，「他早早看出農村子弟必須讀書受教育，才可以出頭天。所以他咬緊牙關、大粒汗小粒汗地和農田搏鬥，堅持讓四個兒子唸書」〔註143〕；在〈大圳流血〉中也述及「丁水泉向來不相信什麼『行行出狀元』，他很清楚，無論如何種田絕對種不成狀元，但他相信，讀書雖然不一定個個都成狀元，至少將來賺錢可以輕鬆許多」〔註144〕；然而，勤苦一生，供給孩子唸書，等到孩子晉升至上層社會，卻也未必能夠得到反饋。〈火旺仔夫婦進城〉故事裡對於是否變賣祖傳土地讓兒子婚後購置房產，火旺仔曾舉棋不定：

> 祖公留下的那一甲三分地！那養活歷代祖公、養活自己、養活進明

〔註141〕宋澤萊：〈呼喚台灣黎明的喇叭手——試介台灣新一代小說家林雙不並檢討台灣的老弱文學〉，收錄於宋澤萊：《誰怕宋澤萊？》（台北：前衛，1986年6月），頁137。

〔註142〕同註141，頁135～136。

〔註143〕林雙不：〈石頭仔伯選村長〉，收錄於林雙不：《筍農林金樹》，頁180。

〔註144〕林雙不：〈大圳流血〉，收錄於林雙不：《筍農林金樹》，頁251。

並讓他接受大學教育的田地！當年進明唸書時，多麼艱難，都熬著
撐著不忍心賣，現在竟然要賣祖產？〔註145〕

　　等到真的出脫土地，夫婦倆卻似遭到遺棄一般而老無所依，令人欷噓。
如是的類型書寫，與上述黃春明等相關農鄉老人素材的小說，又呈現了大相
逕庭的風格，白描而淒厲。

　　在林雙不的小說裡，農家子弟在繼續升學之外，最常見的即是早早離農
就工，進入工廠或遠赴他鄉學習一技之長，如是小說素材與宋澤萊作品裡所
鋪陳的內容，極其相近，亦見農村社會普遍具有的通相。〈義雄救父〉裡的
義雄離開家鄉小村到一百多公里以外的城鎮鐵工廠裡當學徒；〈泰山斷指〉
裡的泰山離家到台中紙廠習藝，卻遭機器軋斷手指；而〈搶案發生以前〉裡
的阿吉，卻不幸淪為「關廠工人」，以往每月薪資七千元，除了留下五百元，
其餘全部往家裡寄——「台灣島西部一個沿海的小農村」，因為，「阿吉的父
親過世了，母親和三個弟妹住在那裡，守著五分祖傳的薄田」〔註146〕，生
活本已捉襟見肘，迨工廠開始發不出工資，繼而惡性倒閉以後，一家人的未
來生活將無以為繼，不僅訴求無門，政府當局卻也毫無對策保障這些絕大多
數來自農村的勞工權益，時至今日的二十一世紀，關廠工人的抗議陳情，依
舊在台北街頭進行著。

　　何以選擇離鄉背井、選擇離農就工呢？當然是農業生產不足以養家餬
口，客觀環境形成對農業喪失信心，為求生存或是更好的未來，然而卻又遭
致資本家的遺棄，所以林雙不在小說中，竟爾進一步安排包裝工人們討論「勞
動基準法」的立法與修訂過程，不僅對法條內容知之甚詳，同時對立法委員
刪除相關保障勞工權益的法條，也表達憤恨難平，並直指這些立委：

絕大多數不是我們選的，他們有些作委員時，我們都還沒出生呢，
他們要做到死。有些是國民黨安排的，三年改選一次，也要聽國民
黨的，不聽下次就不提名。真正替我們爭取的很少很少，建議像狗
吠火車，一表決，就輸！真悽慘。〔註147〕

　　作家在此除了對萬年國會的缺乏正當性加以質疑外，並且批判黨政與財
團的掛勾，都是既得利益者之間的利益輸送，被犧牲而受難的，卻永遠是基
層的工與農。這般意識型態的表達，極為明顯，但是手法卻顯得突兀，這或

〔註145〕林雙不：〈火旺仔夫婦進城〉，收錄於林雙不：《筍農林金樹》，頁189。
〔註146〕林雙不：〈搶案發生以前〉，收錄於林雙不：《筍農林金樹》，頁230。
〔註147〕同註146，頁235。

許即是楊照所謂的「意念先行」的故事編排方式，認為林雙不的小說清楚地
要以「寫實」手法來傳達強烈的批判意念，並且訴求改革社會的意圖能上承
1970 年代鄉土文學的作品，但是林雙不卻「不是把人生意義、教訓藏在小說
敘述裡，相反的，它們『意念先行』，先決定了『意念』，才去挖掘、拼湊小
說裡所需的內容」〔註 148〕，楊照更進一步指出：

> 林雙不的「寫實」比七○年代「鄉土派」作品更直接、更素樸，也
> 表現出更大的不耐煩。他的「意念先行」很多時候是靠放棄文學性，
> 不去經營角色、情節，直接讓道理躍上紙面來達成的。例如「控訴
> 不義是人類的天職」就是他小說裡主角直接「握拳吶喊」出的名言。
> 〔註 149〕

　　若由此徑觀察林雙不小說語言的直白，露骨而毫不迂迴，揚棄修飾的敘
述模式，其成因或許就可得以追尋；而上述這些題材的援用，均可或多或少
撿拾出林雙不創作的訴求與刻意的編寫，就小說創作的美學要求而言，誠然
有其缺失，但是，若就其安排為「楔子」的〈猴羣〉內容觀之，則倒也恰如
其分。易言之，林雙不這一系列作品，主宰其風格與內容的，本即是批判意
識。洪素麗就曾對林雙不這一系列農民小說的缺失，表達了意見，她認為這
些作品：

> 也許寫得太快了，他刻畫人物有時失於平面化、公式化；刻畫的場
> 景，有時也失於平薄簡約。尤其因為集結成書後，一系列讀下來，
> 未免令人有「千篇一律」的錯覺。〔註 150〕

　　人物平面化與情節的公式化等缺失，誠然存在於《筍農林金樹》裡的若
干作品中，然而若是細心地加以檢視，則依然具有富含閱讀喜悅的情節構思，
所以不宜全盤抹煞。

　　首先，值得一提的是以孩童視角的小說敘事模式，這在前行代作家如鍾
肇政、李喬等作品中都可以見到，一如前文的討論；透過童稚未諳複雜人情
世故糾葛的純真，往往能夠更為真實地呈現人世間的矛盾，以及荒謬。在〈快

〔註 148〕楊照：〈從「鄉土寫實」到「超越寫實」——八○年代的台灣小說〉，收錄於
　　　　　楊照：《霧與畫：戰後台灣文學史散論》，頁 307。

〔註 149〕楊照：〈從「鄉土寫實」到「超越寫實」——八○年代的台灣小說〉，收錄於
　　　　　楊照：《霧與畫：戰後台灣文學史散論》，頁 308。

〔註 150〕洪素麗：〈黃素雨夜花〉，收錄於康原編：《歷史與現實的啄木鳥——林雙不作
　　　　　品評論》（台中：晨星，2008 年 8 月），頁 77。

樂的葬禮〉裡，農鄉小學生意外獲得一個不必帶書包的假日，因為鄉長母親過世，必須充撐排場以營造備極哀榮的告別式，小學生竟爾在老師的命令下，成就了「日行一善」〔註151〕的「美事」。故事小主人翁阿海在盛大誇張的喪禮裡，得以大啖平素難得的「珍饈」，因而在往後四個月中，七次夢見老師在降旗過後走進教室宣布明天上學不必帶書包的美夢〔註152〕。故事裡夸飾而荒謬的情節安排，在縣長居然騎著白馬蒞臨時，達到了極致，並且透過阿海聽聞縣長致詞的內容，頗能喚起經歷過以「反共抗俄」為基本國策時期的歷史記憶：

> 阿海唯一聽清楚的，只有一個音，這個音那人至少講了十次以上，用注音符號拼出來是「ㄅㄤˇ」，阿海也不知道究竟是哪個字。後來那人說了一段反攻大陸解救苦難同胞的話，阿海才算聽得比較懂，因為老師也常常講，並且要求學生寫作文時，一定要在結尾寫上那一段話，不管題目是什麼。〔註153〕

同樣是對統治階層的黨國批判，但或許在林雙不的農民小說系列作品中，如是透過孩童以近似諧擬的方式來傳達意識型態，是在整部小說集裡，相對顯得討喜的故事。另外，〈三兄弟的棒球夜晚〉裡反映了1970年代初喚起民族自信心的棒球熱，與電視所代表的文明開始進入農村，都頗具有時代感，孩童的敘事角度也引人入勝，但最後三兄弟終究無緣於球賽的電視轉播，令人不捨與心疼，但較之於多數沈重憤怒的作品而言，如是篇幅也的確帶來了不同的閱讀經驗。

更值得注意的是，林雙不的農民小說除了批判抗議的意識型態要加以充分鋪陳外，傳統的農民與土地意識，同樣也為作家所關照追尋，這應是重要而不可忽略的作品內涵。

在〈泰山斷指〉故事中少年泰山性喜務農，但是父親吳天來卻堅決反對，其所持理由與前述小說作品裡的大部分農民相同，不外是「種田太辛苦了。無暝無日。無路用無出脫，還讓人家看沒有」，但其中部分理由說來卻不免令人詫異——「泰山是我們的大漢子，如果做種田人，會給小漢的留下歹模範」〔註154〕，可以想見務農維生，竟然在1980年代以後的台灣，已成為極端不智

〔註151〕林雙不：〈快樂的葬禮〉，收錄於林雙不：《筍農林金樹》，頁23。
〔註152〕同註151，頁29。
〔註153〕林雙不：〈快樂的葬禮〉，收錄於林雙不：《筍農林金樹》，頁28。
〔註154〕林雙不：〈泰山斷指〉，收錄於林雙不：《筍農林金樹》，頁271。

而且是自甘墮落的選擇,而為農夫自身所唾棄,如是小說話語,其實是經營了深沈的感慨。當泰山因工傷失去兩根手指,龐大的醫藥費迫使吳天來思考賣地以應急時,泰山卻堅決反對:「不要賣。沒有地,我們就沒有根本了。將來有一天都市人會太多,會回鄉下種田。……」,幾經轉折,吳天來也有所醒悟,告訴老伴:「泰山出院後,讓他回來種田。他喜歡種田。少兩根手指頭,握鋤頭應該不會有影響。……行行出狀元啦」〔註155〕,這非出自於無奈,而是帶有著樂觀的期許,也清楚流露出作家的現實關懷。

闡揚土地意識最明晰具體的,應屬〈素月要買田〉一篇。小說主題就在於「田地是生命的根,田地不會騙人,你種什麼下去,田地就長什麼出來」〔註156〕,在這一段話裡所揭示的土地意識。透過主人翁素月念茲在茲,是對土地不變的執著信仰與熱愛,土地呈現了作家在這部「台灣島農村人物誌」裡難得的美麗:

> 站在田埂上,面對那六分地的素月幾乎是陶醉的。田裡種著花生,橢圓的葉子在風中微微顫動,映著夕陽的餘暉,每一個碧綠的葉片上,彷彿都跳躍著薄薄的橙光。〔註157〕

故事裡作家除了期許傳統土地意識不至於消失殆盡之外,也描寫了素月對勤苦一生、木訥老實的老伴所流露的疼惜與不捨——「這個勤勉的男人,除了天天下田做牛做馬,做裂了手腳、做白了頭髮,根本談不上任何的享受」〔註158〕,而如是感觸,頗為近似前文所敘的洪醒夫作品,透過類同的手法,傳遞了作家對台灣農民所表達的情感,甚至是敬意。

〈素月要買田〉在情節上雖有意外的轉折,但故事裡呈現對土地執著的信心,以及對土地單純的眷戀,並不涉及政治意識型態,使得通篇故事泛著溫煦的氛圍,有異於作家其他作品的閱讀經驗。而綜觀《筍農林金樹》小說集的編輯,作家或是編者將〈第一道曙光〉置於這部小說集的最終章,應是有意將林雙不對於台灣農村現況、農業政策與農業未來發展,提出自身看法與針砭,以為整部書的總結,但是,比起有如說教式的〈第一道曙光〉,或許〈素月要買田〉這一篇故事的蘊含與風格,將之列為壓卷,似乎要來得更加適合。

〔註155〕林雙不:〈泰山斷指〉,收錄於林雙不:《筍農林金樹》,頁277～278。
〔註156〕林雙不:〈素月要買田〉,收錄於林雙不:《筍農林金樹》,頁262～263。
〔註157〕同註156,頁261～262。
〔註158〕同註156,頁263。

　　林雙不直白不假修飾的文字表現與部分作品「意念先行」的創作模式，總也引發落差極大的不同評價，但彭瑞金的批評，應屬中肯：

　　　　林雙不以鍥而不捨、不避不閃的纏鬥精神，扮演歷史與現實的啄木鳥所創立的個人頗具「異色」的作品風格，無可諱言代表了文學本質弱化的現象，也相對地提出了強化小說意識功能的主張，……林雙不的宣示，打破了文學幻想、多遐思的舊格律，企圖將文學努力帶進現實的主張，也許一時還不能蔚為風氣，卻不乏批判的意義。可以同時視為台灣新一代小說作者尋求台灣文學多元化發展的先兆。〔註 159〕

　　林雙不於 1980 年代初期開始形成的風格轉變，在明白揭露的創作理念與方向之下，清楚地以書寫批判色彩強烈的小說為主，堅持寫實主義路線的作品風格，透過白描素樸的文字，自成特色，回顧台灣農民小說發展過程，1980 年代的林雙不，其作品是無法被忽略的。

〔註 159〕彭瑞金：〈歷史與現實的啄木鳥──〈黃素小編年〉〉，收錄於康原編：《歷史與現實的啄木鳥──林雙不作品評論》，頁 123。

第八章　結　論

　　1960 年代顏元叔引介「新批評」理論（New　Criticism）進入台灣，並在文學批評界蔚爲風潮，強調文學作品的獨立性與藝術性的文本分析，忽略作者與作品的社會文化背景；但是，顏元叔也曾經利用簡單的辯證方式，說明文學創作的動機，是懷有對現實世界作價值評估的目的與指涉的：

　　　　文學作家的寫作衝動，起自理想世界（道德的、價值的）與現實世界

　　　　之接觸；作家對現實世界之作用分爲兩重，即模仿與批評；他的模仿

　　　　顯示對現實世界之了解，以批評顯示他對現實世界之不滿。〔註1〕

　　準此，則指出了文學作品之所以被寫就，其動機乃是源於作家觀察現實世界裡的眞實，並將之與心中所建構的理想世界加以比較，發現兩者之間存在著落差，於是基於其道德意識的認知或價值判斷的標準，援筆書寫而形成文學作品，指出形成落差的背後成因，同時在進行模仿，甚而寓含批評的過程裡，透過文字流露其創作意識，繼而展現了作品的風格。

　　而顏元叔所謂的「模仿」，亦即是虛構，在文學作品中以小說文類最是典型，但小說的虛構性，卻往往必須植基於眞實，然後憑藉小說家敏銳感性的觀察與省思，去擷取描述現實世界裡諸如敗壞倫理、違反道德或失卻公平正義原則的行爲或體制，進而洞悉其形成的主客觀因素，將之構設爲故事、情節、人物等要素，組織而成小說作品，而得以遂行批評的目的，因爲「文學接觸人生時，不是僅作毫無意識的反映，而是不斷作價值的評估」〔註2〕，所

〔註 1〕　顏元叔：〈文學是什麼與爲什麼〉，收錄於顏元叔：《何謂文學》（台北：學生
　　　　　書局，1976 年 12 月），頁 11。

〔註 2〕　同註 1，頁 19。

以依循此類模式創作的小說作品，在文字藝術的追求之外，也成就了為人生而藝術的現實意義。

縱然，拉拒在虛構與眞實之間，難免受到意識型態的左右，而藉由文字書寫是否能夠全然模擬眞實，也不免必須遭到質疑，但是，若以歷時性的視野，觀察台灣農民小說的書寫軌跡，則無異是在台灣獨特的歷史發展進程中，對農民所處的眞實環境，不斷地進行著模仿與批評的過程，從日據下的 1920 年代，直至 1980 年代期間，無論是相關於農業的發展、農村社會的嬗變與農民的境遇，小說作品盡皆持續地留下了對現實的反映，甚至是批判。

縱觀台灣農民小說發展過程裡的賡續起落，與台灣歷史進程裡的迭宕起伏，始終存在著緊密的關連性。由於台灣本以農村社會爲主體，並以農業生產爲主要的經濟活動，進而奠定了台灣歷史發展的基礎。所以，在台灣歷史的進程中，舉凡時局變遷、政權的更迭或是政經措施的施行，都會直接而明顯地對農村社會產生影響，甚至是衝擊。因此，取材農村社會的農民小說，不僅能夠從其中見到台灣農業的興衰起落，同時也能提供一扇概觀台灣歷史遞嬗的視窗，構成了文學與歷史的交互爲用。易言之，一部起於 1920 年代以迄於 1980 年代的台灣農民小說發展史，則頗能夠相應地呈現此一階段的歷史裡，台灣政經發展與社會文化變遷的過程。

回首日據下台灣新文學開展之際的 1920 年代，即是台灣農民小說的濫觴，而起始作品即反映了殖民地的農村社會，在日本帝國主義屬行「農業台灣」的策略下，因爲殖民主義與資本主義聯手勾結，大幅度取得耕地的控制權，「土地正義」喪失殆盡而致令農民受害良深，同時作品也寄寓了去殖民的民族意識，與抵拒大和民族同化的文化主體性，而且在在都以寫實手法表現了強烈的批判與抗爭風格。

進入 1930 年代以後，農民小說創作日豐，藝術手法提升，題材多元蒐羅，並歷經鄉土文學與台灣話文的辯證思考而愈發成熟，復加以社會主義思潮的推波助瀾，因而雖然在現代化工程下，農村社會已經是灌溉水利既興，農作品種業經改良，達到農業生產日進的發展，但是由於對土地與農產掠奪榨取的體系堅牢不破，所以關注淪爲赤貧的無產階級農民，卻依舊是農民小說訴求的重心，作品裡除了飽含濃烈的社會與階級意識，也凸顯了在殖民現代性的衝擊下，農民的傳統生活方式與農村社會的運作模式，均被迫加速進行現代化的扭曲與荒謬。

　　到了戰爭時期屬行的皇民化運動，除了對反動意識嚴密防範之外，緊箍的言論思想箝制與漢文書寫的禁絕，也使得農民小說的樣貌，在日據末期呈現出異質的發展。由於批評與反映無從暢所欲言的創作限制，於是乎諸多台籍日文作家遂採取迂迴壓抑的寫作筆法，同時也對素樸而深沈的農民意識加以探索發掘，而如是多所壓抑的筆調，甚而延續至擺脫殖民束縛的戰後初期階段。

　　戰後初期百廢待興，農業與農村社會重建的腳步猶自蹣跚之際，國府接收後的政經紊亂與「二二八事件」，以及接續而來因為國共鬥爭結果所造成的板蕩動亂，都直接導致了1950年代國府撤退來台後的白色恐怖統治模式。雖然，此一時期的農業發展，由於土地改革的成功促成了農本主義的昂揚，但是農民小說卻必須沈潛在反共、戰鬥與懷鄉的政治正確書寫之下，在文化霸權主導的一元化論述之外，只能沈默地寫作，失卻了舞台，也令此階段的台灣農民小說，盡脫日據下的風格。

　　從1950年代中期即奮臂疾呼的現代主義，進而在進入到1960年代後，形成了蒼白疏離的文藝氛圍，但是寫實主義也在1960年代中期以後，與現代主義同時併呈於台灣文學場域，先後突破時代的大敘述，卻也各自呈現自主的發展。此際台灣工業的發展雖是方興未艾，但是由於產業政策的偏斜，形成對工業過分挹注與支援，因此造成農業屆臨困窘的瓶頸階段，反觀整體經濟策略始終並未相應進行適切的調整，所以台灣農業便自此江河日下，而農民小說對於農業的犧牲與農本主義的衰微，以及農民日益加深的「相對剝奪感」，紛紛在作品裡重新又對農村社會的變遷，作成清楚的勾勒。

　　1970年代在回歸鄉土的動能催化下，台灣農民小說延續了1960年代的「地誌書寫」風格，呈現更鮮明的鄉土色彩，作家與鄉土文學論者，或於鄉土中去凸顯本土，或站在本土立場中去擁抱鄉土，這鄉土／本土交相為用，也讓鄉土風貌最清晰的農民小說，藉此得以復燃活潑的生機，並再次高舉寫實主義旗幟，體現為人生而藝術的文學理念，進而漸次朝向凸顯本土化的書寫，在「台灣文學」被廣泛接受之前的第二次鄉土文學論戰過程中，逐漸確立了本土主體性的論述。而台灣農業也於此際因為整體經濟體系結構的演變，農產收益持續低迷，農民喪失對土地的信賴，土地意識流失與土地世俗化傾向日趨明顯，農村社會的傳統文化也因都市文明的侵逼而日漸沒落變形，因而農民小說對工業化衝擊下的農村社會所作的描摹，便又充塞了強烈的社會與階級意識，也重現了日據下農民小說的創作取向。

　　但是時序進入 1980 年代以後，寫實主義色彩鮮明的農民小說，卻呈現從豐饒以至於式微的發展，雖然於此時期台灣的農業、農村與農民所謂「三農」的處境，較諸過往所受到的衝擊卻是更形嚴峻劇烈，而且一如葉石濤所言：「農民問題裡面暗藏著現代台灣社會的各種問題癥結」，能夠見微而知著，所以農民小說若是能夠描寫現代台灣農村現實，將「很容易反映出現時社會結構不公不義，有待改進的缺失」〔註 3〕，透露著對於農民小說創作的期待，能就「三農」範疇裡的諸多問題，寫實地提出反映甚或針砭，以期暴露農民「相對剝奪感」揮之不去的背後成因。

　　然而，自 1980 年代以降，台灣的社會型態業已在經過轉變後大致底定，除了政治逐日朝向民主自由化發展之外，工商服務業與高科技產業，更形塑了台灣社會面與經濟面的運作模式與樣貌，至此過往的農業台灣已然寫進了歷史，葉石濤也曾將農民文學與農村社會的興衰加以兩相對照，認為「農民文學的衰微，證明農業社會的一去不返，以及過去台灣農民將務農看做是一種生活方式而不是維生手段的堅定的重農信念的徹底毀滅」〔註4〕，語氣雖然強烈而傷懷，但是卻道出了社會變遷與歷史嬗變的真相，所以若由此觀之，台灣農民小說的發展，事實上正也充分體現了《文心雕龍・時序》所謂：「文變染乎世情，興廢繫乎時序」的文學社會性。

　　歷來農民小說作家透過作品以表達個人的創作取向與理念，或為反映，或為批判，或為關懷，甚或藉以傳遞個人乃至族群的社會意識，抑或是政治意識型態，雖趣舍萬殊，也靜躁不同，但是對於台灣農業的起落興衰，農村與農民的際遇變遷，以及土地意識的轉換更迭等，盡皆留下了翔實的紀錄，也成就了寫實主義精神的文藝美學價值。

　　長久以來，台灣文學的發展，始終受到來自非文學因素的干擾，甚至與統治階層所布置的政治格局與情勢，經常存在有密切的關連；而與此相當類同的，是當局的政策導向對農業的影響，在台灣農業發展歷史裡，也一直是非常顯著的，所以，取諸農民，發為文藝，就形成了台灣農民小說獨特的風格與演變的軌跡，而成為台灣文學的發展經驗中，獨樹一格的小說題材類型，並且在質與量兩方面，都取得一定的成績與規模。

　　文學作品若非束諸高閣，則其真正的價值，不外是能激發人性情感的共

〔註 3〕　葉石濤：〈論台灣農民文學的傳統〉，收入於葉石濤：《走向台灣文學》，頁 81。
〔註 4〕　葉石濤：〈回顧八〇年代台灣文學〉，收入於葉石濤：《台灣文學的困境》，頁 34。

鳴，並能藉由文字閱讀過程中的涵咏，獲致精神心靈的愉悅與寄託；而歷來出現於台灣文學場域裡的農民小說，除卻反映與批判的創作意識之外，最主要的藝術價值，乃在於無不明顯流露了作家以「人」為主體所投注的人道關懷。因為，農業的傳統生產模式，一如《呂氏春秋・審時》所言：「稼，為之者人也，生之者地也，養之者天也。」清楚地說明了除了仰賴地生天養，順應自然造化之功以外，農業便是以人為主體，亦即是農民充分順應自然環境的變化和農作物生長的條件，所進行的各種農事操作，而順天應人的深厚人文思考便孕育在其中，如是，長久積累而成的文化傳統，便富含了誠篤質樸的特質。因而，除了天有不測風雲而無以風調雨順之外，在位者施政的態度與農業政策的制訂，若是將農業等同於其他產業看待，並且不能懷抱同理心，或不願意嘗試易地以處加以考量，則將會對於直接仰賴天地、順應四季變化而種作的農民，包含其生計與生活，俱都產生莫大的影響，甚而形成對土地意識的斲傷，以及對傳統文化精神的戕害。

所以，綜觀歷來農民小說的創作，儘管語言形式或表現手法具有多樣化的呈現，但是作品內容所深刻書寫的，亦即是根源於關注上述種種對農村社會造成衝擊的現象，以及其形成的因素，作品同時也要求農民生存的尊嚴必須得到尊重，勞而無獲一再衍生的「相對剝奪感」理應加以卸除，台灣農民小說因此形成深刻反映現實人生的文學。

台灣農民小說的走向，在各個時期所出現的作品，處於相異的文學思潮語境中，各自運用不同的敘述策略，也都呈現了其所代表的時代精神與文化思維，而文學來自社會，歷來農民小說作品的產出，藉由作家與讀者、文學與閱讀之間的關係，同時也達致了文學反映論的意義與價值。

台灣從荷西、明鄭、清治、日據，及至國府撤退至台，歷經更迭頻仍的統治階層，農業的發展也歷經起落，但經過歷時性地考察，則台灣農業日益衰微的趨勢，亦是不爭的事實，時至今日，逐步納入全球化趨勢下的台灣，開放的市場經濟對於相對弱勢的農民族群而言，實又形成嚴苛的試煉。

從貿易自由化造成偏頗的休耕政策，以致於良田閒置，到農村子弟為抗議農業政策，竟爾化身為白米炸彈客，及至為了非充分必要的工業建設，逕行浮濫的土地徵收所爆發的爭議，在在均使關注「土地正義」的議題再起，並驚覺耕地流失，糧食已經仰賴進口。然而，盱衡國際社會，許多國家均已把農地視為戰略資源，對於糧食自給率的保持，也已經提升到國家安全的考

量層次，地窄人稠的台灣，經濟發展雖然已經產生結構性的改變，但是在鉅變的新時代裡，同時也應該考量制訂農業永續經營的周全策略。

現今，以往普遍受到詬病的農產銷售體系，已經隨著消費者意識提升與消費型態的多樣化而有所改進，日益普及的健康概念與環保意識，也使得有機栽培為農鄉與田園帶來了不同的面貌，同時，年輕人願意回到農鄉，以全新的觀念或更新的型態務農為業，也愈見風行；然而，當局對於農業政策的制訂與施行，始終還是欠缺通盤的考量與檢討，設若任由農業成長條件與農作物生產環境長期遭到破壞，不僅影響日後農業發展甚鉅，有朝一日自然生態若是瓦解，更遑論訂定國土計畫又有何實質的意義。

時間的長河，始終奔流不止，逝者如斯，一如重農的意識已然淡化，如果，取材農業生產體系與農民土地意識的農民小說，來日若是能再度登臨台灣文學的舞台，在亮相之際，不知是否已經卸脫往昔愁苦的臉譜，並且搬演一幕幕的黃髮垂髫並怡然自樂，以及在稻花香裡述說豐年的劇目，寫實地見證農村的富足康樂，以及農家滿溢的溫馨幸福？實未可知。但是，諸如上述台灣農鄉與農業發展的現況，對於早已呈現式微的農民小說創作而言，可加以擷取而呈現的題材，以及足堪反映的現實，理應依然是豐富而多樣的，因此，在未來的台灣文學場域裡，農民小說或許將得以再現風華。

附錄：徵引小說一覽表

編號	篇　名	作者	創作／發表時間	發表刊物	徵　引　出　處
1920 年代──農民小說的奠基					
001	鬥鬧熱	賴　和	1926.01	台灣民報	日據下台灣新文學・明集
002	一桿「稱仔」	賴　和	1926.02	台灣民報	日據下台灣新文學・明集
003	補大人	賴　和	1927	新生	賴和紀念館・官方網頁
004	不如意的過年	賴　和	1928.01	台灣民報	日據下台灣新文學・明集
005	光臨	楊雲萍	1926.01	台灣民報	光復前台灣新文學全集
006	黃昏的蔗園	楊雲萍	1926.09	台灣民報	光復前台灣新文學全集
007	他發財了	陳虛谷	1928.04	台灣民報	台灣作家全集・短篇小說卷・日據時代
008	無處申冤	陳虛谷	1928.06	台灣民報	台灣作家全集・短篇小說卷・日據時代
009	放炮	陳虛谷	1930.10	台灣新民報	台灣作家全集・短篇小說卷・日據時代
010	生命的價值	楊守愚	1929.03	台灣民報	台灣作家全集・短篇小說卷・日據時代
011	凶年不免於死亡	楊守愚	1929.04	台灣民報	台灣作家全集・短篇小說卷・日據時代
1930 年代至日本投降──農民小說的興盛與頓挫					
012	蛇先生	賴　和	1930.01	台灣民報	日據下台灣新文學・明集
013	辱？！	賴　和	1931.01	台灣新民報	日據下台灣新文學・明集
014	可憐她死了	賴　和	1931.05	台灣新民報	日據下台灣新文學・明集

015	惹事	賴　和	1932.01	南音	日據下台灣新文學・明集
016	豐作	賴　和	1932.01	台灣新民報	日據下台灣新文學・明集
017	醉	楊守愚	1930.01	台灣民報	楊守愚作品選集
018	一群失業的人	楊守愚	1931.04	台灣新民報	楊守愚作品選集
019	升租	楊守愚	1931.07	台灣新民報	楊守愚作品選集
020	移溪	楊守愚	1936.05	台灣新文學	楊守愚作品選集
021	鴛鴦	楊守愚	1936.12	台灣新文學	楊守愚作品選集
022	鮮血	張慶堂	1935.09	台灣文藝	台灣作家全集・短篇小說卷・日據時代
023	他是流淚了	張慶堂	1936.12	台灣新文學	台灣作家全集・短篇小說卷・日據時代
024	阿牛的苦難	劍　濤	1931.01	台灣新民報	光復前台灣新文學全集
025	謀生	徐玉書	1935.03	台灣文藝	光復前台灣新文學全集
026	保正伯	蔡秋桐	1931.02	台灣新民報	台灣作家全集・短篇小說卷・日據時代
027	王爺豬	蔡秋桐	1931.07	台灣新文學	台灣作家全集・短篇小說卷・日據時代
028	理想鄉	蔡秋桐	1935.06	台灣文藝	台灣作家全集・短篇小說卷・日據時代
029	奪錦標	蔡秋桐	1936.04	台灣新民報	台灣作家全集・短篇小說卷・日據時代
030	四兩仔土	蔡秋桐	1936.09	台灣新文學	台灣作家全集・短篇小說卷・日據時代
031	某個男人的手記	郭水潭	1935.06	大阪每日新聞	光復前台灣新文學全集
032	送報伕	楊　逵	1934.10	文學評論	台灣作家全集・短篇小說卷・日據時代
033	模範村	楊　逵	1936.06	台灣新文學	台灣作家全集・短篇小說卷・日據時代
034	暴風雨的故事	呂赫若	1935.01	文學評論	台灣作家全集・短篇小說卷・日據時代
035	牛車	呂赫若	1935.05	台灣文藝	台灣作家全集・短篇小說卷・日據時代
036	財子壽	呂赫若	1942.04	台灣文學	光復前台灣新文學全集
037	戀伯仔	翁　鬧	1935.07	台灣文藝	台灣作家全集・短篇小說卷・日據時代

038	羅漢腳	翁　鬧	1935.12	台灣新文學	台灣作家全集・短篇小說卷・日據時代
039	夜猿	張文環	1942.02	台灣文學	台灣作家全集・短篇小說卷・日據時代
戰後初期與 1950 年代——農民小說的沈潛					
040	歸農之日	楊　逵	1946.03	未刊稿	台灣作家全集・短篇小說卷・日據時代
041	青天白日旗	龍瑛宗	1945.11	新風	台灣作家全集・短篇小說卷・日據時代
042	故鄉的戰事二——一個獎	呂赫若	1945.06	政經報	呂赫若小說全集
043	農村自衛隊	蘇　新	1947.02	台灣文化	無語的春天——二二八小說選
044	汪昏平、貓和一個女人	葉石濤	1948.08	台灣新生報	三月的媽祖：1940 年代葉石濤小說集
045	三月的媽祖	葉石濤	1949.02	台灣新生報	三月的媽祖：1940 年代葉石濤小說集
046	竹頭庄	鍾理和	1950	未刊稿	鍾理和全集
047	天火	鍾理和	1950	未刊稿	鍾理和全集
048	阿煌叔	鍾理和	1950	未刊稿	鍾理和全集
049	親家與山歌	鍾理和	1950	未刊稿	鍾理和全集
050	老樵夫	鍾理和	1950	未刊稿	鍾理和全集
051	笠山農場	鍾理和	1950	未刊稿	鍾理和全集
052	狡猿	吳濁流	1956	未刊稿	波茨坦科長
053	阿遠	鍾理和	1959.09	聯合報	鍾理和全集
1960 年代——農民小說的復甦					
054	柑子	鍾肇政	1958.12	聯合報	台灣客家文學館・官網
055	榕樹下	鍾肇政	1959.05	聯合報	台灣客家文學館・官網
056	茶和酥糖	鍾肇政	1961.06	聯合報	台灣客家文學館・官網
057	夕照	鍾肇政	1961.08	自由談	台灣客家文學館・官網
058	大料崁的嗚咽	鍾肇政	1965.10	台灣文藝	台灣客家文學館・官網
059	我的「傑作」	鄭清文	1962	文星	鄭清文短篇小說全集
060	又是中秋	鄭清文	1965	聯合報	鄭清文短篇小說全集
061	吊橋	鄭清文	1966	幼獅文藝	鄭清文短篇小說全集
062	阿妹伯	李　喬	1962.10	中央副刊	台灣客家文學館・官網

063	鹹菜婆	李 喬	1967.04	台灣日報	台灣客家文學館・官網
064	那棵鹿仔樹	李 喬	1967.07	台灣文藝	台灣客家文學館・官網
065	竹蛤蛙	李 喬	1969.03	中央副刊	台灣客家文學館・官網
066	山女	李 喬	1969.03	青溪月刊	台灣客家文學館・官網
067	蕃仔林的故事	李 喬	1969.08	中時・人間	台灣客家文學館・官網
068	哭聲	李 喬	1969.09	青溪月刊	台灣作家全集・短篇小說卷・戰後第二代
069	渡邊巡查事件	鄭 煥	1965.10	未刊稿	台灣作家全集・短篇小說卷・戰後第一代
070	長崗嶺的怪石	鄭 煥	1965.10	未刊稿	台灣作家全集・短篇小說卷・戰後第一代
071	毒蛇坑的繼承者	鄭 煥	1968.10	未刊稿	台灣作家全集・短篇小說卷・戰後第一代
072	阿憨伯	鍾鐵民	1962.11	中華日報	台灣作家全集・短篇小說卷・戰後第二代
073	籬笆	鍾鐵民	1964.02	徵信新聞報	台灣客家文學館・官網
074	菸田	鍾鐵民	1964.07	徵信新聞報	台灣作家全集・短篇小說卷・戰後第二代
075	分家	鍾鐵民	1965.01	徵信新聞報	台灣客家文學館・官網
076	竹叢下的人家	鍾鐵民	1967.04	台灣文藝	台灣作家全集・短篇小說卷・戰後第二代
077	青番公的故事	黃春明	1967.4	文學季刊	青番公的故事
078	溺死一隻老貓	黃春明	1967.7	文學季刊	青番公的故事
079	甘庚伯的黃昏	黃春明	1971.12	現代文學	鑼

1970 年代──農民小說的轉變

080	心事	李 喬	1973.12	大同	台灣客家文學館・官網
081	秋收	李 喬	1972.12	中外文學	台灣客家文學館・官網
082	果園的故事	李 喬	1975.01	中央日報	台灣客家文學館・官網
083	歲月如流	李 喬	1972.12	青溪月刊	台灣客家文學館・官網
084	庚叔的遠景	李 喬	1974.02	軍民一家	台灣客家文學館・官網
085	祈福	鍾鐵民	1978.10	民眾日報	台灣客家文學館・官網
086	田園之夏	鍾鐵民	1979.12	自立晚報	台灣客家文學館・官網
087	堤	吳錦發	1979	台灣文藝	台灣作家全集・短篇小說卷・戰後第三代
088	出征	吳錦發	1979	民眾日報	台灣作家全集・短篇小說卷・戰後第三代

089	烤乳豬的方法	吳錦發	1979	時報文學獎	台灣作家全集・短篇小說卷・戰後第三代
090	搆不著的圓	東　年	1974.02	中外文學	台灣作家全集・短篇小說卷・戰後第三代
091	青蛙	東　年	1977.03	中國時報	台灣作家全集・短篇小說卷・戰後第三代
092	檳榔城	鄭清文	1979	聯合報	鄭清文短篇小說全集
093	金樹坐在灶坑前	洪醒夫	1973.10	台灣文藝	黑面慶仔
094	扛	洪醒夫	1975.10	台灣文藝	黑面慶仔
095	僵局	洪醒夫	1976.01	台灣文藝	黑面慶仔
096	黑面慶仔	洪醒夫	1977.10	聯合報	黑面慶仔
097	四叔	洪醒夫	1977.11	中華日報	洪醒夫全集
098	吾土	洪醒夫	1978.10	中國時報	黑面慶仔
099	素芬出嫁這日	洪醒夫	1978	未詳	黑面慶仔
100	父親大人	洪醒夫	1979.02	台灣日報	洪醒夫全集
102	花鼠仔立志的故事	宋澤萊	1976	未刊稿	宋澤萊作品集
103	大頭崁仔的布袋戲	宋澤萊	1977	未刊稿	宋澤萊作品集
104	笙仔與貴仔的傳奇	宋澤萊	1978	台灣文藝	宋澤萊作品集
105	糶穀日記	宋澤萊	1979.6	未刊稿	宋澤萊作品集
106	分家	宋澤萊	1979	未刊稿	宋澤萊作品集
107	蕉紅村之宿	宋澤萊	1979	未刊稿	宋澤萊作品集
108	小祠堂	宋澤萊	1979	未刊稿	宋澤萊作品集
109	鸝啼村小住	宋澤萊	1979	未刊稿	宋澤萊作品集
110	小鎮之姻	宋澤萊	1979	未刊稿	宋澤萊作品集
1980 年代以降——農民小說的式微					
111	洪流	鍾鐵民	1981.09	聯合報	台灣客家文學館・官網
112	約克夏的黃昏	鍾鐵民	1982.04	文學界	台灣客家文學館・官網
113	三伯公傳奇	鍾鐵民	1992	文學台灣	台灣客家文學館・官網
114	曬穀埕春秋誌	履　彊	1981.10	時報文學獎	台灣作家全集・短篇小說卷・戰後第三代

115	楊桃樹	履　彊	1987.12	光華	台灣作家全集・短篇小說卷・戰後第三代
116	現此時先生	黃春明	1986.03	聯合報	放生
117	打蒼蠅	黃春明	1986.04	聯合報	放生
118	放生	黃春明	1987.09	聯合報	放生
119	筍農林金樹	林雙不	1983.05	聯合報	筍農林金樹
120	素月要買田	林雙不	1983.03	新生副刊	筍農林金樹
121	石頭仔伯選村長	林雙不	1983.03	台灣時報	筍農林金樹
122	火旺仔夫婦進城	林雙不	1983.04	自立晚報	筍農林金樹
123	烹鬼傳奇	林雙不	1983.04	明道文藝	筍農林金樹
124	泰山斷指	林雙不	1983.05	台灣時報	筍農林金樹
125	搶案發生以前	林雙不	1983.05	台灣文藝	筍農林金樹
126	豬仔攻防戰	林雙不	1983.06	自立晚報	筍農林金樹
127	義雄救父	林雙不	1983.08	文學界	筍農林金樹
128	大圳流血	林雙不	1983.09	台灣時報	筍農林金樹
129	快樂的葬禮	林雙不	1983.10	自立晚報	筍農林金樹
130	老村長的最後決戰	林雙不	1983.11	台灣文藝	筍農林金樹

引用文獻

（一）專 書

小說文本

1. 吳濁流，《波茨坦科長》，台北：遠景出版事業公司，1993 年 4 月。

2. 吳濁流，《無花果》，台北：前衛出版社，1988 年 9 月。

3. 吳濁流著，鍾肇政譯，《台灣連翹》，台北：前衛出版社，1989 年 2 月。

4. 呂赫若著、林至潔譯，《呂赫若小說全集》，台北：INK 印刻文學，2006 年 3 月。

5. 宋澤萊，《宋澤萊作品集 1・打牛湳村系列（1975～1980）》，台北：前衛出版社，1988 年 5 月。

6. 宋澤萊，《宋澤萊作品集 2・等待燈籠花開時（1975～1980）》，台北：前衛出版社，1988 年 5 月。

7. 宋澤萊，《宋澤萊作品集 3・蓬萊誌異（1975～1980）》，台北：前衛出版社，1988 年 5 月。

8. 李南衡主編，《日據下台灣新文學・明集》，台北：明潭出版社，1979 年 3 月。

9. 林瑞明、陳萬益主編，《台灣作家全集・短篇小說卷・戰後第二代》，台北：前衛出版社，1993 年 12 月。

10. 林雙不，《大學女生莊南安》，台北：前衛出版社，1986 年 11 月。

11. 林雙不，《筍農林金樹》，台北：前衛出版社，1985 年 4 月。

12. 林雙不，《台灣種田人》，台北：水芙蓉出版社，1983 年。

13. 施叔、高天生編，《台灣作家全集・短篇小說卷・戰後第三代》，台北：

前衛出版社，1992 年 4 月。

14. 施懿琳編，《楊守愚作品選集》，彰化：彰化縣立文化中心，1995 年 6 月。

15. 洪醒夫，《市井傳奇》，台北：遠景出版事業公司，1981 年 6 月。

16. 洪醒夫，《田莊人》，台北：爾雅出版社，1982 年 9 月。

17. 洪醒夫，《黑面慶仔》，台北：爾雅出版社，1978 年 12 月。

18. 洪醒夫，《懷念那聲鑼》，台北：號角出版社，1983 年 7 月。

19. 張恆豪主編，《台灣作家全集・短篇小說卷・日據時代》，台北：前衛出版社，1991 年 2 月。

20. 許俊雅編，《無語的春天──二二八小說選》，台北：玉山社出版公司，2003 年 9 月。

21. 彭瑞金主編，《台灣作家全集・短篇小說卷・戰後第一代》，台北：前衛出版社，1991 年 7 月。

22. 黃武忠、阮美慧編，《洪醒夫全集──小說卷 4》，彰化：彰化縣文化局，2001 年 6 月。

23. 黃春明，《放生》，台北：聯合文學出版社，1999 年 10 月。

24. 黃春明，《青番公的故事》，台北：皇冠出版社，1985 年 8 月。

25. 黃春明，《鑼》，台北：皇冠出版社，1985 年 8 月。

26. 葉石濤，《三月的媽祖：1940 年代葉石濤小說集》，高雄：春暉出版社，2004 年 6 月。

27. 鄭煥，《崩山記》，台北：文華圖書館管理資訊公司，1977 年 10 月。

28. 鄭清文，《鄭清文短篇小說全集》，台北：麥田出版公司，1998 年 6 月。

29. 鍾肇政、葉石濤主編，《光復前台灣文學全集》，台北：遠景出版事業公司，1979 年 7 月。

30. 鍾鐵民編，《鍾理和全集》，台北：行政院客家委員會，2003 年 12 月。

文學史與文學批評

1. 中島利郎編，《1930 年代台灣鄉土文學論戰資料彙編》，高雄：春暉出版社，2003 年 3 月。

2. 王詩琅，《台灣文學重建的問題》，台北：海峽學術出版社，2003 年 5 月。

3. 王德威，《小說與中國》，台北：麥田出版公司，1993 年 6 月。

4. 王德威，《如何現代，怎樣文學？》，台北：麥田出版公司，1998 年 10 月。

5. 王德威，《眾聲喧嘩以後：點評當代中文小說》，台北：麥田出版社，2001 年 10 月。

6. 古繼堂，《台灣小說發展史》，台北：文史哲出版社，1989 年 7 月。

7. 白少帆、武治純等主編,《現代台灣文學史》,遼寧:遼寧大學出版社,1987年。

8. 向陽(林淇瀁),《浮世星空新故鄉——台灣文學傳播議題析論》,台北:三民書局,2004年1月。

9. 朱惠足,《「現代」的移植與翻譯——日治時期台灣小說的後殖民思考》,台北:麥田出版公司,2009年8月。

10. 艾斯卡皮(Robert Escarpit)著、羅美婷譯,《文藝社會學》,台北:南方叢書出版社,1988年2月。

11. 何寄澎編,《文化、認同、社會變遷:戰後五十年台灣文學國際學術研討會論文集》,台北:文建會,2000年6月。

12. 呂正惠,《小說與社會》,台北:聯經出版事業公司,1988年5月。

13. 呂正惠,《文學經典與文化認同經驗》,台北:九歌出版社,1995年4月。

14. 呂正惠,《戰後台灣文學經驗》,台北:新地文學出版社,1992年12月。

15. 宋澤萊,《誰怕宋澤萊?》,台北:前衛出版社,1986年6月。

16. 李瑞騰,《台灣文學風貌》,台北:三民書局,1991年5月。

17. 杜家慧,《林雙不小說研究——以八〇年代為中心》,台北:稻鄉出版社,2005年4月。

18. 周英雄,《文學與閱讀之間》台北:允晨文化公司,1994年2月。

19. 周英雄、劉紀蕙編,《書寫台灣——文學史、後殖民與後現代》,台北:麥田出版公司,2000年4月。

20. 孟樊(陳俊榮),《文學史如何可能——台灣新文學史論》,台北:揚智文化公司,2006年1月。

21. 孟樊(陳俊榮),《台灣文學輕批評》,台北:揚智文化公司,1994年9月。

22. 岡崎郁子著,葉笛、鄭清文、涂翠花譯,《台灣文學——異端的系譜》,台北:前衛出版社2003年4月。

23. 東海大學中國文學系編《苦悶與蛻變:六〇、七〇年代台灣文學與社會》台北:文津出版社,2007年5月。

24. 林武憲編,《洪醒夫研究專集》,彰化:彰化縣立文化中心,1994年6月。

25. 林瑞明,《台灣文學的本土觀察》,台北:允晨文化公司,1996年7月。

26. 林瑞明,《台灣文學與時代精神——賴和研究論集》,台北:允晨文化公司,1993年8月。

27. 邱貴芬,《後殖民及其外》,台北:麥田出版公司,2003年9月。

28. 范銘如,《文學地理——台灣小說的空間閱讀》,台北:麥田出版公司,2008年9月。

29. 翁聖峰，《日據時期台灣新舊文學論爭新探》，台北：五南圖書出版公司，2007 年 1 月。

30. 高天生，《台灣小說與小說家》，台北：前衛出版社，1994 年 12 月。

31. 尉天驄，《民族與鄉土》，台北：遠景出版事業公司，1981 年 6 月。

32. 尉天驄主編，《鄉土文學討論集》，台北：遠景出版事業公司，1978 年 4 月。

33. 康原編，《歷史與現實的啄木鳥——林雙不作品評論》台中：晨星出版公司，2008 年 8 月。

34. 張錦忠、黃錦樹編，《重寫台灣文學史》，台北：麥田出版公司，2007 年 9 月。

35. 莊淑芝，《台灣新文學觀念的萌芽與實踐》，台北：麥田出版公司，1994 年 7 月。

36. 許俊雅，《日據時期台灣小說研究》，台北：文史哲出版社，1995 年 2 月。

37. 許俊雅，《見樹又見林——文學看台灣》，台北：渤海堂文化事業公司，2005 年 2 月。

38. 許俊雅，《台灣文學散論》，台北：文史哲出版社，1994 年 11 月。

39. 許俊雅，《台灣文學論——從現代到當代》，台北：南天圖書公司，1997 年 10 月。

40. 連橫編，《台灣詩薈》，台中：台灣省文獻委員會，1992 年 3 月。

41. 陳大為、鍾怡雯主編，《20 世紀台灣文學專題 I：文學思潮與論戰》，台北：萬卷樓圖書公司，2006 年 9 月。

42. 陳少廷，《台灣新文學運動簡史》，台北：聯經出版事業公司，1977 年 5 月。

43. 陳芳明，《左翼台灣——殖民地文學運動史論》，台北：麥田出版公司，1998 年 10 月。

44. 陳芳明，《後殖民台灣——文學史論及其周邊》，台北：麥田出版公司，2007 年 6 月。

45. 陳芳明，《台灣新文學史》，台北：聯經出版事業公司，2011 年 10 月。

46. 陳芳明編，《楊逵的文學生涯——先驅先覺的台灣良心》台北：前衛出版社，1988 年 9 月。

47. 陳建忠，《日據時期台灣作家論——現代性、本土性、殖民性》，台北：五南圖書出版公司，2004 年 8 月。

48. 陳建忠，《書寫台灣‧台灣書寫：賴和的文學與思想研究》，台北：春暉出版社 2004 年 1 月。

49. 陳建忠，《被詛咒的文學：戰後初期（1945～1949）台灣文學論集》，台

北：五南圖書出版公司，2007 年 1 月。

50. 陳建忠、應鳳凰、邱貴芬、張頌聖、劉亮雅合著，《台灣小說史論》，台北：麥田出版公司，2007 年 3 月。

51. 陳建忠等，《洪醒夫作品學術研討會論文集》，彰化：彰化縣文化局，2003 年 5 月。

52. 陳映眞，《孤兒的歷史、歷史的孤兒》，台北：遠景出版事業公司，1984 年 9 月。

53. 陳映眞、曾健民主編，《台灣文學問題議論集：1947～1949》，台北：人間出版社 2003 年 11 月。

54. 陳昭瑛，《台灣文學與本土化運動》，台北：正中書局，1998 年 4 月。

55. 陳惠齡，《鄉土性・本土化・在地感：台灣新鄉土小說書寫風貌》，台北：萬卷樓圖書公司，2010 年 4 月。

56. 陳義芝主編，《台灣現代小說史綜論》，台北：聯經出版事業公司，1998 年 12 月。

57. 陳萬益，《于無聲處聽驚雷——台灣文學論集》，台南：台南市立文化中心，1996 年 5 月。

58. 陳萬益主編，《龍瑛宗全集中文卷第一～八冊》，台南：國家台灣文學館籌備處，2006 年 11 月。

59. 彭小妍編，《認同、情慾與語言》，台北：中研院中國文哲研究所籌備處，1996 年 6 月。

60. 彭瑞金，《泥土的香味》，台北：東大圖書公司，1980 年 4 月。

61. 彭瑞金，《台灣文學探索》，台北：前衛出版社，1995 年 1 月。

62. 彭瑞金，《台灣新文學運動四十年》，台北：自立晚報社文化出版部，1991 年 3 月。

63. 彭瑞金，《驅除迷霧、找回祖靈：台灣文學論文集》，高雄：春暉出版社，2000 年 5 月。

64. 彭瑞金著，《瞄準台灣作家》，高雄：派色文化出版社，1992 年 7 月。

65. 曾建民主編，《台灣鄉土文學、皇民文學的清理與批判》，台北：人間出版社，1998 年 12 月。

66. 曾健民主編，《喑啞的論爭・特集》，台北：人間出版社，1999 年 9 月。

67. 游勝冠，《台灣文學本土論的興起與發展》，台北：群學出版社，2009 年 4 月。

68. 黃武忠，《洪醒夫評傳》，台北：聯經出版事業公司，2004 年 10 月初版。

69. 黃武忠，《台灣作家印象記》，台北：眾文圖書公司，1984 年 5 月。

70. 黃武忠，《親近台灣文學》，台北：九歌出版社，1995 年 3 月。

71. 黃武忠、阮美慧主編，《洪醒夫全集——評論卷》，彰化：彰化縣立文化中心，2001 年。

72. 黃英哲主編，《日治時期台灣文藝評論集第一～四冊》，台南：國家台灣文學館籌備處，2006 年 10 月。

73. 黃惠禎，《楊逵及其作品研究》，台北：麥田出版公司，1994 年。

74. 黃錦樹，《謊言或真理的技藝——當代中文小説論集》，台北：麥田出版公司，2003 年。

75. 楊照，《霧與畫：戰後台灣文學史散論》，台北：麥田出版公司，2010 年 8 月。

76. 楊素芬，《台灣報導文學概論》，台北：稻田出版公司，2001 年 9 月。

77. 楊澤編，《從四○年代到九○年代——兩岸三邊華文小説研討會論文集》，台北：時報文化出版公司，1994 年 11 月。

78. 葉石濤，《小説筆記》，台北：前衛出版社，1983 年 9 月。

79. 葉石濤，《文學回憶錄》，台北：遠景出版事業公司，1983 年 4 月。

80. 葉石濤，《作家的條件》，台北：遠景出版事業公司，1981 年 6 月。

81. 葉石濤，《沒有土地，哪有文學？》，台北：遠景出版事業公司，1985 年 6 月。

82. 葉石濤，《走向台灣文學》，台北：自立晚報社文化出版部，1990 年 3 月。

83. 葉石濤，《展望台灣文學》，台北：九歌出版社，1994 年 8 月。

84. 葉石濤，《台灣文學史綱》，高雄：文學界雜誌社，1987 年 2 月。

85. 葉石濤，《台灣文學的困境》，高雄：派色文化出版社，1992 年 7 月。

86. 葉石濤，《台灣鄉土作家論集》，台北：遠景出版事業公司，1979 年 3 月。

87. 台灣文學研究會編，《先人之血·土地之花——台灣文學研究會論文集》，台北：前衛出版社 1989 年 8 月。

88. 趙稀方，《後殖民理論與台灣文學》，台北：人間出版社，2009 年 5 月。

89. 趙遐秋、呂正惠主編，《台灣新文學思潮史綱》，台北：人間出版社，2002 年 6 月。

90. 齊邦媛，《霧漸漸散的時候》，台北：九歌出版社，1998 年 10 月。

91. 樊洛平，《冰山底下綻放的玫瑰——楊逵和他的文學世界》，台北：人間出版社，2008 年 5 月。

92. 蔡明諺《燃燒的年代——七○年代台灣文學論爭史略》，台南：國立台灣文學館 2012 年 11 月。

93. 蔡源煌，《從浪漫主義到現代主義》，台北：雅典出版社，1987 年 12 月。

94. 鄭明娳主編，《當代台灣政治文學論》，台北：時報文化出版公司，1994

年 7 月。

95. 鄭炯明編,《越浪前行的一代:葉石濤及其同時代作家文學國際學術研討會論文集》,高雄:春暉出版社,2002 年 2 月。

96. 鄭清文,《台灣文學的基點》,高雄:派色文化出版社,1993 年。

97. 橫路啓子,《文學的流離與回歸——三〇年代鄉土文學論戰》,台北:聯合文學出版社,2009 年 10 月。

98. 盧卡奇(Georg Lukács)著、陳文昌譯,《現實主義論》,台北:雅典出版社,1988 年 10 月。

99. 應鳳凰,《五〇年代台灣文學論集——戰後第一個十年的台灣文學生態》,台北:春暉出版社,2007 年 3 月。

100. 鍾肇政主講、彭瑞金總編,《鍾肇政口述歷史:「戰後台灣文學發展史」十二講》台北:唐山出版社,2008 年 7 月。

101. 顏元叔,《何謂文學》,台北:台灣學生書局,1976 年 12 月。

102. 藤井省三著、張季琳譯,《台灣文學這一百年》,台北:麥田出版公司,2004 年 8 月。

103. 龔鵬程,《台灣文學在台灣》,台北:駱駝出版社,1997 年 3 月。

104. 龔鵬程編,《台灣的社會與文學》,台北:東大圖書公司,1995 年 11 月。

歷史文化與政經論述

1. 于宗先、王金利,《台灣土地問題:社會問題的根源》,台北:聯經出版事業公司,2001 年 12 月。

2. 于宗先編,《台灣經濟發展重要文獻》,台北:聯經出版事業公司,1976 年 3 月。

3. 川野重任著、林英彥譯,《日據時代台灣米穀經濟論》,台北:台灣銀行經濟研究室,1969 年 12 月。

4. 中央研究院編,《中央研究院報告 NO.10:農業政策與科技研究建議書》台北:中央研究院,2013 年 1 月。

5. 中國時報社編,《中國時報社論選輯》,台北:中國時報社,1970 年 10 月。

6. 中國論壇編輯委員會主編,《知識分子與台灣發展》,台北:中國論壇雜誌社,1989 年 10 月。

7. 中國論壇編輯委員會編,《台灣地區社會變遷與文化發展》,台北:聯經出版事業公司,1985 年 10 月。

8. 井出季和太著、郭輝譯,《日據下之台政》,台北:台灣省文獻委員會,1956 年 12 月。

9. 尹章義，《台灣近代史論》，台北：自立晚報社文化出版部，1986 年 9 月。

10. 尹章義，《台灣開發史研究》，台北：聯經出版事業公司，1989 年 12 月。

11. 廿十一世紀基金會研究報告④，《1988 年台灣社會評估報告》，台北：廿十一世紀基金會，1990 年 5 月。

12. 毛育剛，《農業發展》，台北：黎明文化事業公司，1992 年 5 月。

13. 毛育剛主編，《台灣農業發展論文集》，台北：聯經出版事業公司，1994 年 5 月。

14. 王乃信、王康旼、林至潔等譯，《台灣社會運動史（1913～1936）》，台北：創造出版社，1989 年 6 月。

15. 王作榮，《台灣經濟發展論文選集》，台北：時報文化出版公司，1972 年 8 月。

16. 王詩琅譯，《台灣社會運動史——文化運動》，台北：稻鄉出版社，1988 年 5 月。

17. 王曉波，《被顛倒的台灣歷史》，台北：帕米爾書店，1986 年 11 月。

18. 王曉波，《台灣史與台灣人》，台北：東大圖書公司，1993 年 10 月。

19. 王曉波編，《台灣的殖民地傷痕》，台北：帕米爾書店，1985 年 8 月。

20. 田弘茂著，李晴暉、丁連財譯，《大轉型——中華民國的政治和社會變遷》，台北：時報文化出版公司，1989 年 11 月。

21. 矢內原忠雄著，林明德譯，《日本帝國主義下之台灣》，台北：吳三連台灣史料基金會，2004 年 2 月。

22. 朱岑樓主編，《我國社會的變遷與發展》，台北：東大圖書公司，1981 年 10 月。

23. 江宜樺，《自由主義、民族主義與國家認同》台北：揚智文化事業公司，2000 年 4 月。

24. 江宜樺，《自由民主的理路》，台北：聯經出版事業公司，2001 年 9 月。

25. 行政院農業委員會編，《農業政策白皮書》，台北：行政院農業委員會，1995 年 3 月。

26. 余玉賢主編，《台灣農業發展論文集》，台北：聯經出版事業公司，1975 年 9 月。

27. 吳三連、蔡培火、陳逢源、葉榮鐘、林柏壽著，《台灣民族運動史》，台北：自立晚報社文化出版部，1987 年 1 月。

28. 吳田泉，《台灣農業史》，台北：自立晚報社文化出版部，1993 年 4 月。

29. 吳密察等著，《帝國裡的「地方文化」——皇民化時期台灣文化狀況》，台北：播種者出版公司，2008 年 12 月。

30. 宋光宇編，《台灣經驗（二）——社會文化篇》，台北：東大圖書公司，

1994 年 7 月。

31. 李敖，《李敖回憶錄》，台北：商業周刊出版公司，1997 年 6 月。

32. 李敖主編，《安全局機密文件：歷年辦理匪案彙編》，台北：李敖出版社，1991 年 12 月。

33. 李登輝，《台灣農業發展的經濟分析》，台北：聯經出版事業公司，1980 年 8 月。

34. 李筱峰，《台灣民主運動 40 年》，台北：自立晚報文化出版部，1987 年 10 月。

35. 李筱峰，《台灣戰後初期的民意代表》，台北：自立晚報社文化出版部，1986 年 2 月。

36. 沈宗瑞，《國家與社會：中華民國的經驗分析》，台北：韋伯文化國際出版公司，2001 年 12 月。

37. 沈宗瀚，《農業發展與政策——沈宗瀚博士論文選集》，台北：台灣商務印書館，1975 年 12 月。

38. 周婉窈，《海行兮的年代：日本殖民統治末期台灣史論集》，台北：允晨文化公司 2003 年 2 月。

39. 林繼文，《日本據台末期（1930～1945）戰爭動員體系之研究》，台北：稻香出版社，1996 年 3 月。

40. 涂照彥，《日本帝國主義下的台灣》，台北：人間出版社，2003 年 1 月。

41. 施正峰主編，《國家認同之文化論述》，台北：台灣國際研究學會，2006 年 11 月。

42. 施正鋒，《台灣人的民族認同》，台北：前衛出版社，2000 年 8 月。

43. 施敏輝（陳芳明）編，《台灣意識論戰選集》，台北：前衛出版社，1988 年 9 月。

44. 柏楊口述、周碧瑟執筆，《柏楊回憶錄》，台北：遠流出版公司，1996 年 7 月。

45. 柯志明，《米糖相剋——日本殖民主義下台灣的發展與從屬》，台北：群學出版社，2003 年 9 月。

46. 胡佛，《政治學的科學探究（四）政治變遷與民主化》台北：三民書局，1998 年 1 月。

47. 若林正丈、吳密察主編，《跨界的台灣史研究——與東亞史的交錯》，台北：播種者出版公司，2004 年 4 月。

48. 若林正丈、吳密察主編，《台灣重層近代化論文集》，台北：播種者出版公司，2000 年 8 月。

49. 殷海光，《殷海光先生文集》，台北：桂冠圖書公司，1979 年 3 月。

50. 翁嘉禧，《台灣光復初期的經濟轉型與政策（1945～1947）》，高雄：復文書局，1998 年 9 月。

51. 袁穎生，《光復前後的台灣經濟》，台北：聯經出版事業公司，1998 年 7 月。

52. 馬若孟（Ramon H. Myers）著，陳其南、陳秋坤編譯，《台灣農村社會經濟發展》，台北：牧童出版社，1979 年 2 月。

53. 張炎憲主編，《歷史、文化與台灣——台灣研究研討會五十回紀錄》，台北：台灣風物雜誌社，1988 年 10 月。

54. 張炎憲、李筱峰、戴寶村編，《台灣史論文集精選（下）》，台北：玉山社出版公司，2003 年 4 月。

55. 張炎憲編，《歷史文化與台灣（三）——台灣研究研討會記錄（51～75回）》，台北：台灣風物雜誌社，1991 年 11 月。

56. 張茂桂等，《族群關係與國家認同》，台北：業強出版社，2001 年 3 月。

57. 張漢裕，《經濟發展與農村經濟——張漢裕博士文集（一）》，台北：三民書局，1984 年 9 月）。

58. 莊舒淳主編，《1930 年代的台灣》，台北：博揚文化出版公司，2004 年 6 月。

59. 莊萬壽，《台灣文化論——主體性之建構》台北：玉山社出版事業公司，2003 年 11 月。

60. 郭大玄，《台灣地理——自然、社會與空間的圖像》，台北：五南圖書出版公司，2005 年 2 月。

61. 陳光興主編，《文化研究在台灣》，台北：巨流圖書公司，2005 年 8 月。

62. 陳其南，《台灣的傳統中國社會》，台北：允晨文化公司，1987 年 3 月。

63. 陳明通，《派系政治與台灣政治變遷》，台北：新自然主義公司，2001 年 6 月。

64. 陳芳明，《殖民地台灣——左翼政治運動史論》，台北：麥田出版公司，2006 年 1 月。

65. 陳芳明，《殖民地摩登：現代性與台灣史觀》，台北：麥田出版公司，2007 年 6 月。

66. 陳培豐著，王興安、鳳氣至純平編譯，《「同化」の同床異夢——日治時期台灣的語言政策、近代化與認同》，台北：麥田出版公司，2006 年 11 月。

67. 陳紹馨，《台灣的人口變遷與社會變遷》，台北：聯經出版事業公司，1979 年 5 月。

68. 陳琰玉、胡蕙玲編，《二二八學術研討會論文集（1991）》，台北：自立晚

報社文化出版部，1992 年 2 月。

69. 陳翠蓮，《台灣人的抵抗與認同（1920～1950）》台北：遠流出版公司，2009 年 8 月。

70. 陳興唐主編，《南京第二歷史檔案館藏台灣「二二八」事件檔案料（上卷）》，台北：人間出版社，1992 年 2 月。

71. 彭作奎，《台灣農業邁向現代化之路》，台北：茂昌圖書有限公司，1991 年 9 月。

72. 彭明敏，《自由的滋味——彭明敏回憶錄》，台北：前衛出版社，1988 年 9 月。

73. 彭懷恩，《中華民國政治體系的分析》，台北：時報文化出版公司，1983 年 1 月。

74. 黃俊傑，《台灣農村的黃昏》，台北：自立晚報社文化出版部，1988 年 3 月。

75. 黃俊傑，《戰後台灣的轉型及其展望》，台北：正中書局，1995 年 8 月。

76. 黃俊傑、何寄澎主編，《台灣的文化發展：世紀之交的省思》，台北：台大出版中心，2002 年 3 月。

77. 黃美娥，《重層現代性鏡像——日治時代台灣傳統文人的文化視域與文學想像》，台北：麥田出版公司，2004 年 12 月。

78. 楊國樞、葉啓政主編，《當前台灣社會問題》，台北：巨流圖書公司，1979 年 2 月。

79. 楊碧川，《日據時代台灣人反抗史》，台北：稻鄉出版社，1996 年 6 月。

80. 楊碧川，《台灣歷史年表》，台北：自立晚報社文化出版部，1988 年 6 月。

81. 廖正宏、黃俊傑，《戰後台灣農民價值取向的轉變》，台北：聯經出版事業公司，1992 年 1 月。

82. 廖正宏、黃俊傑、蕭新煌，《光復後台灣農業政策的演變——歷史與社會的分析》台北：中央研究院民族學研究所，1986 年 8 月。

83. 台灣二林蔗農事件協會編，《殖民地的怒吼——二林蔗農事件》，彰化：彰化縣文化局，2001 年 11 月。

84. 台灣省文獻委員會編，《台灣史》，台北：眾文圖書公司，1988 年 10 月。

85. 台灣省文獻委員會編，《台灣地區戒嚴時期五〇年代政治案件史料彙編（一）：中外檔案》，南投：台灣省文獻委員會，1998 年 6 月。

86. 台灣省行政長官公署宣傳委員會編，《陳長官治台言論集第一輯》，台北：台灣省行政長官公署宣傳委員會，1946 年 11 月。

87. 台灣省政府農林廳《八萬農業建設大軍之遴選及其組織要點》，南投：台灣省政府農林廳，1983 年 3 月。

88. 澄社主編，《台灣自由民主的曲折歷程──紀念雷震案三十週年學術研討會論文集》台北：自立晚報社文化出版部，1992年11月。

89. 蔡宏進，《鄉村發展的理論與實際》，台北：東大圖書公司，1993年3月。

90. 蔡明哲，《社會發展理論──人性與鄉村發展取向》，台北：巨流圖書公司，1987年8月。

91. 盧建榮，《分裂的國族認同：1975～1977》，台北：麥田出版公司，1999年2月。

92. 盧修一，《日據時代台灣共產黨史（1928～1932)》台北：前衛出版社，1990年5月。

93. 蕭阿勤，《重構台灣：當代民族主義的文化政治》，台北：聯經出版事業公司，2012年12月。

94. 蕭國和，《台灣農業興衰四十年》，台北：自立晚報社文化出版部，1987年10月。

95. 蕭新煌，《社會力──台灣向前看》，台北：自立晚報文化出版部，1989年7月。

96. 蕭新煌主編，《變遷中台灣社會的中產階級》，台北：巨流圖書公司，1989年9月。

97. 戴國煇，《台灣史研究》，台北：遠流出版公司，1985年3月。

98. 薛月順編，《台灣1950～1960年代的歷史省思：第八屆中華民國史專題論文集》台北：國史館，2007年12月。

99. 藍博洲，《二二八暨五〇年代白色恐怖民眾史》高雄：高雄縣政府，1997年2月。

（二）期刊論文

1. 王泰升，〈日本殖民統治者的法律鎮壓與台灣人的政治反抗文化〉，《月旦法學雜誌》第，116，期，2004年12月。

2. 何義麟，〈爲建設新台灣而努力──《政經報》簡介〉，《文訊》第318期，2012年4月。

3. 何義麟，〈台灣文學期刊史編纂戰後初期（1945～1949）總論〉，《文訊》第318期，2012年4月。

4. 吳錦發，〈80年代的台灣文學〉，《台灣學術研究會誌》第3期，1988年12月。

5. 李力庸，〈戰爭與糧食：太平洋戰爭前後台灣的米穀統制（1939～1945)〉，《兩岸發展史研究》，第2期，2006年6月。

6. 李敏忠，〈混雜、嘲諷的文體風格與啓蒙意識形態──論蔡秋桐的現代小說特色〉《台灣文學研究學報》第10期，2010年4月。

7. 林振中,〈日據時期台灣教育史研究——同化教育政策之批判與啓示〉,《國民教育研究學報》第 16 期,2006 年。

8. 林崇仁、楊三和,〈台灣糖業之發展與演變〉,《台灣文獻》第 48 卷第 2 期,1997 年 6 月。

9. 洪鵬程,〈試論八○年代台灣後設小說的定位:以張大春《公寓導遊》與《四喜憂國》爲分析對象〉《新竹教育大學人文學報》第 5 卷第 1 期,2012 年 3 月。

10. 秦賢次,〈開闢新世界的園地——《台灣文化》簡介〉《文訊》,第 318 期,2012 年 4 月。

11. 張桂華,〈試探文學俠士楊逵日據時期的理念〉,《台灣新文學》,創刊號,1995 年 4 月。

12. 張淑雅,〈台海危機與美國對「反攻大陸」政策的轉變〉,《中央研究院近代史研究所叢刊》,第 36 期,2001 年 12 月。

13. 張誦聖,〈現代主義、台灣文學、和全球化趨勢對文學體制的衝擊〉,《中外文學》第 35 卷第 4 期,2006 年 9 月。

14. 郭澤寬,〈鄉土小說中的「土地改革」——兩種語境、兩種視角〉,《國立台南大學人文研究學報》,第 42 卷第 2 期,2008 年。

15. 黃英哲,〈魏建功與戰後台灣「國語」運動(1946～1948)〉,《台灣文學研究學報》第 1 期,2005 年。

16. 黃清松,〈台灣養豬事業之演變〉《中國畜牧雜誌》第 27 卷第 8 期,2006 年 10 月。

17. 黃惠禎,〈政治轉型期中台灣人的精神圖像——《一陽周報》簡介〉,《文訊》,第 318 期,2012 年 4 月。

18. 黃煌智,〈政治文化轉型研究——以 1950、1990 年代台灣爲例〉,《師大政治論叢》,第 4 期,2005 年 2 月。

19. 黃樹仁,〈台灣農村土地改革再省思〉,《台灣社會研究季刊》第 47 期,2002 年 9 月。

20. 廖安定,〈農業政策與農業法規〉,《農政與農情》,第 103 期,2001 年 1 月。

21. 蔡盛琦,〈戰後初期學國語熱潮與國語讀本〉,《國家圖書館館刊》,一百年第 2 期,2011 年 12 月。

22. 鄭煥,〈我的惡補老師〉,《幼獅文藝》,第 25 卷第 4 期,1966 年 10 月。

23. 賴松輝,〈「文學進化論」、「反動文學論」與台灣新舊文學的演進〉,《台灣文學研究學報》,第 3 期,2006 年 10 月。

24. 應鳳凰,〈散播萬紫千紅:從四個類型看台灣文藝雜誌發展歷程〉,《全國新書資訊月刊》,民國 96 年 9 月號,2007 年 9 月。

25. 瞿宛文，〈對柯志明〈所謂的「米糖相剋」問題〉的一些意見〉，《台灣社會研究季刊》，第 2 卷第 3、4 期，1989 年 9 月（實際出版於 1990 年 12月）。

（三）學位論文

1. 石弘毅，《台灣農民小說歷史考察》，台南：國立成功大學歷史研究所碩士論文 1995 年。

2. 江昺崙，《農村騷動敘事——1966～1988 台灣農民文學》，台北：國立政治大學台灣文學研究所碩士論文，2012 年。

3. 周永芳，《七十年代台灣鄉土文學研究》，台北：中國文化大學中國文學研究所碩士論文，1992 年。

4. 林慧禎，《日據時期農民小說人物與敘事分析——以蔡秋桐、楊守愚、張慶堂爲討論中心》，台南：國立台南大學國語文學系碩士論文，2010 年。

5. 凌正峯，《呂赫若農民小說的左翼立場》，台中：東海大學中國文學系碩士論文，2008 年。

6. 徐秀慧，《黃春明小說研究》台北：淡江大學中國文學研究所碩士論文，1998 年。

7. 崔末順，《現代性與台灣文學的發展（1920～1949)》，台北：國立政治大學中國文學系博士論文，2004 年。

8. 張惠琪，《日治時期台灣農村小說研究》，台南：國立中正大學台灣文學所碩士論文，2007 年。

9. 陳丹橘，《戰後台灣農民小說的類型演變》，新竹：國立清華大學中文研究所碩士論文，1996 年。

10. 陳存良，《日據時代台灣農業發展之研究——以米糖爲中心》，台北：中國文化大學日本研究所碩士論文，1988 年。

11. 陳南宏，《日治時期農民小說中的菁英主義與農民形象（1926～1937)》，台南：國立成功大學台灣文學研究所碩士論文，2006 年。

12. 陳錦玉，《繫根泥土的青年作家——洪醒夫及其文學研究》，台南：國立成功大學中文研究所碩士論文，1995 年。

13. 陳麗雅，《從「碧竹」到「林雙不」——論黃燕德的文學作品及其創作意識》，嘉義：國立中正大學中國文學研究所碩士論文，2001 年。

14. 黃小民，《歷史的謊言‧虛構的眞實——李喬的創作與思想研究》，台北：中國文化大學中國文學研究所博士論文，2012 年。

15. 黃武忠，《洪醒夫文學觀與人物圖像之研究》，高雄：國立中山大學中文研究所碩士論文，2004 年。

16. 黃琪椿，《日治時期台灣新文學運動與社會主義思潮之關係初探》，新竹：
    國立清華大學文學研究所碩士論文，1993 年。

17. 戴春足，《七○、八○年代洪醒夫、林雙不、宋澤萊農民小說研究》，彰化：
    國立彰化師範大學中文研究所碩士論文，2004 年。

18. 蘇崇鴻，《洪醒夫的農民小說研究》，嘉義：南華大學文學研究所碩士論
    文 2005 年。

（四）網路資料

1. 《中華百科全書》線上版，台北：中國文化大學，上網日期：2013.6.4，
   網址：http://ap6.pccu.edu.tw/encyclopedia/data.asp?id=230&nowpage=1

2. 「財團法人土地改革紀念館」官方網頁，上網日期：2012.7.10，
   網址：http://www.landreform.org.tw/library/library-subject.aspx

3. 「財團法人國家文化藝術基金會・第九屆國家文藝獎得主・鄭清文」上
   網日期：2013.06.15，
   網址：http://www.ncafroc.org.tw/Content/award-prize.asp?ser_no=41&Prize_
   year=&Prize_no=%A4E&prize_file=Prize_Desc

4. 二二八國家紀念館，上網日期：2012.9.26，
   網址：http://museum.228.org.tw/info.aspx?v=74735953E2908FFE

5. 中影股份有限公司・官方網頁上網日期：2013.12.20，
   網址：http://www.movie.com.tw/home/index.php

6. 民主進步黨官方網頁/關於 DPP/大事年表，上網日期：2014.05.27，
   網址：http://www.dpp.org.tw/history.php?data_type=大事年表。

7. 全國法規資料庫——〈農業發展條例〉，上網日期：2014.05.10，
   網址：http://law.moj.gov.tw/Law/LawSearchResult.aspx?p=A&k1

8. 行政院農業委員會編製：《農業政策白皮書淺說》（台北：行政院農業委
   員會，1995 年 8 月），上網日期：2013.05.21，
   網址：http://www.coa.gov.tw/view.php?catid=17624

9. 李筱峰個人網站，上網日期：2013.1.22，
   網址：http://www.jimlee.org.tw/article.jsp?b_id=24454&menu_id=4

10. 政院主計總處：〈農林漁牧業歷次普查結果摘要〉，上網日期：2014.05.26，
    網址：http://www.dgbas.gov.tw/lp.asp?ctNode=3279&CtUnit=389&Base
    DSD=7&mp=1

11. 參見行政院大陸委員會官方網站/民意交流/民意調查/電訪民意調查/2007
    年，上網日期：103.06.10，
    網址：http://www.mac.gov.tw/ct.asp?xItem=54157&ctNode=6138&mp=1

12. 國立台灣文學館「文學知識平台」，上網日期：2012.12.25，

網址：http://www.nmtl.gov.tw/index.php?option=com_klg&task=ddetail&id=380&Itemid=238

13. 台灣客家文學館，上網日期：2013.6.1，
網址：http://cls.hs.yzu.edu.tw/hakka/author/zhong_zhao_zheng/default_onlin.htm

14. 賴和紀念館，上網日期：2011.10.15，
網址：http://cls.hs.yzu.edu.tw/LAIHEAPP/showCompositionALL.aspx?tid=000013

15. 應鳳凰〈鍾鐵民：守護大地的小說家〉《自由電子報‧自由副刊》2011年9月7日，上網日期：2013.6.5，
網址：http://www.libertytimes.com.tw/2011/new/sep/7/today-article1.htm